중국 지식·지역연구로의 전환과 모색

이 저서는 2009년도 정부재원(교육과학기술부 학술연구조성사업비)으로 한국연구재단의 지원을 받아 연구되었음(NRF-2009-362-B00011).

국민대학교
중국인문사회연구소
총서 · 8

중국 지식·지역연구로의 전환과 모색

김준영 · 박영순 · 박철현 · 서상민 · 이광수
이현태 · 조경란 · 최은진 · 최재용   공저

學古房

서 문

국민대 중국인문사회연구소의 총서 8권『중국 지식·지역연구로의 전환과 모색』은 지역연구에서 지식연구라고 할 수 있는 지식·지식인의 지형과 네트워크에 대해 연구해 온 바를 어떻게 이론화 될 수 있는가. 이러한 지식연구가 어떻게 중국 지역 연구의 지형에서 어떠한 부분으로 자리매김할 수 있는가 하는 지속된 문제의식의 과정에서의 산출된 글들을 묶은 것이다.

그 동안 아젠다 연구는 지식과 지식인에 대한 일반적인 접근과 달리 암묵적지식과 명목적 지식이 함께 작용하고 지식인의 범주도 매우 광범위하다는 전제하에 진행되어 왔다. 또한 중국의 부상과 함께 수용자로서만이 아닌 생산자로서 중국지역에서의 지식이 생산, 전파, 확산되고 있다는 문제의식과 지식 자체가 이미 중요한 자원이자 권력이라는 점을 중요하게 전제하고 연구하여 왔다. 그러므로 기존의 전통적 지식인을 연구하는 것은 물론 이러한 지식인을 포함한 보다 확대된 지식, 지식인의 문제를 연구하기 위해서 국정운영, 문학예술, 지식담론, 사회문화, 정치경제 및 과학기술의 영역에서 심도 있는 연구를 진행하였다.

궁극적으로는 이러한 영역의 심화된 연구가 중국을 지식연구를 통해 총체적으로 드러낼 '통섭과 융합'적인 연구결과물과 이를 바탕으로 한 이론적 체계화를 이루는 것이 최종의 목표가 되어야 하지만 쉬운 일은 아닐 것이다. 하지만 이러한 목표는 중국지역연구의 다양한 접근 방법으로 새롭게 시도해 보고 중국과 다른 지역과의 관계를 살펴보고 과거와 현재의 관계 나아가 미래에 대한 전망까지를 고려하는 많은 수고를 하게 하였다.

사실 지엽적 연구의 낱낱이 모여 전체를 그려낼 수 있다고 할 수는 없다. 물론 하나의 사례가 전체를 대표할 수 있다고 할 수도 없다. 하지만 전체를 규명하는 비교적 일반화할 만한 결론을 도출할 수 있도록 하는 것이 이론화이고 논리적으로 타당하다고 인식되는 틀을 이론으로 볼 수 있다면 그 간의 개별적 영역별 연구가 이러한 이론화를 가능하게 할 수 있을지 다각도의 심도 있는 모색이 필요하다.

지식연구는 지식과 지식인에 대한 기본적 이해에서 비롯되므로 그간 국정운영, 문학예술, 지식담론, 사회문화, 정치경제, 과학기술 등 각 영역별로 뼈대인 구조와 흐름인 네트워크를 나름대로 의미화 하고 규정하는 방식으로 진행하여 왔다. 여기서 '네트워크'는 중국의 정치, 경제, 사회, 문화 등 제 영역에서 생산되고 확산 유통되는 지식 혹 지식인이 어떻게 연계되는지를 파악하는데 있어 또한 이것이 중국의 변화나 중국을 이해하는데 어떠한 의미를 지니는가를 살펴보는데 있어 중요한 키워드가 되었다. 뿐만 아니라 네트워크는 네트워크 자체를 규명하는 방법론인 SNA 등 사회네트워크 분석 방법론을 실제 연구에 적용하는 것으로까지 나아갔다.

총서의 기획은 지식연구로 지역연구의 이론을 구축한다는 목표를 이루기 위한 것에서 비롯되었다. 이를 위해 어떻게 광범위한 지식, 지식인의 지형과 네트워크를 파악할 수 있을까 하는 문제가 제기되었다. 그러므로 우선 인물, 조직, 제도 등의 사례를 통해 지식연구의 거시적, 미시적인 구조와 역사적 연계성을 살펴보기로 하였고 본 총서는 이러한 문제를 해결하기 위한 과정에서 나온 결과물이다.

'서학동점기 지식의 유입과 교회서원: 상하이 中西書院과 '中西并重'의 함의'는 중국 지역학 연구의 이론화를 세우는 작업의 일환으로 지역을 지리적 의미보다는 역사적으로 지식의 전파와 수용을 겪어온 체험적 공간이라는 의미로 해석하고 있다. 이에 근거하여 서방(전파자)과 중국(수용자)가 지식(문화)에 대해 지니는 함의, 수용의 목적과 전파 태도 등에 보이는 각각의 특징을 밝히고자 하였다. 이를 위해 우선 서학동점기에 전파자인 서학과 수용자인 중학의 교류 과정의 일면을 볼 수 있는 중요한 키워드 중의 하나인 교회서원에 주목하여 서세동점기에 교회서원이 출현한 것을 구체적으로 고찰하고 대표적 교회서원인 '중서서원'이 운영되던 실정을 통해 '중서병용'의 특징을 드러내었다.

'중국 과학주의와 그 함의: 부사년(傅斯年)의 학술사상을 중심으로'는 민국시기 대표적인 지식인이며 중앙연구원 역사어언연구소를 제도화하고 사료학파를 형성시킨 부사년에 대한 연구를 한 글이다. 이를 통해 중국 지식인이 서구의 학문을 어떻게 수용하였고 그 구체적인 내용은 무엇이었는가를 학문 혹 지식 자체에 주목하여 고찰하였다. 특히 서구의 과학에 대한 과학주의의 입장이 그의 사상 전반에 내재하여 학술제도와 민국시기 지식인의 네트워크에서 중요한 위치를 차지한 부사년에 의해 중국 학술제도와 내용에도 영향을 끼쳤음을 드러내었다. 중국 지식인의 사례를 통해 과학이 근대화 실현에 반드시 필요하다는 신뢰를 과도하게 지니고 있었던 중국 학술의 특성을 밝히고 있다.

'중국 주류 지식인의 과거 대면의 방식과 문혁담론 비판: 문화대혁명 발생 50주년을 바라보며'는 현재 중국의 주류 지식인이 문혁에 대해 대면하는 방식과 그 담론에 대해 비판적으로 검토한 글이다. 중국 지식인이 비림비공(批林批孔)이라는 집단 경험으로 인해 상상력을 제한되어 자유로운 사유가 어려운 실정이므로 문혁의 아포리아든 트라우마이든 진지한 담론으로 이를 극복해야 한다고 보고 있다. 언어화의 과정을 통한 역사적 규명이 바로 이러한 극복의 과정이 되어야 함에도 2008년 북경올림픽을 계기로 다시 문혁은 중국모델론의 구성부분이 되면서 성찰적 담론의 대상이 되지 못하고 나아가 현재 문혁담론은 관민협력 하에 경제성장을 위해 복잡한 과거를 덮어주자는 문혁의 21세기 재구성이 아닌가 비판하고 있다.

'중국 대중문화 연구에 대한 새로운 접근: 대중문학의 역사와 문학 인식'은 최근 중국의 문화산업의 본격화 이후 변화된 대중문학 개념을 규명하기 위해 1940년대 자오수리에서부터 당대의 왕숴, 한한, 인터넷 소설, 저층서사 등 중국 대중문학 관련 담론에서 매우 중요한 위치를 차지한 작가들의 논의를 분석했다. 이들은 지식인의 지위를 버리고 비웃고 스스로 권위를 무너뜨려 새로운 대중적 지식인의 가능성을 보여주었고 새로운 형식의 인터넷의 문학과 21세기의 저층서사를 대비하여 대중문학의 다양한 양상을 고찰하였다. 나아가 이외 최근 중국의 화제작인 소설이자 드라마 『인민의 이름(人民的名義)』을 분석하여 고삐 풀린 대중을 재영토화하려는 공산당의 시도와 대중장악의 어려움을 정치하게 분석하였다.

'중국 기층 거버넌스 변화와 베이징 '역사문화보호구'의 도시재생'은 장기적인 체제전환을 지속하고 있는 중국에서 도시공간의 물리적 변화가 초래하는 사회정치적, 경제적 이해관계의 조정양상을 분석하는 것을 목적으로 한 글이다. 이를 미시적으로 관찰하기 위해 중국 베이징 역사문화보호구 도시재생의 거버넌스를 분석하였다. 1990년대 말부터 도시 기층 사회의 다양한 문제를 해결하는 데 있어 국가가 주민과 부동산 개발회사와 의사결정구조인 거버넌스를 창출하여 도시재생을 추진하고 있음을 난뤄구샹, 바이타스, 양메이주셰졔라고 하는 베이징 역사문화보호구의 3가지 사례 통해 드러내었다. 다양한 유형의 거버넌스가 구정부 층위에서 만들어지고 있고 이는 정부주도형, 부동산 개발회사 위탁형, 부동산 개발회사 주도형의 특성을 지닌다고 보았다.

'일대일로 구상에서의 중국 동북―한국의 협력 평가와 시사점'은 중국 동북지역에서 진행될 한국의 신북방정책과 중국의 일대일로 구상을 실질적으로 연계하기 위한 방안을 모색하는 글이다. 중국의 일대일로 구상의 중점협력분야인 오통(五通), 즉 무역창통, 정책소통, 인프라연통, 자금융통, 민심상통의 주요 지표들을 통해 경제적, 정치외교적, 정책적 요인으로 나누어 분석하였다. 경제적으로 동북지역 경기 침체와 경제협력 유인요소가 적은 점 및 정치적으로는 사드배치로 인한 양국간의 관계 경색 및 정책적인 요소로 중국의 동북관련 일대일로 정책 속에 한국이 고려되지 않은 점 등 을 다각도로 설명하였다. 이를 통해 중국과 한국의 두 정책을 매개할 보다 창의적이고 입체적인 협력방안이 강구될 필요가 있다고 보았다.

"중국 정치엘리트 분석모델의 새로운 탐색: '제도제약 네트워크모델을 통한 시진핑 1기 중국인민해방군 상장(上將) 네트워크 분석"은 기존 중국 엘리트 연구성과에 기초하여 새로운 각도에서 시진핑 1기의 중국군엘리트 네트워크의 구조를 파악하였다. 이러한 분석은 기존의 정치엘리트 분석의 이론인 '파벌'이론의 한계를 넘어서기 위한 것으로 이를 위해 사회연결망 분석을 하였다. 이를 위해 시진핑 1기 중국 군사엘리를 6가지 공식적, 비공식적 지표를 활용하였는데 그 결과 비공시적 네트워크 보다는 공식적 네트워크가 전체 네트워크의 중심축을 형성하고 있음을 도출했다. 뿐만 아니라 과거 같이 활동했거나 소속된 군구를 통해 형성된 네트워크 시진핑 1기 군사엘리트 사회연결망의 형성의 핵심요인이 되고 있음을 발견하여 시진핑 시기 군엘리트의 네트워크 구조를 파악하였다.

'대만 양대 정당의 통일과 독립에 대한 태도'는 중국은 현재 하나의 중국원칙을 고수하면서 대만의 요구를 무시하지만 대만은 중국으로부터 주권과 국가로서의 지위를 인정받고자 하는 인정투쟁을 전개해 가고 있는 상황에 대해 분석한 글이다. 이러한 양국의 상황에서 대만에서는 통일지향의 국민당과 독립지향의 민진당의 태생적 차이에 따라 인정투쟁 방식에 있어서 차이를 보이기도 하지만 다른 한편으로는 현실적 필요에 따라 타협하고 수렴하는 등 유사한 양상을 보이기도 함을 분석하였다. 이를 대만 정당의 인정투쟁은 최소주의와 중간주의 방식으로 진행되는 특징을 보이는 것으로 분석하여 인정투쟁이란 관점으로 중국과 대만의 상호관계를 복합적으로 접근하였다.

각각의 글에는 관계와 네트워크를 보고자 하는 문제의식과 이를 통해 중국의 지식연구의 입장과 방법이 내재되어 있다. 이러한 연구를 바탕으로 앞으로 각 영역별 연구를 전체적으로 통합하여 이론의 구축까지 나아가는 연구가 지속적으로 이어질 것이다. 물론 이러한 시도가 쉬운 것은 아니며 본서는 깊이 있고 충분한 연구를 위한 한걸음을 내딛은 것에 불과할 수 있다. 그러나 앞으로 더 한걸음씩 나아가 충분한 결실을 맺어 궁극적으로 중국 지역연구의 발전에 기여할 수 있게 되기를 기대해 본다.

2018년 6월
필진을 대표하여
최은진 지음

목 차

contents

서학동점기 지식의 유입과 교회서원

: 상하이 中西書院과 '中西幷重'의 함의

● 박영순 ●

Ⅰ. 시작하며

중국에서 중서문화의 교류는 대체로 서세동점기에 서구 열강의 확장과 함께 들어온 선교사의 활동으로부터 시작된다. 명말청초 마테오리치, 페르비스트(Ferdinand Verbiest, 중국 이름은 南懷仁) 등의 예수회 선교사들은 교육과 매체 활동을 통해 서학과 기독교를 전파하는 한편 중국 문화를 수용함과 동시에 서방에 소개하기도 하면서 중서문화의 교류를 이어왔다. 그러나 강희제(1661-1722재위) 때 '예의지쟁(禮儀之爭)'이 화근이 되어 선교활동 금지와 '금교령'이 내려진다.[1] 이는 옹정제(1722-1735재위), 가경제(1796-1820재위), 도광제(1820-1850재위)를 이어 대략 1차 아편전쟁(1840)전까지 계속되면서 중서문화는 일시적으로 단절상태에 돌입한다.[2] 이런 상황에서 일부 선교사들은 화교들이 밀집해 있는 동남아, 이

---

* 이 글은 「상하이 中西書院과 '中西幷重'의 함의」, 『중국학논총』, 제59집, 2018을 수정·보완한 것이다.

** 국민대학교 중국인문사회연구소 HK교수.

1) '예의지쟁'은 18세기 전후 강희제와 천주교 선교사이 유교숭배, 조상에 대한 제사, 공자에 대한 우상 등의 문제에 대해 벌인 논쟁을 말하며, 결과로 1715년 강희제는 선교활동 금지와 '금교령(禁敎令)'을 내린다.

탈리아 등지로 물러나 교육, 선교활동을 한다.

그 후 1840년 1차 아편전쟁 이후 선교사들은 중국 본토에서 선교활동
과 교육 사업을 할 수 있는 기회를 얻으면서 교회서원도 중국 내에서
출현하기 시작했다. 중국의 교회서원은 도광22년(1842) 모리슨(Robert
Morrison, 1782-1834, 중국 이름은 馬禮遜)이 홍콩에다 모리슨서원을 세
우고, 그 이듬 해 1818년 말래카에서 세운 영화서원(英華書院)이 1843년
홍콩으로 이전해오면서 동남지역 개항구로부터 시작하게 된다. 그러면서
2차 아편전쟁 이후 해외 선교사들의 선교활동, 교당설립 등이 허용되면
서 동남부 지역을 넘어 중국 내륙까지 진출하면서 세력이 확대된다.[3]

이처럼 당시 중국의 대내외 상황과 추세로 볼 때, 서학의 유입은 중국
의 근대 교육개혁의 필요와 서학교육에 대한 수요를 추동하고, 선교사와
교회서원이 활동할 수 있는 객관적인 조건이 되었다. 더불어 양무운동,
변법자강운동이 사회전반으로 전개되면서 서학에 대한 수요가 더욱 절실
해짐에 따라 양무학당이나 교회서원 등의 교육기구가 이를 담당하게 되
었다.

당시 양무학당과 교회서원의 교육방향은 서학에 정통한 인재를 육성한
다는 면에서 기본적으로 동일하다. 하지만 궁극적인 양성 목적은 조금 다
르다고 할 수 있다. 양무학당의 교육목표는 대체로 만청정부의 요구에 따
라 중체서용의 맥락에서 서방의 선진기술을 배워 서방을 제압하는 '사이
제이(師夷制夷)'형 인재를 배출하고자 했다면, 교회서원은 설립자는 대
체로 각 국의 모회(母會)에서 파견된 선교사들이고 그런 교회서원의 교

---

2) 옹정제는 가톨릭에 대한 대대적인 박해를 시작했고, 가경 16년(1811)에는 천주교도와
   의 접촉을 금하였고, 1821년 도광제는 청 왕조의 대법전인 '대청율례(大淸律例)'에
   가톨릭을 금지하는 조항을 넣기도 했다. 王豫生 主編, 『福建敎育史』, 福州: 福建
   敎育出版社, 2004, 294쪽.
3) 鄧洪波, 『中國書院史』, 上海: 東方出版中心, 2004, 535-536쪽 참고.

육주권은 모회에 소속되기 때문에, (물론 서학을 가르치되) 그들의 궁극적인 목적은 성직자들을 배출하여 기독교 복음을 전파하는 것이라고 할 수 있다.

이런 차이점은 전파자인 서학과 수용자인 중학의 교류 과정에서 갈등과 마찰을 가져올 수 있는 충분한 요소가 된다. 그렇다면 교회서원은 어떤 방식을 취해 이러한 갈등과 충돌을 완화하면서 교육과 선교라는 두 마리의 토끼를 잡으려했을까. 이러한 의문이 본고의 출발점이다. 근대 중서문화의 교류과정에서 '중'과 '서', '체'와 '용', '교회'와 '서원', '과학'과 '종교' 등 일견 모순된 조합들은 '분리'와 '교섭' '수용'과 '변용', '선택'과 '거부' 등 다양하고도 전략적인 형태로 드러났다. 그렇다면 교회서원의 운영에서는 어떻게 반영되었을까.

건륭 말부터 아편전쟁 전까지 선교활동 금지와 '금교령'의 영향으로 기독교에 대한 반감이 남아있는 데다 아편전쟁 이후 일련의 불평등조약을 주권 침해라고 인식하는 상황이 팽배하고, 또한 중원 중심의 유가문화를 중시하는 '화이' 관념과 명분질서를 중시하는 종법의 사회구조 속에서 서방의 기독교라는 '이교(異敎)'는 반감을 갖기에 충분했다.[4] 따라서 "아편전쟁에서 참패한 중국인들이 서방 과학기술 도입을 희망했던 것은 사실이지만, 그것이 서방의 기독교를 받아들일 준비가 되었다는 것을 의미하지는 않았을 것이다."[5] 따라서 교회서원에서는 기독교 전파를 전면에 내세우지 않고 '서학'을 전파할 방식이 필요했을 것이다.

이 때, 숭서서원(中西書院)의 설립자 미국 남 감리교회 선교사 영 앨런(Young John Allen, 1836-1907, 중국 이름은 林樂知)은 '제이(制夷)'의

---

4) 李芳,『中西文化交匯下的敎會書院』, 長沙: 湖南大學碩士學位論文, 2008, 8쪽 참고.
5) 齊慧敏,『林樂知的敎育文化觀及在華主要活動研究』, 石家莊: 河北師範大學 碩士學位論文, 2003, 21쪽.

관념을 없애고 동시에 이교에 대한 반감을 희석시킬 수 있는 방법을 모색한다.[6] 그 결과, 중국이 필요로 하는 서학을 제공함과 동시에 종교적 색채를 전면에 내세우지 않으면서 오히려 그들의 전통적인 중학을 수용하는 이른바 '중서병용(中西幷用)'의 방식을 택한다. 그 후 이러한 '중서병중'의 방식은 일부 교회서원에서도 실행하는 운영방식 중의 하나가 된다. 따라서 중서서원이 운용한 '중서병중' 방식은 서세동점기에 전파자인 서학과 수용자인 중학의 교류 과정의 일면을 볼 수 있는 중요한 하나의 키워드라고 할 수 있다. 이에 중서서원을 대상으로 '중서병중'이 실제로 어떻게 구현되었는지를 살펴보고자 한다.

본 연구에 앞서 교회서원, 중서서원과 관련한 기존의 연구 성과를 정리하면 다음과 같다.

중국의 교회서원에 관한 연구는 대체로 1980년대 전후부터 시작되었다. 주로 중국의 근대 교육사 범주에서 교회학교 · 교회대학 · 기독교사 · 선교사 등을 언급할 때 한 부분으로 다루어져왔다. 교회서원에 대한 연구 상황은 크게 서학동점시기 기독교교육이라는 범주 안에서 중국의 근대 교육과 교회대학, 명말청초 기독교 전파와 선교사의 활동과 특징, 교회서원의 변천과 특징 등의 주제들로 이루어졌다.[7] 교회서원 연구는 결코 적

---

6) 중서서원은 총3개가 있다. 상하이 중서서원, 쑤저우 중서서원(1894), 톈진 중서서원 (광서 말). 본문에서 중서서원은 모두 상하이 중서서원을 의미한다.

7) 단행본으로 熊月之,『西學東漸與晚淸社會』, 上海: 上海人民出版社, 1994; 顧長聲,『傳敎士與近代中國』, 上海: 上海人民出版社, 2013; 朱有瓛 · 高時良 主編,『中國近代學制史料1862-1922』(第4輯), 上海: 華東師範大學出版社, 1993; 李楚材,『帝國主義侵華敎育史料 · 敎會敎育』, 北京: 敎育科學出版社, 1987 등이 있다. 학위논문, 학술논문으로 李芳,『中西文化交匯下的敎會書院』, 長沙: 湖南大學碩士學位論文, 2008; 李禎,『明末淸初基督敎的傳播與儒敎的回應』, 西安: 西安電子科技大學碩士學位論文, 2013; 楊齊福,「傳敎士與近代中國敎育改革」,『福建論壇』, 第11期, 2004; 黃新憲,「敎會書院演變的段階性特徵」,『湘潭大學學報』, 第6期, 湘潭: 湖南省敎育廳 · 湘潭大學, 1996; 桑兵,「敎會學校與

지 않지만 주로 교육학, 역사학의 연구서에 산견되어있다 보니 체계적인 단독 연구가 필요하다고 본다.

다음으로 중서서원과 관련한 연구 성과를 보면, 주로 선교사 영 앨런을 중심으로 한 그의 교육활동, 중서서원의 운영과 특징, 영 앨런의 교육 운영 전략과 중서교류에 대한 인식[8] 및 영 앨런의 매체활동과 관련한『만국공보(萬國公報)』,『교회신보(敎會新報)』에 관한 내용이 있다. 특히 이 두 저널을 중심으로 영 앨런 중서서원의 교육관련 문제,『만국공보』와 근대 서방교육, 변법과 유신사조 등에 관한 연구 등이 있다.[9] 한편, 중국학술논문 검색사이트 中國知網(CNKI)에서 '교회서원', '중서서원', '林樂知'(검색일: 2018.1.25)를 편명(篇名)으로 검색한 결과 각각 15편, 5편, 55편이 검색되었다. 영 앨런과 중서서원에 대한 연구에서는 주로 인물에 치중하면서(주로 매체와 연결) 그 속에서 일부 중서서원을 다루고 있다.[10]

西體中用」,『中山大學學報』, 第2期, 廣州: 中山大學學報編輯部, 2015 등이 있다.

8) 鄒振環,「125年前, 林樂知開辦中西書院」,『社會科學報』, 第6期, 2006; 胡衛淸,「傳敎士‧儒學‧儒學敎育」,『史學月刊』, 第6期, 開封: 河南大學‧河南省歷史學會, 1996; 李喜所,「林樂知在華的文化活動」,『社會科學硏究』, 第1期, 2001; 胡衛淸,「東吳大學的起源:上海中西書院簡論」,『檔案與史學』, 第8期, 1997; 張華騰,「1882-1895年中西書院諸問題的考察」,『史林』, 第5期, 上海: 上海社會科學院歷史硏究所, 2004; 齊慧敏,『林樂知的敎育文化觀及在華主要活動硏究』, 石家莊: 河北師範大學碩士學位論文, 2003; 王麗麗,『林樂知思想硏究』, 山東: 山東師範大學碩士學位論文, 2009.

9) 梁元生,『林樂知在華事業與『萬國公報』』, 廣州: 中文大學出版社, 1978; 孫邦華,「『萬國公報』對西方近代敎育制度的植入」,『北京師範大學學報』, 第3期, 北京: 北京師範大學學報編輯部, 2002; 楊代春,「『萬國公報』對儒學的評析」,『湘潭大學學報』, 湘潭: 湖南省敎育廳‧湘潭大學, 2003; 王林,「『萬國公報』的變法主張述評」,『學術硏究』, 第4期, 廣州: 廣東省社會科學界聯合會聯會, 2004 등이 있다.

10) 중국학술논문검색사이트 中國知網(CNKI)에서 '교회서원'을 '주제(主題)'로 검색(검

우리나라는 교회서원은 물론 중서서원에 대한 연구 성과가 매우 미비하다. 일부 중국 근대 교육학 관련 논문에서 선교사의 교육 사업을 소개할 때 약간 언급하고 있다.[11] 영 앨런에 대한 언급도 『만국공보』, 광학회(廣學會), 상하이강남제조국(上海江南制造局)을 다루는 과정에서 저널리스트로서 일부 소개하고 있으며, 중서서원, 영 앨런, 교회서원 등을 단독 연구 주제로 한 논문은 찾아보기 어렵다.[12]

이 글은 이상의 연구 성과의 토대 위에서 중서서원을 주요 대상으로 하여, 교회서원·중서서원·중서병용이라는 세 개의 커다란 카테고리로 구성한다.[13] 먼저 서세동점기에 교회서원의 출현과 시기별 특징을 자세

색일: 2018.1.25)한 결과 총268편이 검색되었고, 이 가운데 석박사학위논문은 총72편이었다. 그러나 '주제'를 검색어로 한 결과는 교회서원을 단독으로 다룬 논문들이 아니라 교회서원 관련(교회학교·교회대학·서원·선교사·기독교사) 주제를 아우른 넓은 범주의 논문들이다. 따라서 구체적으로 '편명(篇名)'으로 검색해야 더 정확하다. 이 중 편명으로 검색한 결과 '중서서원'은 원래 총20편이었지만 '중서', '서원'이 각각 떨어진 편명이며 실제 '중서서원'이란 편명은 5편이다. 실제 학위논문 검색결과에서도 유사했다. '중서서원' 주제[題名]로 학위논문을 검색한 결과 한 편도 없고, '임락지'를 주제[題名]로 학위논문을 검색한 결과 총7편이었다.

11) 이경자, 「중국 근대 서양교육의 수용: 명칭과 인물을 중심으로」, 『중국학논총』, 제58집, 고려대학교 중국학연구소, 2017.1. 김덕삼·최원혁·이경자, 「동서양 문명 교류에서 본 '공감'」, 『중국과 중국학』, 제30호, 영남대학교 중국연구센터, 2016 등 참고.

12) 또한 윤치호가 1885년 상해로 유학을 가서 중서서원에 입학하여 근대 교육을 받았다는 상황을 소개할 때 언급되는 정도이다. 윤치호는 당시 중서서원에서 영어와 중국 그리고 수학, 물리, 화학 등 자연과학 등 근대 교육을 배웠다. 유영렬, 「윤치호의 민주정치의식에 관한 연구」, 『한국민족운동사연구』, 제44권, 서울: 한국민족운동사학회, 2005, 13쪽 참고. 또한 그의 저서 『오주여속통고(五洲女俗通考)』는 한국의 여속(女俗)에 대한 언급이 있다는 사실이 1927년 이능화(李能和)가 한국여성사를 정리한 『조선여속고』(1928년, 동양서원)에서 드러났다.

13) 상하이 중서서원은 교회서원의 단계적 변화과정 중에서 제2단계 발전단계에 속하며, 당시 '중서병중'을 운영방식으로 택한 대표적인 교회서원이므로 본고의 연구대상으로 삼았다.(2장 참고) 또한 중서서원의 연구에 앞서 교회서원에 대한 정리는 반드시 필요하므로 세 개의 카테고리로 정한다.

히 살펴보고, 두 번째로 중서서원의 실제적인 운영을 통해 '중서병용'의
특징과 전략적 함의를 분석한다. 끝으로 전파와 수용이란 입장에서 '중서
병중'을 각각 어떻게 인식하고 있는 지 그 함의는 무엇인지에 대해 논의
한다. 이는 서학동점기의 서학과 중학의 교섭을 통해 전파와 수용과정에
서 드러나는 일부 문제점을 일부나마 엿볼 수 있지 않을까 한다.

Ⅱ. 교회서원의 출현과 변화

교회서원은 서학동점기에 선교사들이 중국 전통서원에서 '서원'이란 명
칭을 취하여 만든 새로운 형태의 교육기구이다.[14] 건륭 말년 '예의지쟁'
이후 아편전쟁 전까지 선교활동의 금지와 '금교'로 인해 선교사들은 어쩔
수 없이 주로 해외에서 활동을 한다. 선교사가 세운 최초의 교회서원은
영국 런던교회의 선교사 모리슨이 1818년 미린(William Mine, 1785-1822,
중국 이름은 米隣)과 공동으로 말래카에서 세운 영화서원이다.[15] 그 후
1차 아편전쟁 이후 선교사들은 중국에서 선교활동과 교육 사업을 할 수
있는 기회를 얻으면서 교회서원도 본격적으로 출현하기 시작했다.[16] 중
국의 교회서원은 도광22년(1842) 모리슨이 홍콩에다 모리슨서원을 세우
고, 그 이듬 해 1843년 말래카에서 세웠던 영화서원이 홍콩으로 이전해오

---

14) 서학동점의 시기에 중국으로 온 외국인들이 설립한 School, College, Institute, University,
   Academy 등 문화 기구들을 모두 서원이라 칭했다. 鄧洪波, 『中國書院史』, 544쪽.
15) 명나라 말기 항주 예수회 소속 사대부 楊廷筠이 자택에 세운 건성서원(虔誠書院)은
   중국의 첫 교회 요소가 포함된 서원이라 할 수 있다. 하지만 외국선교사가 아닌 중국인
   신도가 세운 것이다.
16) 난징조약 二. 광저우·푸저우(福州)·샤먼(廈門)·닝보(寧波)·상하이 등 5개를 개
   항한다. http://www.baidu.com

면서 동남지역 개항구에서부터 활동을 시작한다. 이런 상황은 2차 아편전쟁 이후 해외 선교사들의 선교활동, 교당설립 등이 허용되면서 교회서원은 동남부 지역을 넘어 중국 내륙까지로 진출·확대하게 된다.[17] 그리고 당시 양무운동, 변법자강운동이 사회전반으로 전개되면서 청 정부는 외국어와 서학에 능통한 새로운 인재에 대한 수요가 절실했다.[18]

양무시기를 전후로 각종 서원과 학당은 크게 세 가지 유형으로 분류할 수 있다. 첫째, 정부 주도로 개설된 양무학당이다. 베이징의 경사동문관(1861), 상하이광방언관(上海廣方言館, 1863) 등과 같이 주로 서양언어를 가르치고 번역인재를 육성하는 언어학당과 무비학당(武備學堂), 기술실업학당(技術實業學堂)등과 같이 서방의 군사기술 등을 가르치는 곳이다. 둘째, 주로 지방의 사신(士紳)들이 세운 전통서원을 신식학당으로 개조한 형태이다. 상해 정몽(正蒙)서원(1878), 소주 정의(正誼)서원(1878), 강서 구지(求志)서원(1876) 등과 같은 유형이다. 이들은 일부 서학 과목을 개설하기도 했지만 중학이 위주였다. 셋째, 외국교회나 개별 선교사들이 세운 산동 덩저우문회관(登州文會館, 1864, 登州書院과 동일), 난징 회문(匯文)서원(1888), 상하이 성요한(聖約翰)서원(1879) 등과 같은 교회서원이다.[19]

양무, 변법시기 서학의 전파에 중심에 있었던 교회서원은 크게 세 시기의 발전단계를 거친다.[20] 주로 만청에서 민국 초까지 총119개가 설립

---

17) 「중러천진조약」(3): 러시아 정방정교 선교사들은 중국 내에서 자유롭게 활동할 수 있다. 「중미천진조약」(3): 예수회 선교사들이 자유롭게 선교활동을 할 수 있다. 「중영천진조약」(2): 예수회 천주교 선교사들이 자유롭게 선교활동을 할 수 있다. 「중프천진조약」(3): 천주교 선교사들이 자유롭게 선교활동을 할 수 있다. 「중영베이징조약」: 서방의 선교사들은 중국에서 토지매입과 교당건설을 할 수 있다. http://www.baidu.com
18) 鄧洪波, 『中國書院史』, 2004, 535-536쪽 참고.
19) 양무시기 서원과 학당의 세 가지 유형에 관한 내용은 齊慧敏, 『林樂知的敎育文化觀及在華主要活動硏究』, 19-20쪽 참고.

되었다.[21] 총119개 교원서원의 특징을 역사적, 교육사적으로 커다란 변화가 있었던 시기에 따라 크게 3단계로 나눌 수 있다.[22]

첫째, 설립시기별로 보면, 시작단계(1842-1860)는 1차 아편전쟁(1840-1842) 직후부터 2차 아편전쟁(1856-1860)까지로 총14개 교회서원이 세워졌다.[23] 다음 발전단계(1861-1900)는 2차 아편전쟁 이후부터 서원개제

20) 교회서원의 3단계 분류방식은 덩훙보, 룽웨이(龍偉), 우리쥔(吳麗君) 등이 이렇게 분류하고 있다. 또한 황신셴(黃新獻)은 확실한 단계로 구분하지 않고 전반적인 교회서원의 흐름을 정리했다. 교회서원의 흐름은 역사적(아편전쟁, 양무운동 전후), 교육사적(서원개제 전후) 변화와 맞물리면서 단계적인 특징을 보이므로, 3단계로 구분하는 것은 무리 없는 객관적인 방식이므로 본고에서도 이를 따른다. 鄧洪波, 『中國書院史』, 555쪽; 尹文涓, 『基督敎與近代中等敎育』, 上海: 上海人民出版社, 2007, 137쪽; 黃新獻, 「敎會書院演變的段階性特徵」 참고.

21) 명말, 중국인 양정균(楊廷筠)이 항주에 세운 건성(虔誠)서원 1개도 포함한다. 鄧洪波(『中國書院史』, 547-554쪽)는 총97개(실제는 98개임)라고 하였고, 李芳(『中西文化匯下的敎會書院』, 15-20쪽)은 덩훙보의 연구를 기초로 하여 21개의 자료를 보충하여 총119개라고 하였다. 이 두 자료의 교회서원 일람표는 기타 자료에 비해 비교적 상세하게 잘 정리가 되어 있으므로, 본고에서는 이 119개 자료를 토대로 분석한다.

22) 실제 총119개이지만 본고에서 3단계의 총 개수가 101개인 이유는 1개(虔誠서원, 항주)는 명 말에 세워진 것이고, 창건시기 미기재한 것 4개, 광서 말로 기재한 것 6개, 청 말로 기재한 것 7개가 있다. 따라서 총119개 가운데 18(1+4+6+7)개를 뺀 101개로 계산한 것이다. 창건시기 미기재 4개: 聖保羅女(성바오로여자서원, 홍콩), 영화서원(푸저우), 聖學서원(푸저우), 眞學서원(푸저우). 광서 말로 기재한 것 6개: 聖心서원(광저우), 南省華英女서원(푸저우), 麥倫서원(상하이), 秀州서원(嘉興), 중서서원(천진), 文會서원(심양). 청 말로 기재한 것 7개: 聖道公會서원(寧波), 協和서원(북경), 培文서원(開封), 南偉烈서원(九江), 博文서원(九江), 路德서원(益陽), 公義서원(중경).

23) 14개: 馬禮遜書院(모리슨서원, 홍콩, 도광22년 1842), 영화서원(홍콩, 도광23년 1843), 聖保羅(성바오로서원, 홍콩, 도광29년 1849), 巴陵서원(홍콩, 함풍원년 1851), 維多利亞女(빅토리아서원, 홍콩, 함풍10년 1860), 嘉諾撒聖心(Sacred Heart Canossian서원, 마카오, 함풍10년 1860), 撥萃女서원(마카오, 함풍10년 1860), 眞光서원(광저우, 함풍원년 1851), 英華서원(광저우, 함풍2년 1852), 英華서원(샤먼, 도광30년 1850), 保羅福音(바오로복음서원, 푸저우, 함풍2년 1852), 潞河서원(푸저우,

(1901년) 전까지 가장 많은 총69개가 설립되었다.24) 끝으로 쇠퇴 단계
(1901-1932)는 서원개제(1901)부터 민국 초 전후 20년은 교회서원의 쇠퇴

함풍3년 1853), 格致서원(푸저우, 함풍3년 1853), 清心서원(상하이, 도광30년 1850).
24) 69개: 中央서원(皇仁서원이라고도 함, 홍콩, 동치원년 1862), 西醫서원(홍콩, 광서13
년 1887), 心光서원(홍콩, 광서23년 1897), 嘉諾撒聖方濟서원(성프란체스코서원,
마카오, 동치8년 1869), 聖約瑟서원(성요셉서원, 마카오, 광서원년 1875), 聖瑪利서
원(성마리아서원, 마카오, 광서26년 1900), 培英서원(광저우, 광서5년 1879), 淑正女
서원(광저우, 동치6년 1867), 格致서원(광저우, 광서13년 1887), 培正서원(광저우,
광서15년 1889), 明心서원(광저우, 광서17년 1891), 同文서원(샤먼, 광서24년 1898),
尋源서원(샤먼, 광서6년 1880), 培元서원(복건 莆田, 광서4년 1878), 陶淑女서원(福
州, 동치4년 1865), 복음서원(푸저우, 동치10년 1871), 培元서원(푸저우, 동치10년
1871), 廣學서원(푸저우, 광서4년 1878), 鶴齡英華서원(푸저우, 광서7년 1881), 育嬋
女서원(푸저우, 광서8년 1882), 靈光서원(푸저우, 광서24년 1898), 三一서원(푸저우,
광서2년 1876), 華英斐迪서원(寧波, 동치3년 1864), 三一서원(닝보, 광서2년 1876),
養正서원(닝보, 광서6년 1880), 長老會서원(닝보, 광서6년 1880), 崇信서원(닝보,
광서7년 1881), 華英서원(닝보, 광서19년 1893), 育英서원(항저우, 동치6년 1867),
聖方濟서원(성프란체스코 서원, 상하이, 동치2년 1863), 培雅서원(상하이 동치4년
1865), 英華서원(상하이, 동치4년 1865), 度恩서원(상하이, 동치5년 1866), 성요한서
원(상하이, 광서5년 1879), 중서서원(상하이, 광서7년 1881), 聖瑪利亞女서원(성모마
리아서원, 상하이, 광서7년 1881), 存養서원(쑤저우, 동치10년 1871), 博習서원(쑤저
우, 광서5년 1879), 중서서원(쑤저우, 광서22년 1894), 匯文서원(난징, 광서14년
1888), 基督서원(난징, 광서17년 1891), 貴格女서원(난징, 광서18년 1892), 益智서원
(난징, 광서20년 1894), 德華서원(칭다오, 광서24년 1898), 登州文會館(등주서원이
라고도 함, 덩저우, 동치3년 1864), 廣德서원(青州, 광서20년 1894), 郭羅培眞서원
(青州, 광서11년 1885), 文美서원(濰縣, 광서9년 1883), 文華서원(濰縣, 광서21년
1895), 潞河서원(通州, 동치7년 1868), 瞀目서원(베이징, 동치9년 1870), 匯文서원
(베이징, 동치10년 1871), 慕貞서원(베이징, 동치11년 1872), 懷理서원(베이징, 광서
11년 1885), 匯文서원(베이징, 광서14년 1888), 文會서원(奉天, 광서28년 1802), 同
文서원(九江, 광서7년 1881), 諾立서원(九江, 광서11년 1885), 儒勵女서원(九江,
광서26년 1900), 文華서원(武昌, 광서3년 1877), 懿訓서원(武昌, 광서23년 1897),
博文서원(우창, 광서11년 1885), 訓育서원(漢口, 광서4년 1878), 訓女서원(한커우,
광서22년 1896), 博學서원(한커우, 광서25년 1899), 辣丁서원(南寧, 광서26년 1900),
廣益서원(충칭, 광서20년 1894), 복음서원(타이완, 광서2년 1876), 理學堂大서원(타
이완, 광서8년 1882).

기이자 근대교육으로의 변화 단계로서 총18개가 설립되었다.[25] 둘째, 설
립지역의 분포를 보면, 푸젠이 22개로 가장 많고, 다음으로 마카오·상하
이·저장(각10개)이 많으며, 그 뒤로 홍콩(9개) → 광동·장쑤·산동(각8
개) → 베이징·후베이(각7개) → 장시(6개) → 광시(3개) → 후난·톈
진·랴오닝·충칭·타이완(각2개) → 허난(1개) 순이다. 셋째, 설립자 또
는 설립기관의 국적 분포를 보면, 미국이 51개로 가장 많고 다음으로 영
국이 29개이며, 그 뒤로 프랑스(5개) → 독일(4개) → 이태리(3개) → 캐나
다(2) → 스웨덴·중국(각1개) 순이다. 미국, 영국이 거의 약67%를 차지
했다.[26] 넷째, 설립시기를 왕조별로 보면, 광서연간(1875-1908재위)에 77
개로 가장 많고, 다음으로 동치(1861-1875재위) 18개, 함풍(1850-1861재
위) 9개, 도광(1820-1850재위) 5개 순이다.[27] 따라서 교회서원은 만청시
기에 주로 생겼고 특히 동치에서 광서 27년(1901) 서원개제 전까지가 거

---

25) 18개: 聖保羅女서원(성바오로여자서원, 마카오, 1914), 英皇서원(마카오, 1926), 聖
嘉勒女서원(성클라라여자서원, 마카오, 1927), 瑪利諾서원(마리놀서원, 마카오,
1927), 喇沙서원(라살서원, 마카오, 1932), 聖馬可서원(성마가서원. 푸저우, 1907),
尋州女서원(쉰저우여자서원, 푸저우, 1906), 漢英서원(푸젠 邵武, 1905), 洋文서원
(상하이, 광서34년 1908), 宏育서원(난징, 광서30년 1906), 禮賢서원(칭다오, 광서27년
1901), 廣文서원(산동 濰縣, 광서30년 1904), 新學서원(톈진, 광서28년 1902), 葆靈서
원(강서 南昌, 광서29년 1903), 聖道서원(漢口, 1908), 湖濱서원(호남 嶽州, 광서29
년 1903), 法中文서원(광서 南寧, 광서28년 1902), 辣丁서원(광서 桂平, 1929). 18개
가운데 1932년 喇沙(La Salle)서원을 제외한 17개는 1901-1920대에 세워졌다.
26) 총119개 가운데 설립자나 기관을 미기재한 22개와 불명 1개를 제외한 96개를 대상으
로 한 결과이다. 미국과 영국이 상대적으로 많은 이유 중의 하나는 명말청초는 이태리
마테오리치 등 천주교가 중심이었다면 만청 시기는 다국적 열강들이 들어오면서 특히
양무 전후시기에는 미국, 영국 모회의 선교사들의 활동이 더 많았기 때문일 것이다.
27) 광서연간 77개의 계산은 총119개 가운데 명말 1개, 연도 미기재 4개, 1914-1932년으
로 표기한 것 5개, 동치(18개), 함풍(9개), 도광(5개) 총42개를 뺀 숫자이다. 또한
구체적인 연도를 표시하지 않고 '광서 말'로 표기한 것 6개와 '청 말'로 표기한 것
7개, '1905년·1906년·1907년·1908년'이라고 표기한 4개는 광서(1875-1908)연간에
포함시켰다.

의 80%가 생겼다. 주요 활동 시기는 양무, 변법시기 전후라고 할 수 있으며 지역은 동남부 연해부터 시작하여 점차 북상하거나 내륙으로까지 확산되는 경향을 보인다.

이상의 요약을 좀 더 종합적으로 그 특징을 정리하자면 다음과 같다. (지도의 화살표는 확산의 방향성을 포괄적으로 표시한 것임)

시작단계(1842-1860)의 총14개 교회서원은 도광제(5개)와 함풍(9개)때 생겼다. 도광제때는 홍콩(3개), 상하이(1개), 샤먼(1개) 지역에 분포하였고, 함풍제때는 푸저우(3개), 홍콩·마카오·광저우(각2개)에 분포하였다. 즉 홍콩(5개) → 푸저우(3개) → 마카오·광저우(각2개) → 샤먼·상하이(각1개) 순이며, 〈그림 1〉의 하단 부분인 동남부 연안에 분포했다.

〈그림 1〉 중국 교회서원의 분포도

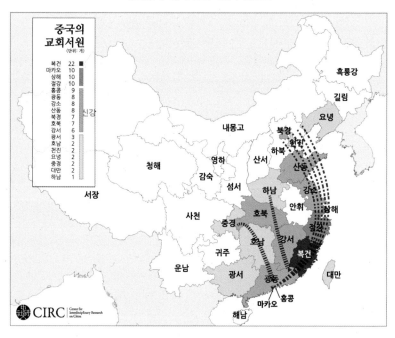

출처: 鄧洪波(『中國書院史』, 547-554쪽), 李芳(『中西文化匯下的教會書院』, 15-20쪽)의 자료를 토대로 저자 재구성

초기 교회서원은 시작단계로서 제도화가 잘 갖춰져 있지 않았다. 교사 (校舍)도 갖추질 못해 선교사의 자택 혹은 민가를 빌려 임시 충당했으며 교사는 선교사들이나 그들의 아내가 담당했다. 학생은 주로 교도의 자녀, 가난한 집안의 자식이나 고아들로 연령층은 기준이 없었고, 무상교육으로 진행되었다.[28] 수업은 초기 교회서원이 기독교 전파를 중시함에 따라 교도와 선교사를 기르는 목적으로, 간단한 기독교 교리와 일부 자연과학 지식을 가르치고 중국경전과목은 중국 숙사(塾師)를 모셔서 가르쳤다.[29]

발전단계(1861-1900년)의 교회서원은 대부분 광서연간(51개)과 동치연간(18개)에 설립되었다. 동치제 때는 상하이(4개), 푸저우 · 베이징(각3개), 홍콩 · 마카오 · 광저우 · 닝보(寧波) · 항저우 · 쑤저우 · 덩저우(登州) · 통저우(通州, 각1개)에 분포했다. 〈그림1〉의 하단 부분에서 동부 연안을 따라 북상하며 확대되는 모습을 볼 수 있다. 시작 단계에서는 홍콩 · 마카오 · 푸저우 · 광저우 등 주로 동남 연안에 위치하다가 발전 단계에 이르러서는 점차 닝보 · 항저우 · 쑤저우 · 상하이 등 절강일대를 거쳐 산동성 덩저우 · 통저우 및 베이징 등으로 북상하는 형태를 보인다.

교회서원이 가장 많이 설립되었던 광서연간에는 이런 현상이 더욱 확

---

28) 말래카 영화서원 「영화서원장정(英華書院章程)」에 "아버지가 없거나 또는 부모가 없는 고아를 거둬들여 입학시켜 공부를 시킨다. 可以收留喪父或無父無母的孤兒 入學讀書."라고 하였다. 吳義雄, 『在宗敎與世俗之間』, 廣州: 廣東敎育出版社, 2000, 319쪽; 광저우 진광(眞光)서원은 학비, 일용품, 숙식 등 모두 무상으로 제공하였다. "每一生徒, 冬夏各贈衣一套. 學生各人都有藍蚊帳, 紅白色被袋被枕油紙 扇高麗巾瓦面盆皮拖鞋, 用具齊備, 父母入學不費一文." 夏泉 · 孟育東, 「敎會 敎育家那夏禮與眞光書院」, 『暨南學報』, 第3期, 廣州: 暨南大學暨南學報編 輯部, 2006.

29) "최초의 교회학교는 실로 전도를 보조하기 위해 세운 것이다.……교도단체[교단]가 점점 발달하고 교당도 점점 세워져서 이에 학교를 설립하여 이로써 목사를 배양하는 기초가 되지 않을 수 없었다." 韋啓光, 「黔滇川邊區苗族信仰基督敎試析」, 『貴州 社會科學』, 第4期, 1981.

대되는 현상을 볼 수 있다. 여전히 복건(푸저우·샤오우[邵武]샤오우·푸텐[莆田])일대와 광저우·홍콩·마카오·샤먼 및 타이완(총2개) 등 동남쪽에 분포하였다. 그러나 가장 특징적인 것은 닝보·상하이·쑤저우·자싱(嘉興)·난징 등 저장성·강쑤성으로 올라오고, 또 지우장(九江)·난창의 장시성, 우창(武昌)·한커우(漢口)의 후베이성, 웨저우(嶽州)·웨양(嶽陽)의 후난성, 쓰촨 일대 충칭 등 내륙까지 분포하였다. 또 북쪽으로는 칭다오·칭저우(青州)의 산동성을 지나 베이징, 텐진을 거쳐 펑텐(奉天), 선양(瀋陽) 등 랴오닝성까지 확대·분포하였다.

이러한 확대 현상은 2차 아편전쟁 이후 「천진조약」으로 개항구가 증설되고 선교사의 활동이 자유로워졌고, 양무운동으로 인해 서학에 대한 요구가 시급해지면서 교회서원의 규모나 수량도 확대되어갔기 때문이다. 따라서 전(前) 단계에 비해 제도화, 규범화를 갖추게 되면서 교과과정, 규정, 운영 면에서 보다 완비되어갔다. 발전 단계는 통상개항과 양무운동에 필요한 인재양성을 위해 기본적으로 서양식 교학방법을 취하였고 서방문화와 과학기술지식 등을 주로 가르쳤다. 수업과목을 보면, 푸저우 학령(鶴齡)서원에서는 수학·기하학·전기학·격물 등의 과학 과목을 개설하였고, 중서서원에서도 대수학·천문학·평삼각·화학·역학·미적분·항해기술 등 서학과목을 많이 개설했다. 이러한 과목을 배울 수 있었던 것은 교회서원의 분포가 점차 넓은 도시로 확대되어가면서 초기 무상교육과는 달리 수업료도 받았고, 초기 단계처럼 빈곤한 자제들을 받아들인 게 아니라 양무파의 관료층, 사대부, 매판상인 등 부유한 가정의 자제들을 받아들였기 때문이기도 하다.[30] 또한 규모나 형태도 중등교육에서

---

30) "1898년에 성방제서원의 학생은 이미 120명으로 늘었고, 그 가운데 청 정부의 관료 자제들이 많았다. 至1898年, 聖方濟書院學生已發展到120名, 其中不少系清廷洋務派官僚子弟." 朱有瓛·高時良 主編, 『中國近代學制史料』, 第4輯, 236쪽.

고등교육으로, 일반교육에서 엘리트교육으로 옮겨갔으며, 종교적 기능은 초기 단계에 비해 상대적으로 약화되었다. 한편, 서원개제 등 근대 교육 개혁으로 인해 정부의 경사대학당 및 격치서원 같은 전통서원의 신식서원들이 설립됨에 따라 교회서원도 합병의 추세를 보이면서 교회대학으로까지 변화하는 새로운 움직임이 보여 지기 시작했다.

세 번째 단계는 쇠퇴기이자 근대 교육의 개혁단계이기도 하다. 광서 27년(1901)은 근대 교육사의 전환점의 시기이다. 1901년 팔고문 과거시험 폐지 선포 후 이어 1905년에 과거제도를 완전히 폐지하면서 교회서원도 변혁을 시도한다. 합병을 통해 새로운 교육기구인 교회대학으로 변화했으며, 1901년에서 1909년까지 총13개 교회대학이 탄생하였다.[31] 이들은 대부분 초등의 교회학교를 거쳐 교회서원으로 통합되고 후에 교회대학으로 변화하는 점층적인 변화 단계를 보였다.[32] 비록 일부 서원은

---

31) 13개 기독교대학은 제로대학, 복건협화대학, 금릉여자대학, 之江대학, 화중대학, 華南女子文理學院, 嶺南대학, 금릉대학, 성요한대학, 滬江대학, 東吳대학, 華西協和대학, 燕京대학. 또한 3개 천주교대학으로는 震旦대학, 輔仁대학, 津沽대학이 있다. Jesse Lutz(杰西 · 格 · 盧茨) 著, 曾鉅生 譯, 『中國敎會大學史(1850-1950)』, 杭州: 浙江敎育出版社, 1987, 附表506-509쪽.

32) 교회학교가 교회서원으로 바뀌고 교회대학으로 변화하는 과정의 사례는 다음과 같다. 첫째, 1904년 등주서원(등주문회관이라고도 함, 1864/전신은 登州蒙養學堂, 1864)과 廣德서원(1894)이 합병하여 廣文서원(1904)으로 바뀌고, 다시 1909년 郭羅培眞서원(1885)과 합병하여 산동기독교대학(1909)으로 바뀌고, 1916년 華北女子의학원과 합병하여 제로대학(1916)으로 바뀐다. 둘째, 1893년 광저우 격치서원(1887/전신은 花地寄宿男塾, 1847)은 培英서원(1879)과 합병하여 광주격치서원(1893)으로 되고 후에 嶺南대학(1903)으로 된다. 셋째, 존양存養서원(1876/전신은 存養義塾 또는 十全街小學, 1871)은 1884년 博習서원(1884)으로 개명하고, 1899년 박습서원이 상해 중서서원(1881)과 합병하여 상해 중서서원으로 불렀다. 그 후 다시 상해 중서서원이 소주 宮巷서원과 합병하여 東吳대학(1900, 후에 소주대학으로 바뀜)이 된다. 넷째, 복주서원(1864/전신은 福州保福山寄宿學校, 1853)은 후에 榕城格致書院으로 개명한 후 1916년 福州 英華서원, 聖馬可서원(1907), 廈門 尋源書院(1880)과 합병하여 福州協和大學(1916)으로 바뀐다. 다섯째, 1906년 남경 기독서원(1891)은 난징

1920년-1930년대까지 명칭을 바꾸지 않았지만, 민국 시기(1911-1949)에 설립한 교회 서원은 6곳에 불과하다고 한다.[33] 이렇게 근대 교육개혁에 따라 교회서원도 역사의 뒷무대로 사라진다.

이처럼 교회서원은 서세동점기에 서방의 외부로부터 중국의 안으로 들어와 비교적 짧은 약60년이란 기간 동안 유지되었다. 그 동안 설립규모·설립유형·수업내용·운영방식 등에서 여러 단계의 변화를 거쳐 왔고, 중국 전통서원과 중국의 근대교육체제에도 영향을 주었다. 교육적인 면 외에도 선교사와 교회서원은 동서 문화의 교류, 서학과 중학의 만남 등 학술문화 영역과 『만국공보』, 『교회신보』, 광학회 등 매체·출판 및 서방의 정치, 사회의 제도적 측면 등에서 동서 문화의 교류와 서학 전파의 중심에서 서있던 중요한 중서문화의 매개체였다.

益智서원(1894)과 합병하여 宏育서원(1906)이 되고, 다시 1910년 난징 匯文서원(1888)과 합병하여 金陵대학(1910)이 된다. 여섯째, 聖約翰서원(1879)은 상하이 培雅서원(1865), 度恩서원(1866)과 합병(1879)하여 성요한대학(1906)이 된다. 일곱째, 通州 潞河서원(1868/전신은 潞河男塾, 1868)은 1893년 베이징 匯文서원(1888)과 합병하여 베이징 회문대학(1893)이 되고 후에 1919년 연경대학으로 합병(1919)된다. 여덟째, 항저우 育英서원(1867/전신은 寧波 崇信義塾, 1845)은 여러 발전 단계를 거쳐 之江대학으로 바뀐다. ( )의 전신은 교회학교를 의미함. 李芳, 『中西文化交匯下的敎會書院』, 13-14쪽의 자료를 토대로 저자 재정리.

33) 聖保羅女書院(성바오로여자서원, 마카오, 1914), 英皇書院(마카오, 1926), 聖嘉勒女書院(성클라라여자서원, 마카오, 1927), 瑪利諾書院(마리놀서원, 마카오, 1927), 喇沙書院(라살서원, 마카오, 1932), 辣丁書院(광서 桂平, 1929). 李芳, 『中西文化交匯下的敎會書院』, 16, 20쪽.

III. 중서서원의 설립과 '중서병중'

1. 중서서원과 '중서병중'의 운영

중서서원의 설립자 미국 감리교 선교사 영 앨런은 1859년 12월 중국으로 향하는 배에 올라 1860년 6월 상하이에 도착한다.[34] 그 후 약50년 간 중국에서 번역·교육·매체·선교 등의 활동을 하다가 71세 나이로 상해에서 생을 마감한다. 그의 주요 활동은 보면, 1864년 3월 풍계분(馮桂芬), 응보시(應寶時)의 소개로 상하이광방언관에서 영어교사를 하다가, 1868년 『상해신보』에서 편집자(1871년까지 근무)로 활동하면서 그 해 9월 『교회신보』(1868)를 창간한다.[35] 그 후 1871년 상하이강남제조국에서 번역 일을 하게 되었고,[36] 1876년에는 청 정부로부터 5품의 관직을 수여받는다.[37] 1882년 상하이 중서서원을 설립하고 1883년에는 『교회신보』

---

34) 처음 중국 이름은 임요한(林約翰)이었는데 후에 임락지(자, 榮章)로 개명하며, 자칭 '미국의 進士'라 부르기도 했다. 林樂知란 이름은 한나라 양웅 『法言·君子』에 나오는 "천하의 일들에 대해 알지 못하는 것은 성인도 부끄러워한다(聖人之於天下, 恥一物之不知)"는 말에서 인용하여 '恥知'를 '樂知' 바꾸어 지은 것이다.

35) 1874년 7월 『만국공보』로 개명하고 『만국공보』는 1883년 7월 정간, 1889년 복간되면서 광학회(1887년 설립)의 기관지가 된다. 1891년 티모시 리처드(Timothy Richard, 1845-1919, 중국 이름은 李提摩太)와 함께 출판한 『中西敎會報』도 후에 광학회의 기관지가 된다.

36) 임락지가 1871년-1881년 동안 상해강남제조국에서 번역한 종류는 총45권이다. 각국 역사가 가장 많고 다음으로 과학군서서적, 세계정세 관련서적이 많다. 또한 1882년 9월부터 1907년 6월까지 약15년 간 『만국공보』에 연재한 문장은 총740차례이다. 이 외에도 저서 3권 『中西關係略論』(上海申報館, 1882), 『中東戰紀本末』(上海廣學會刊, 1895-1896), 『全地五大洲女俗通考』(上海廣學會編行, 上海華美書局印刊, 1903)가 있다. 王麗麗, 『林樂知思想硏究』, 2009, 부록(二)127-155쪽 참고.

37) 이상 영 앨런의 생평에 관해서는 齊慧敏, 『林樂知的敎育文化觀及在華主要活動硏究』, 4-5쪽; 王麗麗, 『林樂知思想硏究』, 17쪽; 李喜所, 「樂知在華的文化活動」, 105-106쪽 참고.

를 『만국공보』로 개명한 후 편집자로 일하다가, 1887년 선교사·외교
관·사업가 등과 함께 상하이에서 출판기구 광학회를 설립한다. 이처럼
교육·매체·출판 등 교육문화 활동을 하면서 선교사로서의 사명인 기독
교 전파를 늘 염두에 두며 살았다.[38] 또한 풍계분·왕도(王韜)·심육계
(沈毓桂)·장지동(張之洞)·이홍장(李鴻章) 등 중국의 정계·학술계·
문화계·교육계·사업계 등 다양한 영역의 인사들과의 폭넓은 교류를 하
면서 중국 사회, 문화에 대한 식견을 넓혀나갔으며, 이는 중서서원 설립
과 운영에 커다란 밑거름이 된다.

중서서원은 1881년 대서원(大書院)과 제1분원(第一分院), 제2분원
(第二分院) 세 부분이 각각 쿤산챠오(崑山橋), 바셴차오(八仙橋), 우쑹
루(吳淞路)에서 준공을 마친 후, 1882년 정식 개교를 한다.[39] 영 앨런은
미국 남(南)감리회에 속한 선교사이므로 중서서원도 미국 남 감리회에서
속했다. 설립 당시 미국 남 감리회로부터 일부 지원을 받았고, 일부는 사
회 각계의 기부금으로 충당했다.[40]

---

38) "때로는 정말 관심과 동정이 간절하다. 나의 중국에서의 생활은 신앙과 희망을 추구하
   는 날들이다. 종종 어떠한 지지도 받지 못하지만 어쩌면 이것이 내 생활의 전부인
   것 같다. 신앙은 나에게 무형의 기둥과도 같으며 꾸준히 노력할 수 있는 원동력이자
   이유이기도 하다. 때문에 나는 중국의 이교(異敎)라는 큰 산을 바다 속으로 가라앉히
   기 위해 노력할 것이다. 有時非常地渴望關愛和同情, 在中國過的是一種追求信
   仰和希望的生活, 這幾乎是我生活中的全部, 往往還得不到任何支持. 信仰對
   我來說是我的無形支柱, 是我堅持不懈地動力和理由, 因此, 我會努力將中國
   裏的異敎大山沈入大海之底." 王麗麗, 『林樂知思想研究』, 54쪽.
39) 崑山橋는 상해와 쑤저우 사이에 위치하며, 八仙橋는 현재 남아있지 않지만 西藏路
   일대라고 하며, 吳淞路는 虹口에 위치한다.
40) 중서서원 제일분원(1881)의 건립비, 토지비용, 학교건축비 및 제이분원(1882)의 설립
   비의 일부를 미국 감리회가 부담하고 두 분원의 교육설비와 서적, 기물 등은 이홍장
   등 양무관료와 부상의 기부로 마련했다. 1881년 설립 당시 기부자 명단을 보면 "소송
   (蘇松) 태병비도(太兵備道) 류서분 100위안, 강남제조국 100위안, 招商局총국 100
   위안, 이운정 관찰사 50위안, 광방언관번역국 서고제 100위안, 상해전보국총판 정

양무 시기 서학에 대한 수요는 절실했으며 교회서원은 그런 요구를 제공해 주는 교육기구로 역할 했다. 왕도(王韜)는 서학에 대한 중요성에 대해 "현재 모든 서학의 원리[西法]는 격치[과학]로부터 나오지 않은 게 없다. 기계를 만드는 것도 모두 격치에서 근본을 둔다. 격치가 아니면 그 이치를 밝게 드러낼 수 없고 그 사이의 오묘함도 드러낼 수 없다고 생각한다. 따라서 격치를 중시하지 않을 수 있겠는가!"[41]라고 하였다. 이러한 사회적 분위기는 영 앨런이 중서서원에서 서학을 가르칠 수 있는 근거가 되었다.

"지금 세상에서 가장 절실한 것은 서학만한 것이 없다. 중국의 여러 남북의 개항구는 서방 국가들과 통상하면서부터 중국과 외국은 날로 여러 일들을 교섭하고 있다. 만약 서방의 언어문자, 법률, 전장제도 등을 모르는 사람이 그 사이에서 업무를 본다면, 어찌 중국과 외국이 서로 발전하면서 오랜 시간 동안 국교를 굳건하게 할 수 있겠는가!"[42]

모씨 20위안, 양경덕 10위안, 사업회관 10위안, 조금화 5위안, 정정선 5위안, 사업수리 국총판 장 모씨 4위안…… 총1550위안. 蘇松太兵備道劉瑞芬捐洋一百元, 江南製造局捐洋一百元, 招商局總局捐洋一百元, 李韻亭觀察捐洋五十元, 廣方言館飜譯舒高第捐洋一百元, 上海電報局總辦鄭捐洋二十元, 楊經德捐洋十元, 絲業會館捐洋十元, 趙錦華五元, 鄭程先五元, 水利局總辦張四元……總數一千五百五十元." 張華騰, 「1882-1895年中西書院諸問題的考察」, 2004, 88-89쪽; 「中西書院年捐淸單幷啓」, 林樂知 主編, 『萬國公報』, 第724期, 臺灣華文書局, 1968, 9,629-9,631쪽; 李芳, 『中西文化交匯下的敎會書院』, 45쪽. 본고에서 밝힌 『萬國公報』는 1차 자료를 미처 입수하지 못한 상황이어서 재인용을 하였음을 밝힌다.

41) "竊謂近今一切西法無不從格致中出, 制造機器皆由格致爲之根柢, 非格致無以發明其理, 而宣泄其間奧. 以是言之, 格致顧不重哉." 李芳, 『中西文化交會下的敎會書院』, 28쪽.

42) "而今之最切於世用者莫如西學. 念自中國南北洋諸口岸與我西國互市以來, 中外日有交涉事件. 苟以不通西國言語文字法律典章之人周旋于其際, 何能使中外共敦輯睦, 永固邦交?" 林樂知 主編, 「中西書院建業諸生當自期遠大啓」, 『萬國公報』, 第719期, 9549-9550쪽; 李芳, 『中西文化交匯下的敎會書院』, 28쪽.

영 앨런은 이렇게 서학에 대한 필요성을 강조하면서 중서서원의 교육과 인재양성의 기본적인 방향성을 밝혔다. 그러나 양무파, 유신파들은 중국은 서방의 과학, 언어, 정치제도 등을 수용해야한다고 강조해왔지만, 그 근간에는 '중학을 주로 하고 서학을 보조[主中輔西]'로 하는 '중체서용'의 관념을 고수하였다. 하지만 중서서원에서 중학을 담당하고 전체 교무행정[掌敎]을 관리해온 심육계는 "오로지 중국 학문만을 받드는 것은 옳지 않으며 반드시 서학을 부차적으로 해야 한다. 그러나 서학만을 가르치는 것도 부적절하며 반드시 중국 학문과 함께 해야 한다. 두 가지를 병행할 때 비로소 좋은 교육이 될 것이다."[43]라고 하면서 서학은 당시 시급한 것이지만 중학과 함께 이루어져야 한다고 강조하면서, 이를 중서서원의 '중서병중' 운영방식으로 발전시켜나갔다. 동시에 영 앨런도 양무파 인사들과의 접촉을 통해 유학은 단지 중국의 전통 학설에 그치는 게 아니라 통치 이념으로서 관료제도의 근간이 되고, 중국인들의 가치관·행위·관념을 지배하고 있는 사상이라는 것을 인식하여, "중국의 경전저작은 중국 학자들에게 반드시 없어서는 안 되는 것이다. 우리는 그것을 버릴 것을 더 이상 고려할 게 아니라 유럽이나 미국에서 희랍, 라틴문화를 인용한 것과 같이 중국의 전통문화를 대해야 한다."[44]라고 강조한다. 따라서 그는 당시 대내외 형세로 보나 중국인들의 사고과념 또는 통치이념으로 보나 서학과 중학을 겸한 '중서병중'이 적절하다고 판단하였다. 그리고 〈중서서원규조(中西書院規條)〉에서 "서학을 버리고 중학만 가르치는 것은

---

43) "專尙中學固不可也, 要必賴西學以輔之, 專習西學亦不可也, 要必賴中學以襄之. 二者得兼, 幷行不悖, 乃可以施非常之敎化矣." 桑兵, 「敎會學校與西體中用」, 2015, 67쪽.

44) "中國的經傳著作對中國的學者來說是必不可少的, 我們不再考慮摒棄它們而是考慮像在歐洲和美國引用希臘和拉丁文化那樣對待中國的傳統文化." 王麗麗, 『林樂知思想硏究』, 37쪽.

안 되고 중학을 버리고 서학에만 집중해도 안 된다."[45]라고 규정한다.

그러면, 중서서원의 제반 운영 속에 '중서병중'의 내용은 어떻게 안배되었는가. 중서서원의 주요 운영방침, 분반·분과방식의 교학모델, 서학과목수업, 중학수업내용 등에서 엿볼 수 있다.

〈표 1〉 중서서원의 주요 운영 방침[46]

모집	- 120명을 정원으로 함. - 가정환경은 청렴하고 근실하며 소박. - 모집신청, 등록 시 보증인이 없으면 일괄 수용하지 않음. - 중학을 배우는 자는 나이, 관적에 크게 상관없이 입학 가능.[47]
수업료	- *매년 중학, 서학 수업료 24위안.* 전일제 서학은 50위안, 반일제 서학은 30.2위안. - 집안이 가난하여도 자질총명, 품행성실, 학업의지 등이 우수한 자는 부형이 보증인이 되어 학교와 상의 가능. 신청자에 한 해 15명까지 선별.
학규	- 서학은 반별로 수업함. - 불규칙적으로 참여하는 것을 금하며, 질병이나 공적인 일이 아니면 휴가를 낼 수 없음. - 임의로 빠지거나 원규를 어길 경우 부모에게 통지, 훈육. - 학규를 위반하여 제명당할 경우, 수업료는 반환하지 않고 벌금으로 대체함.
수업	- 수업은 오전9시 출석, 12시 점심. 봄여름에는 오후1시반 수업, 4시 끝남. - *중학, 서학 두 영역을 수업.* - *격치는 서학에서 가장 중요.* 일체 기구와 시험 약품은 배치. - *서학을 통해 시무를 익히며 특히 중학을 겸해야 함.* - 수업연한 총8년: 분원에서 2년→大院에서 4년→원하는 자에 따라 2년 더 수학.[48]
학습	- 모든 학생은 학업에 전념해야 함. 8년을 수학하면 크게 쓰이고 3, 4년을 배우면 작게 쓰임. - 매주 수요일은 詩文 혹은 서간문을 짓거나 특별 활동.
시험	- 춘하추동 4번, 갑을 두 등급으로 평가.
책값	- *중학에 필요한 서적, 문방사우는 각자 준비. 서학에 필요한 것은 서원에서 준비.* - 각 자리에 잉크병 1개 배치, 매년 1角 납부.
기숙사	- 기숙사비는 매년 1인 6위안. - 기숙사는 10여개로 멀리서 온 학생이 거주. 보증인이 있어야 함. - 언어생활이 바르지 못하고 게으른 자는 보증인에게 알려 퇴출시킴. -임의로 방을 옮길 수 없으며, 기물 파손 시 해당 호실 학생들이 각자 배상.
식사	-0인 1식닥. 매달 2위안. 숙1, 밥2, 반찬4

45) "舍西法而專事中法不可, 舍中法而專重西法亦不可." 林樂知,「中西書院課規」,『萬國公報』, 第676期, 1882年2月4日; 齊慧敏,『林樂知的敎育文化觀及在華主要活動硏究』, 52쪽.

46) 古吳居士,「書設立中西書院啓後」,『萬國公報』, 第661卷, 第14本, 1881年10月22日, 8487쪽; 王麗麗,『林樂知思想硏究』, 36쪽.

모집 정원·대상·수업료·기숙사·학규·수업·시험 등 중서서원의
전반적인 운영을 볼 수 있으며, 이런 내용들 속에서 서학과 중학이 겸하
고 있음을 알 수 있다.

중서서원은 원래 8년제이다. 입학 초에 먼저 제1분원 혹은 제2분원에
서 2년간 공부하고, 그 다음에 대학원(大學院)에 들어가 4년간 공부해야
한다. 이것이 제1 단계이다. 이후 계속해서 더 공부하고 싶은 학생은 2년
간 더 공부할 수 있다. 이렇게 전 과정을 수료하려면 8년이 소요된다.

〈표 2〉 중서서원의 서학 과목[49]

제1년	글자 배우고 쓰기, 간단한 문구 해석, 쉬운 책 강해, 琴韻[악기] 연습
제2년	각종 간단한 책 강해, 문법 연습, 문장 번역, 琴韻연습, 서양어 학습
제3년	수학 계몽, 각국 지도, 번역 선집, 문자 학습, 琴韻연습, 서양어 학습
제4년	대수학, 격치 공부, 서신번역, 琴韻연습, 서양어 학습
제5년	천문학, 삼각함수법칙, 평삼각법, 구면삼각법, 琴韻연습, 서양어 학습
제6년	화학, 역학, 미분, 적분, 성리강해, 번역연습, 琴韻연습, 서양어 학습
제7년	항해측량, 만국공법, 번역 작문, 琴韻연습, 서양어 학습
제8년	부국책, 천문측량, 지구과학, 금석고고, 번역 작문, 琴韻연습, 서양어 학습

이 외에도 중서서원의 교학모델은 기본적으로 서방 교육체제에 따라
분반, 분과 방식으로 진행하며, 학습 성적에 따라 특등[超等], 1-4등급으
로 나누어 진행하였다.

---

47) 당시 한국과 일본에서 온 학생들도 있었다. 우리나라 윤치호는 1886년 상해로 와서
이듬해 3월 세례를 받고 입교했다. 1893년 중서서원에서 잠시 서학 교사로 활동하기도
했다. 海濱隱士, 「上海中西書院記」, 朱有瓛, 『中國近代學制史使料』, 第4輯,
280쪽.

48) "先在分院習學二年, 然後選升大院習學四年. 追有進境, 情願再學, 又準在院
二年, 前後八年." 『萬國公報』, 第666卷, 1881年11月26日; 桑兵, 「敎會學校與西
體中用」, 68쪽.

49) 梁元生, 『林樂知在華事業與萬國公報』, 59-60쪽.

　　"一, 학생이 서원에 들어온 후 문과와 이과를 모두 잘 하고 독서량이 많
은 사람은 제1반. 독서량은 많지만 문과 이과가 다소 미진한 자는 제2반.
독서량이 많지 않고 문과 이과가 부족하지만 총명한 학생은 제3반, 제4반.
약관이 넘었거나 혹 생원이거나 혹 이미 중학시험을 치룬 자는 특등서학
반이 되고 제1반으로 귀속한다. 一, 초등과 제1반 학생은 오전에 서학을
공부하고 오후에 한문으로 경서, 문예, 경례(經禮)를 학습한다. 수요일은
주제에 따라 글 한편과 시 한 수 혹은 논술 한편과 시 한 수를 지어 당일
제출한다. 제2반은 오전에 유가서적을 공부하고 오후에 외국어로 서학을
공부한다. 제3, 4반은 하루 종일 유가서를 공부하고 글자공부를 하며 부수
적으로 서학을 공부하거나 서학을 가르치는 선생님과 함께 약간의 영어를
배운다. 학습 연한이 길어지면 2반으로 올라간다."[50]

　　8년 기간 동안 서방 교육모델의 분반, 분과 방식에 따라 점진적인 학습
내용의 난이도를 높여 가며 중학, 서학의 과목과 수업 내용을 배분하고
있다. 서학은 수학과 물리학·화학·지질학·천문학 등 자연 과학의 기
초이론과 일부 항해, 측량 제도 등 응용기술 지식과 부국책, 각국 공법,
역사학 등 사회과학 지식을 포함한다.
　　반면, 중학 과목은 주로 오경·시부·서간문·서법 등으로 나누고 특
등반은 주로 오경·산문 강독·시 창작·서간문 등을 배우고, 1등반, 2등
반은 주로 서간문, 대구를 공부하고 해서연습을 하였고, 3등반은 주로 글
자 뜻풀이와 대구를 위주로 강의했다. 교사가 강의하는 것 외에도 자습과

---

50) "一, 學生選入書院, 以文理全通, 讀書甚多者爲第一班. 讀書已多, 文理未盡通
順者, 爲第二班. 讀書不多, 文理未通而穎悟過人者爲第三第四班. 年逾弱冠,
或已入泮, 或已與考中學, 爲超等西學, 歸入第一班. 一, 超等及第一班學生,
上半日專學西學, 下半日由漢文敎習講解經書文藝經禮. 每逢禮拜三, 命題作
一文一詩, 或一論一詩, 當日交卷. 第二班學生上半日專讀儒書, 下半日由西
敎習敎授西學. 第三第四班學生全日專讀儒書習字, 副西敎習, 或帮敎西學者
略授英語, 迨年稍長, 升入二班." 林樂知 主編,『萬國公報』, 676期, 臺灣華文
書局, 1968, 8,758-8,761쪽; 李芳,『中西文化交匯下的敎會書院』, 37-38쪽.

숙독의 시간이 별도로 안배되었다. 교사의 강의과목이나 학생의 학습법
은 전통서원의 학습방식과 기본적으로 유사하였다.[51]

지금까지 살펴보았듯이 중서서원은 설립자금·교육방향·운영규칙·
교학모델·수업과목과 내용 및 교수진[52]에 이르기까지 서학과 중학을 병
중하는 운영시스템을 확실하게 볼 수 있다.

2. '중서병중'의 전략적 함의

그렇지만 교회서원의 운영자는 선교사이고 교회서원의 운영은 모회
(母會)의 영향을 받기 마련이다. 중서서원의 설립자 영 앨런 역시 미국
남 감리교회 소속 선교사이며 미국 남 감리교회는 중서서원의 설립자금
을 일부 지원하였다. 따라서 중서서원은 학교운영 및 수업 내용에서 미국
모회의 영향을 받을 것이다. 중서서원이 중학과 서학을 가르친다고 해서
종교 관련 수업이 없진 않았을 것이다. 사실 종교수업은 위의 운영에서
드러난 '중서병중'의 또 다른 함의를 이해할 수 있는 중요한 키워드가 된
다. 이를 테면, '중서병중'이라는 전략적 운영방식에서 종교수업은 어떤
위치에 있는가. 즉 종교수업을 전면적으로 내세우지 않으면서 중학과 서
학을 정면에 내세운 이유는 무엇인지, 나아가 서학특히 과학과 종교 간
의 관계, 중학유학과 종교 간의 관계 등의 면에서 전략적 함의를 생각해
볼 수 있는 요소가 되기 때문이다.

---

51) 『萬國公報』, 第14冊, 8,558쪽; 齊慧敏, 『林樂知的敎育文化觀及在華主要活動
研究』, 50쪽 참고.
52) 중서서원의 교사진에 대해 「중서서원과규(中西書院課規)」에 이렇게 규정한다. 서
학 정교사 1명, 서학 부 교사 1명, 서어 보조교사 2명으로 서학교사는 총4명. 중학
교사는 제1, 2반 1명, 감독교사(督課) 1명, 제3, 4반 1명, 감독교사 1명으로 역시 4명이
다. 그리고 별도로 서학 사무 전담인원 1명을 두어 학교사무를 전담하였다. 張華騰,
「1882-1895年中西書院諸問題的考察」, 91-92쪽.

영 앨런은 중서병중의 운영 속에서 종교 수업에 대해 "매주 주일마다 수업을 마친 학생 중에 만약 교당에서 성경을 듣고자한다면 참으로 유익한 점이 있을 것이다. 하지만 각자 자율에 맡기며 강요하지 않는다."[53]라고 하면서 서학(과학), 중학(유학) 수업과 달리 종교 과목을 전면에 내세우지 않았다. 그러나 후웨이칭(胡衛淸)은 중서서원은 1882년 개교 때부터 기독교 과목을 개설했으며 종교적 색채도 분명하게 드러났다고 한다.[54] 그러나 영 앨런은 이를 자율적인 방식에 맡겼던 것이다. 그래서 파커(Alvin Pierson Parker, 중국 이름은 潘愼文)는 중서서원의 2대 교장이 되면서 영 앨런의 운영시스템을 바꾸어 "중서서원과 같은 학교의 주요 목적 중의 하나는 중국 교회를 위해 일할 사람을 훈련시키는 것이다."라고 분명하게 밝혔다.[55]

그렇다면, 영 앨런이 종교적인 점을 전면에 내세우지 않은 전략적 사고의 근저에는 무엇이 깔려있는가. 선교사 캘빈(Calvin Wilson Mateer, 1836-1908, 중국 이름은 狄考文)은 교회서원의 교육방향과 선교방향을 접목하여 유학·기독교·과학 삼자 간의 관계설정을 다음과 같이 말한다.

> "어떤 사회든 고등교육을 받은 사람들이 가장 세력 있는 집단을 형성하며 그들은 사회적 정서와 의견을 통제한다. 선교사의 입장에서 말하자면,

---

53) "每逢禮拜日, 放學諸生中如有情遠近堂講聽聖經固屬有益, 總以各隨自便, 毋稍勉强也." 林樂知,「中西書院課程條規」,『萬國公報』, 第14年 第666卷, 1881. 11.26; 齊慧敏,『林樂知的敎育文化觀及在華主要活動硏究』, 66쪽.

54) "중서서원은 1882년 개설 당시부터 영어 초급반에 일반 기독교 과정을 개설했다. 따라서 중서서원은 처음부터 상당한 종교적 영향을 행사하고 또한 이러한 영향력이 갈수록 강해졌음이 분명하다. 당시 중서서원에서 사용한 종교 교재는 주로 '印度基督敎本國語協會'의 출판물이었다. 이 내용들은 주로『耶穌傳』,『舊約』등이었다." 胡衛淸,「東吳大學的起源: 上海中西書院簡論」, 39쪽.

55) 胡衛淸,「東吳大學的起源: 上海中西書院簡論」, 39쪽.

만약 우리들이 한 사람을 완벽하게 교육, 훈련시켜서 그가 일생에 단 한
명의 고등교육을 받은 사람에게 큰 영향을 미칠 수 있다면, 일반 교육을
받고 사회에서 높은 지위에 있지 않은 일반인 여섯 명보다 더 큰 효과를
얻을 수 있을 것이다.…… 유가사상이 뿌리내린 사람들은 고등교육을 받
은 사대부계층이다. 만약 우리가 유교의 지위를 대체하려면 우리의 사람
들을 잘 훈련시켜야하고 기독교와 과학으로 그들을 교육시켜서 중국의 구
사대부들을 뛰어넘을 수 있게 한다면, 그들이 차지하고 있는 통치 지위를
차지할 수 있을 것이다.”[56]

캘빈은 중국의 사대부 계층은 유가사상이 뿌린 내린 사람들이고 그들
은 모두 고등교육을 받은 사람이며 사회에서 발언권이 강한 권력 집단이
라고 인식한다. 따라서 기독교와 과학으로 훌륭한 고등교육을 받은 인재
를 양성한다면 그들 역시 사회의 주요인물이 되어 서학교육을 받지 못한
사대부와 유학의 자리를 기독교로 대체할 수 있다는 것이다. 수업에서 기
독교 과목도 과학과 함께 전면에 내세워야 한다는 해석이다. 그는 더 나
아가 종교와 과학(서학)의 관계에 대해 “과학이 종교의 동맹자가 되지 않
으면 종교의 가장 위험한 적이 된다. 기독교의 좋은 기회는 바로 기독교
의 진리로 이 위대한 정신적, 물질적 혁명을 이끄는 인재를 배출하는 데
있다. 이는 서양의 과학과 문명이 빠르게 중국에서 뿌리박고 꽃을 피울
수 있는 좋은 기회이기도 하다.”[57]라고 한다. 과학(서학)을 일종의 기독교

<hr/>

56) “不論哪個社會, 凡是受過高等敎育的人都是有勢力的人, 他們會控制社會的
情感和意見. 作爲傳敎士來說, 如果我們徹底的訓練出一個人, 使他能在一生
中發生一個受過高等敎育的人的巨大影響, 就可以勝過半打以上受過一般敎
育不能在社會上有崇高地位的人.……作爲儒家思想支柱的是受過高等敎育
的士大夫階層, 如果我們要對儒家的地位取而代之, 我們就要訓練好自己的
人, 用基督敎和科學敎育他們, 使他們能勝過中國的舊式士大夫, 從而能取代
舊式士大夫所占的統治地位.” 顧長聲, 『傳敎士與近代中國』, 233쪽.
57) 陳學恂, 『中國近代敎育史敎學參考資料(下)』, 北京: 人民敎育出版社, 1988,
6쪽.

전파를 위해 필요한 수단으로 삼으면서, 과학과 종교가 함께 갈 때 진정한 기독교 전파가 가능하다는 것이다.[58]

캘빈이 주장한 교육에서의 선교의 중요성을 대부분 교회서원은 따랐고 종교 수업도 실행하였다. 그러나 영 앨런은 캘빈의 이런 사고와 기본적으로 일치하지만 구체적인 수업방식은 조금 달랐던 것으로 보인다. 중서서원 역시 종교 수업이 없었던 것도 아니며, 캘빈이 운영하는 등주서원에도 중학 수업이 없었던 것은 아니다. 다만 영 앨런은 종교 수업을 캘빈과 달리 전면에 내세우지 않고 비교적 느슨하게 자율에 맡겼다는 것이다. 왜냐하면 당시 대내외로 어지러운 만청사회에서 종교 수업을 전면에 내세우는 것이 과연 현실적으로 적절한가에 대한 고민을 했을 것이다. 앞서 말했듯이 그는 풍계분·왕도·심륙계·응보시·이홍장·장지동 등 정계·학술계·언론계·교육계·사업계 등의 인사들과 폭넓은 관계를 형성하는 과정에서 중국 사회를 이끄는 사람은 사민(四民) 가운데 '사(士)'라고 인식하였고, 중국에서 기독교를 전파하려면 무엇보다 '사대부', '관료' 등과의 교류가 불가피하다고 생각했던 것이다. 따라서 치후이민(齊慧敏)이 말했듯이 '위에서 아래로', '과학에서 종교로'라는 접근방식을 택하면서[59] 전자만 잘 움직이면 후자는 점진적으로 이루어진다고 생각했던 것이다. 그래서 학생들도 초기 교회서원처럼 가난한 집안의 자식을 무상으로 교육하는 데서 벗어나 관료, 사대부, 매판가 등 부유한 집안의 자제를 입학시켰으며, 실제로 중서서원을 설립할 당시 정부 관료나 사회 각계 인사들에게 찬조지원을 얻어냈던 것이나.[60] 이 외에도 문화이식이라는 측

---

58) 실제로 캘빈은 등주문화관을 운영할 때 중학을 가르치면서도 동시에 종교과목의 비중을 부각시켜 종교적 분위기 상대적으로 짙었으며, 학생들은 반드시 학교가 규정한 종교의식에 참여해야 했다.

59) 齊慧敏, 『林樂知的教育文化觀及在華主要活動研究』, 8쪽.

60) 당시 관료, 사대부, 매판가들은 중서서원에 지원도 해주고 자제들도 입학을 시켰지만

면에서 볼 때, 오랜 시간 동안 뿌리 깊게 내려온 사상이자 도덕적 기준이며 정치적 이데올로기로 자리한 유학을 하루아침에 버리는 것은 힘든 것이며, 게다가 종교적 관념이 희박하고 화이관념이 지배적인 그들에게 이교(異敎)라는 서양종교와 서양학문을 갑작스럽게 강요한다면 오히려 역효과가 날것이라 생각했을 것이다. 따라서 반감과 거부감을 줄이기 위한 완충작용으로서 중학(유학)을 곁들였고 종교적인 점을 전면에 내세우지 않았던 것이다. 직접적인 방식이 아니라 점진적인 방식을 택했던 것이다. 이와 같이 '중서병중'안에는 겉으로는 서학, 중학으로만 보이지만 그 안에는 종교, 기독교 전파의 전략적 의미가 내포되어 있었던 것이다.

「중서서원보단(中西書院報單)」에서 "본 서원의 졸업생들은 세관·전신국·상업국·철도국·초상국(招商局) 등으로 배치된 사람의 수가 이미 200여 명에 달한다. 또 각 부문에서 설립한 전보(傳報)학당, 수사(水師)학당 등을 설립하자 본 서원에서 가서 학습하러 간 사람도 수십 명에 달한다."[61]라고 했듯이, 실제로 서학과 중학을 겸한 '중서병중'의 운영방식으로 교육을 받은 중서서원의 졸업생들은 정부기관에 많이 취직이 되었다고 한다.

종교수업, 예배참여는 꺼려했다. 일례를 들면, 장지동의 경우 손자를 우창(武昌) 문화(文華)서원에 보내려했고 또한 이를 위해 경제적 도움을 주려고 했지만, 종교 예배에 참여하는 것을 원하지 않자 거절당하여 포기했다고 한다. Jesse Lutz(杰西·格·盧茨) 著, 曾鉅生 譯, 『中國敎會大學史(1850-1950)』, 41쪽.

61) "本書院歷年肄業生或至各海關, 或至傳報官商各局, 以及招商鐵路等局辦事者已有二百多人. 再各處設立傳報水師等學堂, 由本書院去學習者亦有數十人." 林樂知, 「中西書院報單」, 『帝國主義侵華教育史料: 敎會敎育』, 467쪽; 이외에도 1894년에도 이홍장의 명을 받고 "톈진으로 보낸 사람의 수가 200명이 넘었다." 胡衛清, 「東吳大學的起源: 上海中西書院簡論」, 40쪽.

IV. '중서병중'과 문화이식

문화이식은 일정한 문화배경 속에서 생성되고 발전된다. 문화전파는 상대의 역사적, 문화적 배경을 이해하여야 하며 그 속에서 상호 융합할 수 있는 요소를 발견해나가는 것이 무엇보다 중요하다. 그렇지 않으면 강력한 거부, 갈등에 부딪히게 된다. 불교 역시 수용과정에서 배불(排佛)도 있었지만 송대 이학으로 일부 수용되었고 남송에는 그들만의 선종을 만들어 가면서 예술, 문학 등으로 수용되었다. 중국에서 외래문화 유입의 세력과 규모, 충격이 가장 컸던 시기는 만청시기 서학동점일 것이다. 그 충격만큼이나 문화이식 과정에서 드러난 전파자와 수용자 간의 '이몽(異夢)' 또한 존재했을 것이다. 이를 테면, 문화전파자로서의 서학이 수용자인 중학에 대한 인식과 태도, 수용자로서의 중학이 전파자인 서학에 대한 수용과 태도가 일치하지만은 않았을 것이다. 전파자의 입장에서는 '서'가 중심이 되겠지만 수용자의 입장에서는 '중'이 중심이 될 것이다. 즉 근대 중국에 대한 이해는 서학과 중학을 어떻게 인식, 수용하느냐의 문제이기도하다. 그렇다면, 전파자와 수용자의 입장에서 각기 '중', '서'에 대한 인식과 수용 자세는 어떠했는지, 아울러 이로 인해 기독교 전파는 어떠했는지를 생각해본다.

첫째, 서학의 수용에 대한 목적과 대상이다. 아편 전쟁이후 서학과 함께 들어온 기독교 사상은 교육이라는 기제 통해 당시 중국이 필요로 하는 서학[과학]을 제공해 줄 수 있는 중요한 루트였다. 따라서 교육을 통해 새로운 형태의 신지식인들을 배출하고 만청 지식인과 관료사회의 지식구조에 변화를 주고, 나아가 기독교 문화를 널리 전파하려했던 그들의 구상은 당시 대내외적 상황으로 볼 때 비교적 '무난한' 구상이었을 것이다. 그러나 수용자의 입장도 과연 그러했던 가이다. 아편전쟁 이후 서학의 홍수는 유학에 의해 존속되어 온 청 정부와 지식인들을 흔들기 시작했다. 당시

서학 지식을 수용하는 것은 피할 수 없는 것이었지만, 이는 단순히 신학
문에 대한 동경이나 힘의 논리에서 약세에 놓인 상황 때문만은 아니었다.
궁극적인 것은 수용을 통한 중화문화의 보호이자 외세에 대한 대응이었
고, 그들의 목적은 '구국'을 통한 '재생'이었고 그 치료방법은 '과학'을 통
한 '부국'이었다. 이 지점에서 전파자와 수용자의 시각이 갈린다. 선교
사들이 전파하고자하는 서학과 중국인이 요구하는 서학이 서로 같은 방
향을 보고 있지만은 않을 것이라는 것이다. 종교 역시 서학에 속하지만
중국인들이 원하는 서학은 종교가 아니라 과학이었다. 그들은 선교사들
이 전파한 과학기술, 교육, 문화를 활용하여 자국의 활로를 찾고자 한 것
이다.

이는 양무시기 교육 목표와 방향에서도 드러난다. 앞서 말했듯이, 당시
양무학당과 교회서원의 교육방향은 서학에 정통한 인재를 육성한다는 면
에서 기본적으로 동일했지만 궁극적인 양성 목적은 조금 달랐던 것이다.
양무학당의 교육목표는 중체서용이라는 맥락에서 '사이제이'형 인재를 배
출하고자 했다면, 교회서원은 궁극적인 목적은 성직자들을 배출하여 기
독교 복음을 전파하는 것이었을 것이다. 그렇다면, 이는 서학을 배우는
목적과 그 대상, 범주가 전파자와 수용자 각자 달랐을 거라는 것이다. 중
국에서 요구하는 서학의 범주와 대상은 대체로 과학·군사·기술·천문
및 언어는 분명했지만 종교 부분은 미비했을 것이고, 상대적으로 선교사
들의 입장에서 볼 때, 서학의 범주 안에는 반드시 종교를 포함할 것이며
오히려 더 궁극적인 것이었을 것이다. 이러한 서학 수용의 목적, 대상 및
이교에 대한 관념 등의 면에서 선교사들의 교회서원이 추구했던 기독교
전파는 조금 힘들지 않았을까 한다.

둘째, 외래문화를 수용하는 방식이다. 중국의 근대화는 그들이 원했던
아니던 간에 서구열강이라는 외부의 추동력으로 이루어져왔다. 이런 상
황에서 그들은 서학의 수용을 통해 중국의 정치와 사회, 교육 전반에 걸

친 개혁을 주장하였지만, 그들의 수용 기준은 '중체서용'이었고 이를 중심
으로 선택적, 전제적 수용 자세를 취하였다. 그들이 서학을 수용하는 궁
극적 목적은 서학 자체에 있다기 보다 자국의 중학을 발전시키는 데 있었
기 때문이며, 따라서 중학을 본체로 하면서 과학·군사·정치 개혁에 필
요한 기술적, 제도적인 학문을 중시했던 것이고, 실제 교회서원에서 공부
하는 목적도 서학과학, 외국어 등을 배워서 시대가 요구하는 인재가 되
길 바라서였지 종교 자체에 커다란 관심을 가진 것 같지는 않다. 그러하
니 정신적인 면을 움직이는 종교가 전파된다는 것은 과장되게 표현하자
면 애당초 어불성설은 아니었는지도 모른다. 그래서 영 앨런 역시 중국인
의 정신세계의 문을 열기 위해서는 종교 이외의 어떤 다른 수단이 필요하
였고 그 중의 하나를 과학으로 내세웠던 것이다. 설사 교회서원이 중국의
근대화 교육과 서학전파에 공헌이 있다하더라도, 궁극적으로는 종교적
성격을 띠고 있기 때문에 근본적인 제한을 받았을 것이며, 실제로 의화단
에 의해 공격을 받기도 했던 것이다.[62]

셋째. 중서병용의 전략적 함의이다. 위의 두 내용과 연관하여 선교사·
교회·이교라는 차원에서 생각해볼 때, 중서서원이 보여준 중서병중의
'병중'은 전제된 전략이 없는 순수한 '병중'일 수는 없을 것이다. 다만 종
교 부분을 전면적으로 드러내지 않고 표면적으로 중학, 서학의 병중을 내
세운 것이다. 그렇다면 중서병용 안에 가려진 궁극적인 '체'는 무엇일까.
아마도 중학보다 서학이었을 것이고(2장에서도 보았듯이 실제 여러 가지
운영에서 보여짐), 좀 더 좁히자면 과학과 종교였을 것이며, 그 중에서도
'드러내지 않은' 종교였을 것이다. 따라서 과학과 종교는 중학과 비교할

---

[62] 의화단 운동 기간 중에 상해 성요한서원(1879), 항주 육영(育英)서원(1867), 광저우
격치(格致)서원(1887)이 잇따라 정지되었고, 푸저우 로하(潞河)서원(1853)이 불에
탔다. 한편 1900년 6월 의화단 세력은 톈진과 북경 등지에서 15명의 개신교 선교사
및 여러 선교사와 교도들을 죽이는 사건이 있었다. 鄧洪波, 『中國書院史』, 557쪽.

때 모두 '체'였지만, 실제에 있어서는 종교라는 '체'를 전면에 내세우지 않고 '용'인 과학을 앞세웠던 것이다.[63]

중국 역사에서 외래문화의 유입 가운데 만청 시기는 범위나 세력 면에서 이전보다 강하고도 전면적이었다. 따라서 그들은 '체용'론에 입각하여 충돌을 피하기도 하고 융합을 모색해왔지만 그것은 어디까지나 선택적 수용에 불과하였고, 또 서학의 수용 대상, 범주는 과학에 집중하였지 종교는 그다지 미비했을 것이다. 이처럼 수용자인 중국의 입장이 이러했듯이, 전파자인 중서서원의 전략적 운영방식인 '중서병중' 역시 중학과 과학을 전면으로 내세웠지만, 겉으로 드러내지 않은 '체'의 자리에는 종교가 자리하고 있었던 것이다. 따라서 전파자와 수용자 간의 '이몽'은 결국 교회서원임에도 불구하고 기독교 전파에 한계가 있었을 것으로 보인다.

V. 마치며

본고는 중서서원이 운용한 '중서병중'의 방식은 서세동점기에 전파자인 서학과 수용자인 중학의 교류 과정의 일면을 볼 수 있는 중요한 하나의 키워드라고 생각하여, 중서서원에서 '중서병중'이 실제로 어떻게 구현되었는지를 살펴보고자 했다. 근대 중국에 대한 이해는 서학과 중학을 어떻게 인식, 수용하느냐의 문제이기도 하다. 중국에서 중서문화의 교류는 대체로 서세동점기에 서구 열강의 확장과 함께 들어온 선교사의 활동으로부터 시작되었고, 서학동점은 그들이 전파한 서학으로부터 시작되었다. 선교사들은 주로 교육과 매체 활동을 통해 중서문화의 교류를 이어왔다. 그러나 문화전파는 수용·거부·변용·갈등·융합 등 다양한 형태를 거

---

63) 桑兵, 「敎會學校與西體中用」, 71쪽.

치면서 진행된다. 전파자와 수용자의 입장에 따라 선택적 수용을 하기 때문이다. 따라서 화이·체용·사이제이·서학중원(西學中源)·중서병중 등 다양한 개념과 선택 기준을 통해 전파와 수용을 상호 이어갔다. 따라서 중서서원의 '중서병중'의 의미는 근대 서학과 중학의 만남 속에서 여러 가지 면에서 생각해 볼 거리를 제공해 준다. 이를 테면, 근대 중서문화의 교류과정에서 '중'과 '서', '체'와 '용', '교회'와 '서원', '과학'과 '종교' 등 일견 모순된 조합들이 '분리'와 '교섭', '수용'과 '변용', '선택'과 '거부' 등 다양하고도 전략적인 형태로 드러난다는 것이다.

중서서원의 명칭과 '중서병중'의 운영방식을 놓고 보더라도 교회서원과 중서서원은 적어도 중서 문화를 연계하는 교량 역할을 하고자 했고 실제로 그래왔다. 서학과 중학의 조우, 기독교와 유학의 만남 등 중서문화 교류의 주요한 통로가 되었다. 비록 짧은 60년의 기간이었지만 그 영향은 결코 적지 않았다. 무엇보다도 중국의 근대 교육개혁에 커다란 영향을 주었다. 비록 전통서원에서 '서원'이라는 명칭을 썼지만 중국의 전통서원과는 확연한 차이를 보였다. 그러나 근대 교육개혁을 추진하는 과정에서 전통서원의 개혁에도 일정정도 영향을 주었다. 교회서원이 발달하던 동치, 광서연간에 전통서원은 신식서원으로 개혁해나갔다. 광서3년(1877) 이홍장의 추천으로 풍계분이 산장(山長)을 했던 쑤저우의 정의(正誼)서원, 광서4년(1878) 상하이 정몽(正蒙)서원 등에서는 중학 외에도 여지(興地)·시무(時務)·격치·수학 등의 과목을 개설하였고, 상하이 격치(格致)서원(1874), 샤먼 박문(博聞)서원과 같이 중국인과 외국인이 공동 설립한 서원들도 생겨났다. 전통서원에서 바뀐 신식서원은 그래도 중학이 중심이었지만 당시 교회서원의 서학교육의 운영이 일정정도 영향을 주었다.[64]

---

64) 鄧洪波, 『中國書院史』, 563쪽, 573쪽 참고.

　물론 중서서원이 중학과 서학이라는 커다란 카테고리 안에서 '중서병중'의 운영방식을 채택한 것은 당시 중국의 상황으로 볼 때 '무난한' 방식이라고 생각하며 그 안에 자리한 전략적 함의 역시 이해는 된다. 하지만 서학의 수용에 대한 목적과 대상, 외래문화를 수용하는 방식 등의 문제 앞에서 전파자와 수용자 간의 '이몽'으로 인해 '교회'서원임에도 불구하고 기독교 전파는 한계를 극복해야하는 난점이 있었을 것 이다.

| 참고문헌 |

김유리, 『서원에서 학당으로』, 서울: 한국학술정보, 2007.

김해연, 『동서종교문화교류사』, 서울: 성지출판사, 2003.

박병기·추병완 저, 『윤리학과 도덕교육』, 서울: 인간사랑, 2002.

朱漢民 지음, 박영순 역주, 『湖湘學派와 嶽麓書院』, 서울: 학고방, 2011.

줄리아 칭 지음, 최효선 옮김, 『유교와 기독교』, 서울: 서광사, 1993.

김덕삼·최원혁·이경자, 「동서양 문명 교류에서 본 '공감'」, 『중국과 중국학』, 제30호, 대구: 영남대학교중국연구센터, 2016.

이경자, 「중국 근대 서양교육의 수용: 명칭과 인물을 중심으로」, 『중국학논총』, 제58집, 서울: 고려대학교 중국학연구소, 2017.

정병석, 「東西交涉에서 드러난 儒學의 文化的認知構造와 堅固한 自我意識」, 『동양철학연구』, 제50집, 서울: 동양철학연구회, 2007.

高黎平, 『傳教士翻譯與晚清文化社會現代性: 以中国第三次翻譯高潮中譯壇美士"三杰"個案等爲例』, 上海: 上海外國語大學博士學位論文, 2012.

顧長聲, 『傳教士與近代中國』, 上海: 上海人民出版社, 2013.

鄧洪波, 『中國書院史』, 上海: 東方出版中心, 2004.

梁元生,『林樂知在華事業與『萬國公報』』, 香港: 中文大學出版社, 1978.

李天綱 編校,『萬國公報文選』, 上海: 中西書局, 2012.

李楚材,『帝國主義侵華敎育史料·敎會敎育』, 北京: 敎育科學出版社, 1987.

林樂知,『萬國公報』, 臺北: 臺灣華文書局, 1968.

舒新聲,『中國近代敎育史資料』, 北京: 人民敎育出版社, 1961.

蕭功秦,『儒家文化的困境』, 四川: 四川人民出版社, 1986.

蘇雲峰,『中國新敎育的萌芽與成長(1860-1928)』, 北京: 北京大學出版社, 2007.

王爾敏,『上海格致書院志略』, 香港: 中文大學出版社, 1980.

姚民權·羅偉虹,『中國基督敎簡史』, 北京: 宗敎文化出版社, 2000.

熊月之,『西學東漸與晚清社會』, 上海: 上海人民出版社, 2011.

朱有瓛·高時良 主編,『中國近代學制史料1862-1922』, 第4輯, 上海: 華東師範大學出版社, 1993.

陳景磐,『中國近代敎育史』, 北京: 人民敎育出版社, 1979.

陳谷嘉·鄧洪波,『中國書院史資料(下)』, 杭州: 浙江敎育出版社, 1998.

陳科美 主編,『上海近代敎育史』, 上海: 上海敎育出版社, 1998.

鄧洪波,「近代書院與中西文化交流」,『河北學刊』, 第3期, 石家莊: 河北省社会科學院, 1993.

李芳,「中西文化交匯下的敎會書院」, 長沙: 湖南大學碩士學位論文, 2008.

李禎,「明末淸初基督敎的傳播與儒敎的回應」, 西安: 西安電子科技大學碩士學位論文, 2013.

李喜所,「林樂知在華的文化活動」,『社会科學硏究』, 第1期, 2001.

桑兵,「敎會學校與西體中用」,『中山大學學報』, 第2期, 廣州: 中山大學學報編輯部, 2015.

孫邦華,「晚淸寓華新敎傳敎士的儒學觀: 以林樂知在上海所辦『萬國公報』爲中心」,『孔子硏究』, 第2期, 濟南: 中共山東省委宣傳部·中國孔子基金會, 2005.

吳競,「略談東吳大學建校經過」,『蘇州大學學報』, 蘇州: 蘇州大學學報編輯

部, 第1期, 1983.

王麗麗, 「林樂知思想研究」, 濟南: 山東師範大學碩士學位論文, 2009.

張華騰, 「1882-1895年中西書院諸問題的考察」, 『史林』, 第5期, 上海: 上海 社會科學院歷史研究所, 2004.

齊慧敏, 「林樂知的教育文化觀及在華主要活動研究」, 石家莊: 河北師範大 學碩士學位論文, 2003.

朱秀平·馬明霞, 「簡論敎會書院的産生及其影響」, 『晋圖學刊』, 第3期, 太 原: 山西省高校圖書情報工作委員會·山西省圖書館, 2004.

陳章國, 「試論敎會學校和上海敎育近代化的關係」, 『福州師範大學學報』, 第3期, 福州: 福州師範大學, 2006.

胡衛淸, 「東吳大學的起源: 上海中西書院簡論」, 『檔案與史學』, 第4期, 1997.

胡衛淸, 「傳敎士·儒學·儒學敎育」, 『史學月刊』, 第6期, 開封: 河南大學· 河南省歷史學會, 1996.

黄新獻, 「敎會書院演變的階段性特徵」, 『湘潭大學學報』, 第6期, 湘潭: 湖 南省敎育廳·湘潭大學, 1996.

중국 '과학주의'와 그 함의

: 傅斯年의 학술사상을 중심으로

● 최은진 ●

Ⅰ. 머리말

중국의 근현대 학술의 형성을 추동시킨 가장 큰 동력 가운데 하나가 서구의 '과학'에 대한 대응일 것이다. 양무운동기 이후 서구의 과학은 중국이 구망도존 할 수 있는 무기로 인식되면서 '과학구국론'이 형성되었다. 초기에는 기술을 수용하자는 차원이었지만 과거제도가 폐지되면서 교육을 통해 과학이 제도화 되고 5·4시기 이후 서양문화의 핵심적 요소로 간주되자 반드시 배워야만 하는 것이 되었다. 이후 科學과 玄學 논쟁을 거치면서 '과학주의(唯科學主義)'는 대세가 되었다. 과학주의란 간단히 말하면 과학의 기술적 성공에 대한 경외심에서 비롯된 과학적 합리성을 유일한 것으로 간주하는 태도를 의미한다.[1]

---

* 이 글은 「傅斯年(1896~1950)의 학술사상에 나타난 '科學主義'와 그 含意」, 『中國學報』, 第81輯, 서울: 한국중국학회, 2017을 수정·보완한 것이다.

** 국민대학교 중국인문사회연구소 HK교수.

1) '과학주의(scientism, 혹은 唯科學主義)'란 개념은 서구에서도 의미가 불명확하지만 "모든 실재를 자연 질서 가운데 두고 오직 과학방법만이 이러한 질서의 모든 측면(생물적, 사회적, 물리적 혹은 심리적)을 인식할 수 있다고 믿는다."는 것이다. 또한 '과학방법'을 세계의 모든 부분(생물계, 사회, 물질계, 심리계), 심지어는 과학과 전혀 관련

논쟁을 통해 '과학구국론'의 문제를 재고해 보는 과정이 있었다 할지라
도 중국에서 1920년대 이래 과학은 대중화되었고 보편화되었다. 胡適은
당시 "수구파건, 유신파건 모두 그것을 공연히 경시하거나 무시할 수 없
었다, 그 이름은 바로 과학이다, 이것이 거의 전국에서 숭배되었으니, 가
치가 있고 없고의 여부는 별개의 문제이다."라고 하였던 것도 당시의 분
위기를 반영한다.[2] 물론 중국에서 실제 과학이 발전했는가에 대해서는
회의적이라는 평이 대세이다. 또한 과학주의의 팽배로 서구화가 강조되
고 전통이 무조건 배격되는 상황도 초래되었다. 그래서 전통과학이 존재
했지만 이를 부정하므로써 전통과학을 구조적으로 버렸다고 보고 중국
과학주의가 지니는 文化拘束적 특징을 비판하는 연구도 있다.[3] 하지만
과학주의의 확산은 전통사회를 개조하여 새로운 사회를 건설하려는 의미
를 내포하는 것이었고 전통시대 중국에서 과학은 존재하지 않았다는 전
제 하에 서구 과학을 추종하는 방향으로 전개되었기 때문에 과학을 통해
중국을 개조한다는 의미에서는 과학주의는 동일하게 수용된 것으로 봐야
할 것이다. 본고에서는 이러한 과학주의의 철학적 함의와 세부적 차이를

없어 보이는 영역에까지 확대 적용시키려는 극단적 과학 만능주의를 일컫는 말로도
쓰인다. 한성구, 「우쯔후이(吳稚暉)의 과학주의 사상과 인생관」, 『한국철학논집』,
47집, 서울: 한국철학사연구회, 2015, 144쪽; 한편 하버마스는 이성이나 합리성 등의
문제를 과학주의나 실증주의의 협소한 이성이나 합리성의 개념에서 벗어나서 좀 더
포괄적으로 이해해야 한다고 주장한다. 손철성, 『마르크스『독일 이데올로기』(해
제)』, 서울대학교 철학사상연구소, 2004 참고.

2) 조미원, 「胡適의 '과학주의'와 홍루몽 연구」, 『홍루아리랑』, 제1호, 서울: 한국홍루몽
연구회, 2015.

3) 1910년대 창립된 科學社가1920년대 과학과 현학논쟁에 까지 영향을 분석하고 중국
과학주의의 특징은 중국에는 과학이 없다는 무과학설을 배경으로 하는 한계가 있음을
지적하고 있다. 안대옥, 「5·4시기 '과학과 인생관' 논전과 과학주의 재론」, 『중국사연
구』, 제80집, 대구: 중국사학회, 2012.10, 169-170쪽; D. W. Y. Kwok, *Scientism in
Chinese Thought 1900~1950*, N.Y.: Biblo and Tannen, 1971.

논증하려는 것은 아니다. 그보다는 傅斯年(1896-1950)이라는 지식인이
라는 窓을 통해 '과학주의'가 중국의 국가건설 전반에서 중요하게 간주되
고 확산되면서 '도구적 이성의 문제'를 초래하게 했다는 점을 가정하고
이를 살펴보려는데 목적이 있다.[4]

과학주의는 단순히 과학기술의 수용만을 의미하였다기 보다는 전통문
화에 대한 계몽문화로의 대체를 의미하고, 과학적 태도의 확산 및 이에
근거한 현대국가의 건설이란 부분과도 관련이 있는 주제이다. 또한 과학
주의가 오늘날에 이르기까지 국가의 지도이념으로 자리 잡게 되었다는
점도 주목되어야 한다. 科學救國은 오늘의 科學興國의 기치에도 내포
되어 있어서 과학의 발전에 대한 당위성은 당연한 것으로 간주되고 있다.
더욱이 이러한 과학주의는 정치 사상적으로 다른 계파라도 모두에게 공
히 수용되고 있다.

民國時期 中央研究院 歷史語言研究所의 소장이며 北京大學 역
사학과의 교수이고 언론활동을 전개했던 傅斯年은, 吳稚暉나 丁文江
과 같이 과학주의를 체계적으로 이론화하거나 그 확산에 크게 영향을 끼
친 것으로 주목되지는 않았다.[5] 과학주의와 관련해서라기 보다는 역사학
자로서 과학사학파로서 혹은 그의 사상의 일부로서 과학주의적 측면을
조망하는 연구가 대부분이다.[6] 하지만 학술계 지식인으로서의 傅斯年의
위상은 낮지 않은데 학술체계를 건립하고 역사학의 과학사학파를 수립하

4) 이른바 '도구적 이성 Instrumental reason'은 호르크하이머와 아도르노 등 프랑크푸르
트 학파가 주장한 개념으로 서유럽의 문명 발전과 계몽의 과정을 비판하는데 사용되었
다. 이성은 인류의 자연과 본성을 지배하는 도구나 점차 진리를 추구하는 본연의
목적을 상실하는 과정을 밟게 된 것을 의미한다. 막스 호르크하이머, 박구용 옮김,
『도구적 이성 비판』, 서울: 문예출판사, 2006 참고.
5) 한성구, 「우쯔후이(吳稚暉)의 과학주의 사상과 인생관」 참고.
6) 김창규, 『傅斯年과 그의 시대(1896-1950)』, 서울: 선인문화사, 2012 참고.

고 자유사회주의자로 연구되고 있기 때문이다. 그러나 傳斯年 관련자료
가 아직도 발굴되고 있는 실정이기도 하고 무엇보다 그의 사상이나 학술
이 모순적이라거나 양면적이라는 평가를 많이 받고 있는 상황이라는 점
을 감안할 필요가 있다. 즉 그는 학술의 독립과 자유를 주장하면서도 정
치에 참여했고 자유주의자이면서 사회주의자적 주장을 전개하기도 하였
다. 그러므로 이러한 기존의 연구나 평가를 염두에 둔 가운데 그의 과학
주의적 측면에 대해 주목하여 연구를 진행하는 것도 필요할 것이다.[7] 이
는 그의 과학주의적 특성이 傳斯年의 모순된 측면을 전체적으로 조망할
수 있는 잣대로 적절할 수 있다고 보기 때문이다. 이를 통해 傳斯年과
전통학문과의 관련성을 드러내는데 초점을 두는 연구를[8] 비판적으로 바
라볼 수 있는 근거도 제시될 수 있고 동시에 傳斯年의 학술사상 전반에
과학주의가 관통하는 측면이 있음을 드러낼 수도 있기 때문이다.

이외 傳斯年을 비롯한 중국의 자유주의자들이 엘리트주의적인 특성
으로 대중과 연계된 현실적 실천을 전개하지 못한 한계를 정당결성 등의
구체적 결집체가 결여되었기 때문이었다고 보는 기존의 연구에서 주장된
바와 달리, 傳斯年을 비롯한 자유주의 지식인들이 지닌 과학주의적 사고
의 한계에서 비롯된 것일 수 있음을 거칠게 나마 드러내 보일 수 있으리
라 생각한다.[9] 따라서 과학주의에 대한 고찰은 중국자유주의의 한계를
엘리트주의적 속성으로 보면서도 이를 좀 더 총체적으로 바라볼 수 있도

---

7) 雷頤, 「傳斯年思想矛盾試析」, 『近代史硏究』, 第3期, 1991; 전통적 사대부사상,
   민족주의, 자유사회주의, 과학주의를 傳斯年의 주요한 사상으로 보고 나열적으로 설명
   하고 있다. 朱春華, 『傳斯年改造思想略論』, 河南大學碩士論文, 2002.5, 41쪽.
8) 민족주의 항전이후 자유주의와 사회주의의 조화를 추구하는 신자유주의를 주장하게
   된 것을 중국의 전통학문, 서구 학문의 이중적 영향 때문이었다고 주장했다. 李廣臣,
   『傳斯年政治思想硏究』, 華東師範大學碩士論文, 2008.5.
9) 章淸, 「胡適派學人群與現代中國自由主義的趨向」, 『史林』, 第1期, 上海: 中
   國社會科學院歷史硏究所, 1998, 3쪽.

록 도울 것이라 생각한다. 이에 본고에서는 傅斯年의 과학주의적 요소를 그의 학술사상 전반을 통해 살펴봄으로서 그가 지향한 근대중국사회의 모습을 드러내 보고 이러한 근대 중국사회의 변화과정에서 나타난 '제도적 합리화'의 문제가 왜 발생하였는가 하는 문제와 연결지어 과학주의의 함의를 고찰해 보고자 한다. 그리고 이를 통해 서구의 과학을 내용으로 하는 근대적 지식의 수용경로를 지식인의 사상을 통해 고찰하여 지식교류의 전파와 수용 및 지식의 현지화 문제를 이해하는 실마리도 아울러 제공하고자 한다.

II. 학술을 통한 '사회개조'
-'과학주의' 신념의 형성

1. 개성의 해방과 사회개조

傅斯年(1896-1950, 字는 孟眞)은 5 · 4운동 시기 서구의 과학과 민주를 사회개조를 위한 중요한 요소로 인식하게 된다. 본래 山東 서북 聊城 출신으로 전통적이고 봉건적인 문화를 지닌 농촌의 환경에서 가난하게 자라났고 祖父에게서 유교경전 교육과 역사교육을 받아 11세에 이미 13經을 완독하고 私塾에서도 공부를 했기 때문에 전통유가경전에 대한 교육을 충분히 받았다. 이 때문에 1916년 北京大學 중국문학과에 진학했고 章太炎과 黃侃 등 당시 北京大學을 주도했던 학자들의 주목을 받았다.[10]

---

10) 楊純剛, 「傅斯年: 徘徊在自由主義和社會主義之間的學者」, 『江蘇敎育學院學報』, 第5期, 江蘇敎育學院, 2012 참고.

그러나 서구문화와 학문에도 접하였다. 그는 과거제도가 폐지된 후 신식교육을 받기 위해 1908년 아버지의 제자 侯雪舫의 도움으로 天津府立 제 1학당에 진학하면서 천주교 신자이며 서구문물의 수용에 적극적이었던 英劍之의 집에 5년간 머물렀는데 여기서 서구 문물을 접하였다. 이후 北京大學 예과에 진학하여 서구학문을 더 자연스럽게 접하게 되었다.

그런데 그가 서구학문에 대해 깊은 관심을 갖게 된 본격적인 계기는 1917년 蔡元培가 北京大學 총장으로 오고 신문화운동이 전개되는 와중에 친구 羅家倫에 이끌려 胡適의 수업을 듣게 되면서였다. 이후 胡適에 이끌려 문학혁명 진영으로 들어가게 되었고 영어에도 능통하게 되면서 서양서적을 탐독하였다. 그는 胡適 외에도 陳獨秀와 李大釗의 영향도 받아서 「社會~群衆」, 「사회적 신조」, 「중국과 중국인」 등의 글을 쓰고 러시아혁명에 관한 글을 쓰기도 하였다. 그러나 당시 傅斯年은 유물사관에 대해서는 반대하였다. 그럼에도 노동의 신성함을 강조하는 勞工신성은 적극적으로 수용하였는데 여기서 빈부격차를 해소하고 경제적 평등을 주장하는 사고로 발전하게 되었다. 그리고 빈부격차를 해소하는 방향의 중국사회로의 改造를 모색하였다.

1918년 여름 『新靑年』잡지의 영향 하에 羅家倫과 함께 『新潮』잡지를 발간하고 5 · 4운동의 학생지도자로 두각을 나타내었다. 『新潮』발간 취지에서 "중국사회의 부적절한 학술을 선진적인 서구 학술모델로 개조해야 한다"고 주장하여 학술 개조에 관심을 나타내었다.[11] 그는 「중국학술사상계의 기본오류」에서 중국지식인은 개성이 결핍되고 노예도 덕에 빠져 있다고 하고 서구지식인은 개성이 있고 독자적 판단의 표준

---

11) 傅斯年, 「新潮發刊旨趣書」, 1919年1月1日, 歐陽哲生, 『傅斯年全集』, 第7卷, 長沙: 湖南教育出版社, 2000, 80-81쪽.

이 있다고 하고 개성과 독자적 판단을 할 수 있는 표준을 서구 학술모델에서 찾았다.12) 이와 함께 傅斯年은 니체(Nietzsche, Friedrich Wilhelm, 1844-1900)의 超人思想을 적극 받아들였는데 이것은 그의 엘리트의식과 관련이 있고 독자적 판단이 가능한 개인이라는 문제에 관심을 지녔음을 보여주었다.13) 이러한 사상적 수용을 통해 傅斯年은 대중의 도덕적 타락이 학술에 애호심이 없는 것에서 비롯된다고 주장하게 되었다. 그리고 나아가 학술이 개조되어야 사회의 도덕이 바로 선다는 것 즉 학술을 통한 사회개조를 적극적으로 주장하기에 이르렀다.

독립된 개성을 지녀야만 개조가 가능해 지므로 傅斯年은 언어가 사상에 끼치는 영향을 중시했고 서구화된 백화문을 사용할 것을 주장했다. 이유는 중국의 문자기원은 야만적이고 배우기도 불편하여 경제적이지 않다는 것으로 병음문자를 쓰자고 제안했다. 언어가 표현하는 사상은 개성의 해방이어야 하는데 전통적인 가정윤리와 도덕에서 벗어나지 않으면 자립적이고 독립적인 정신을 지닐 수 없다고 하였다.

이는 개인의지의 자주성을 의미하는 것이라는 점에서 유심주의적인 측면이 강했다.14) 하지만 서구 역시 근대이래 욕망하는 자유를 지닌 개인을 강조한다는 것에서는 傅斯年의 개성해방과는 차이가 있었다. 그러나 그럼에도 서구에서의 자유는 실제로는 훈육된 합리적 자유를 전제로 하는 개인이 주체였다는 점을 고려해 보아야 한다.15) 또한 傅斯年이 개인과 개성을 인식했다는 것 그리고 개인은 훈육된 합리적 자유를 전제로 하는 서구의 근대개인으로 나가야 한다는 점을 인식했다는 것을 생각한

12) 傅斯年,「中國學術思想界之基本誤謬」,『新靑年』, 4卷4號, 1918.4.15,『傅斯年全集』第1卷, 2003, 21-22쪽.
13) 雷頤,「傅斯年思想矛盾試析」, 201-205쪽.
14) 李廣臣,『傅斯年政治思想硏究』, 21-23쪽.
15) http://terms.naver.com/entry.nhn?docId=1529815&cid=41799&categoryId=41800 참고.

다면, 서구에서 개인들이 당연하게 지녀야 하는 과학정신과 과학적 태도
의 수용이 개성해방의 조건이라는 것을 그도 인식했다는 점이다.

한편 傅斯年은 중국사회는 유기체적 성격이 없기 때문에 약화되었다
고 주장했다. 사회란 근대적 개념으로 만청시기 전통적 群개념을 대체하
여 사용된 것이다. 신해혁명 전부터 사회란 말은 이미 지식인들에게는 널
리 유행되고 있었고 傅斯年은 스펜서의 사회유기체론을 받아들였다.[16]
사회유기체론은 사회와 국가는 생물처럼 고도로 정합된 유기체이며 간단
에서 복잡으로 진화되는 과정을 거친다는 것으로 생산에 종사하는 계통,
상업, 은행, 운수업 등 순환계통, 관리기구와 정부의 구성 등은 신경계통
으로 설명되고 사회 전체는 각 분자나 세포의 내재적 품질에 의해 그 성
격이 정해지는 것과 같다고 보는 이론이다. 傅斯年은 이러한 유기체가
되기 위해서는 평민의 정신이 배양되어야 하고 이는 문학을 통해 실현될
수 있다고 보았다. 그리고 이를 통해 사회가 개조되면 사회의 역량이 생
겨나 정치가 개조될 수 있고 그러면 근본적인 개혁이 일어날 수 있을 것
으로 기대했다. 이러한 개량의 방식을 통한 사회개조구상은 北京大學
학생운동을 그만 둔 이후 더 확고해 졌고 1919년 胡適과 이대조의 '문제
와 주의' 논쟁에서 胡適을 따르면서 분명해졌다. 傅斯年은 계급투쟁의
폭력적 방법이 아닌 평화적 개량을 위해서는 책임감과 공공성을 지닌 개
인으로의 자아 개조 및 사회전체를 위한 희생이 가능한 개인이 필요하다
고 주장했다. 그는

> 우리는 이 세계에서 한 국가의 사람이자 세계 속의 시민이다. 현대시대
> 는 민족을 단위로 세계의 단결이 이루어져야 하는 시대이다. 그러므로 대
> 중의 책임은 일국시민이면서 세계시민으로서의 양방면에 있다.[17]

---

16) 王汎森, 王曉冰 譯, 『傅斯年: 中國近代歷史與政治中的個體生命』, 香港: 三聯
　　書店, 2012.5, 48-49쪽.

고 하여 세계와 보조를 맞추는 국가를 건설할 수 있는 대중이 될 수 있게
해야 한다고 보았다.

傅斯年은 사회개조를 통해 국가의 발전은 평민의 정신을 배양시킬 수
있는 학술의 방법으로 가능하다고 보았기 때문에 서구의 학술을 배워야
했다. 이에 영국으로 유학을 떠났다. 傅斯年은 학술의 방법을 통해 개량
적 방법으로 세계시민적 대중을 양성하는 사회개조를 이루고자 하였고
이러한 학술의 방법이 곧 서구 학술의 방법인 과학이었다.

2. 서구유학경험과 학술구국

사회개조를 위해 서구 학문을 이해할 필요성을 절감한 傅斯年이 1919
년 여름 山東의 공비유학생으로 출국해서 1920년 영국의 런던대학에서
공부한 것은 실험심리학이었다. 심리학은 중국에는 없는 사회과학적 성
격이 강한 학문이었다고 볼 수 있는데 傅斯年은 심리학을 통해 사회를
개조할 수 있다고 보았다. 당시 傅斯年은 물리학, 화학, 수학, 지질학 등
을 공부하고 이외 역사, 문학, 정치학 등 광범위한 부분을 섭렵하였는데
과학과 관련된 학문에 더 많은 시간을 쏟았던 것은 과학에서 사회개조의
답을 얻기 위해서였다. 그러나 심리학에서 답을 구하지 못하자 1923년 9
월 독일 베를린 대학으로 옮겼다. 당시 영국은 경제공황 상태였고 서구의
자유경쟁자본주의 제도의 문제점을 드러내고 있어서 傅斯年은 서구 과
학기술문명과 물질문명이 시니는 양면성을 파악하게 되었다.[18]

傅斯年이 독일에 간 이유는 맑스의 자본론을 읽었기 때문이라고 하지
만 陳寅恪을 비롯해서 兪大維 등 중국인 동료들이 있었던 것과 베를린

---

17) 李廣臣, 『傅斯年政治思想硏究』, 2008.5, 31-32쪽.
18) 朱春華, 『傅斯年改造思想略論』, 18-20쪽.

대학이 아인슈타인의 상대성이론과 양자물리학 등 물리학과 언어문자비
교, 고고학으로 유명했기에 이러한 과학적 학문을 익히기 위해서였다고
볼 수 있다.[19]

당시 독일은 프로이센 전쟁으로 제국이 건립되어 국가주의적 색채가
강한 국가였다. 민족주의가 팽창하고 영미자유경제에 비해 국가의 관여
가 강했는데 傅斯年은 이를 긍정적으로 평가했다. 그는 영국의 자유주
의는 개인의 이익을 중시하고 사적재산의 신성불가침을 주장하는 개인공
리주의 사상에 기반 하는 것이라면 독일은 국가의 자유와 민족의 자유가
자유의 가장 중요한 부분이라고 보고 패전국이던 독일이 신속히 국력을
회복한 것은 국가가 경제에 관여했기 때문이었다고 긍정적으로 평가하였
다. 이렇게 국가의 역할을 중요하게 생각하면서 독일에서 전개되는 민주
사회주의 사상에 영향을 받기도 하였다.[20]

한편 독일은 낭만주의 전통에 기반하여 비이성적 요인과 강렬한 민족
자아의식을 보이는 민족주의의 특징이 등장했다. 이는 초기에는 독일민
족의 개체성을 중시하고 다원주의를 주장하는 긍정적 측면이 있었으나
점차 독일 국가라는 유기체에 대한 신비로운 숭배로 나아가는 국가주의
적 특성을 지니게 된다.[21] 국가유기체가 원활히 작동하기 위해 독일의
학교는 국가와 민족에 대한 교육을 중시하고 이를 통해 국민성을 창조하
려고 했다.[22]

19) 馬亮寬, 「傅斯年的自由社會主義思想論析」, "自由主義與近代中國(1840-1949)"
學術研討會, 2007.11, 20쪽.
20) 楊純剛, 「傅斯年: 徘徊在自由主義和社會主義之間的學者」, 64쪽; 朱春華, 『傅
斯年改造思想略論』, 21쪽.
21) 쉬지린(許紀霖), 「보편적 문명인가 중국적 가치인가」, 국민대학교 중국인문사회연구
소 엮음, 『중국 근대 지식체계의 성립과 사회변화』, 서울: 도서출판 길, 2011, 311-312쪽.
22) 李廣臣, 『傅斯年政治思想研究』, 2008.5, 39쪽.

하지만 독일의 국가주의적 특성과 이에 따른 교육체계를 수용하는 것이 독일 유학생 모두에게 나타난 것은 아니었다. 당시 독일에 유학했던 張君勵와 비교해 볼 때 傅斯年은 독일민족주의가 지닌 국가건설과 정치적 동원력을 긍정적으로 보았다고 할 수 있다. 傅斯年은 주로 과학서적을 탐독하고 학문연구에 집중했고 張君勵는 독일의 정치와 사회 및 사상에 대해 더 깊이 연구를 했는데 그는 독일의 민족주의는 폭력성도 내재하고 있다고 지적했다. 특수한 민족이 전체민족의 주인이 되어야 한다는 독일민족주의의 주장을 비판하면서 참정이 중요하며 국가의 역량으로 민족주의를 다스리고 법률과 도덕에 기초하여 인류 보편의 도덕과 법률로 민족주의를 속박해서 국제전쟁을 피할 수 있도록 해야 한다고 주장했다. 이후 張君勵는 일본이 침략했을 때 중화민족은 우수한 동방문화의 주인이나 발전하려는 노력을 해야 한다고 주장한 반면 傅斯年은 大漢族의 찬란한 역사와 우량한 민족성을 통해 중국민족이 의기소침하지 말고 자신감을 고취하자고 주장했는데 傅斯年의 이러한 주장은 게르만 민족주의의 주장과 유사한 것이었다.

사회개조를 과학연구라는 학술을 통해 이루려 한 傅斯年은 독일의 국가가 전개하는 교육과 학술의 관여 등을 적극적으로 중국도 받아들여야 한다고 보았고 이를 통해 세계시민인 독일민족과 같이 유기적 국가가 될 수 있도록 해야 한다고 주장하였다.

한편 문화적 측면에서도 張君勵는 중국문화의 독특한 특성으로 정치외 학술전통의 자신감을 시니자라는 문화보수주의자로서의 주장을 전개하였지만 傅斯年은 서양의 과학으로 중국의 빈곤한 현실을 변화시켜야 하고 과학으로 중국의 학술전통과 문화를 재구성해서 정치, 경제, 문화, 학술의 전방면을 서구화 해야 한다고 주장했다. 그리고 傅斯年에게 있어서 서구화의 주요한 내용은 바로 과학이었다.

III. 학술과 교육에 나타난 과학주의

1. 학술기관의 전문적 제도화

1920년대 중반 과학과 현학 논쟁에서 張君勵는 丁文江과 논쟁을 벌였고 과학이 지식인내에서 주류담론으로 형성되었다. 胡適과 丁文江은 "이삼백년의 과학상식이 현대지식의 기초를 구성하고 있다"라고 주장하였고 傅斯年은 이와 같은 의견이었다.[23] 과학과 현학 논쟁 이후 과학주의를 주창하는 지식인들이 주류를 이루게 되고 이들이 학술을 좌우하게 되면서 傅斯年도 귀국 후 바로 학술의 중책을 담당하게 되었다.

서구에서 유학하고 돌아온 학자들을 중심으로 과학원 설립이 추진 된 것은 仁義道德 등의 내재적 가치가 부정되고 과학이 이를 대체한 것과 관련이 있다. 서구의 과학은 자본주의 사회의 제도화를 통해 발전해 나갔는데 자본주의 사회와 국가는 비인격화된 관료제와 각 계층을 원가계산의 회계제도를 통해 제도적 합리화를 추구해 나가는 것을 목표로 하는 것이었다. 또한 기업의 관리 방식인 이 제도화는 탈가치적이고 탈정치적인 것으로 관리에 있어 효율과 통제능력의 향상을 목표로 하는 것이었다. 傅斯年은 이러한 제도화의 효율성을 중시했고 이는 어떠한 정치체제와도 결합할 수 있어서 자유헌정체제이던 권위주의 체제이던 모두 봉사 가능한 기제로서 이는 비판의 대상이 된 적이 없으며 당위성을 지니고 있었다.[24] 그런 면에서 탈가치적 이성의 합리화는 과학주의와 긴밀하게 관련되어 있었고 傅斯年의 경우도 이를 당연한 것으로 간주했다. 당시 중국

---

23) 傅斯年, 「我所認識的丁文江先生」, 『獨立評論』, 1936.2.16, 『傅斯年全集』第5卷, 471-479쪽.
24) 쉬지린(許紀霖), 「보편적 문명인가 중국적 가치인가」, 『중국 근대 지식체계의 성립과 사회변화』, 314쪽.

의 학문체제는 이미 국제학문체제와 서로 교류하고 있었으며 학문적으로
위계화 되어 있어서 확고한 제도화와 전문성의 뒷받침이 필요하다는 것
이 傅斯年의 생각이었다. 당시 역사학은 전통사학의 방법을 계승하려는
章太炎, 錢穆, 柳詒徵 등을 대표로 하고 있었고 이들은 傅斯年의 중국
역사연구의 서학화를 반대하였다. 그러나 章太炎 등의 학문연구는 세계
범위 내에서 과학적으로 실증된 연구로 인정받지 못하고 있었다.

  그러므로 傅斯年은 보편주의적 사학을 강조하고 사학연구의 객관성,
실증적인 자연과학적 방법을 매우 강조하면서 비국별성과 서방한학(동방
학)의 학술을 계승한다는 취지로 역사어언연구소(이하 사어소)를 설립하
고자 했다. 이는 당시 위계화 된 학문세계에 대응하기 위한 방안으로 제
시된 것이어서 서구적 표준에 부합하는 제도적 합리화를 추구해 나가는
것은 당연한 것이었다. 사어소는 "순수객관사학과 어학에 종사하는 기업
을 조성한다"고 설립취지에서 밝혔기 때문이다.[25]

  펠리오(paul Pelliot) 등 서구 한학자를 초빙하고 유학하고 귀국한 전문
연구자들을 위주로 연구소를 구성한 것도 서구한학의 연구방법과 체계를
따라가기 위함이었다. 그는 "근대의 복잡한 사회에서 전문적 능력이 있어
야 하며 대학은 이러한 전문적 능력을 갖추도록 훈련하는 곳이어야 한다"
는 입장을 밝혔다.[26]

  傅斯年의 학술사상이 잘 드러나는〈歷史語言硏究所工作之旨趣〉
에는 淸代 考證學과의 계승관계를 표시하기는 했지만 독일의 학술체계
를 수용한 것이 확실하다. 그는 당시 중국의 학술은 학문이 아닌 사람을
단위로 하는 연구 즉 家學의 방식이나 이는 학문을 하는 것이 아니라고

25) 傅斯年,「國立中央硏究院歷史語言硏究所十七年度報告」,『傅斯年全集』第6
    卷, 2000, 9쪽.
26) 傅斯年,「中山大學民國十七年屆畢業同學錄書」,『傅斯年全集』第5卷, 4쪽.

했다. 서구의 과학방법을 운용하는 학문기관을 만들어야 하고 대학도 학술자유가 가능하기 위해 교수가 학교를 운영(敎授治校)하여야 한다고 주장했다. 뿐만 아니라 교육경비의 문제가 해결되어야 지속적인 학문연구가 가능하다고 보고 경비마련도 중요하게 여겼다.

역사와 언어를 함께 칭한 것도 독일의 훔볼트(Humboldt, Karl Wilhelm Von, 1767-1835) 학파의 이론에 근거한 것으로 상세한 고민을 거쳐서 결정한 것이었다. 傅斯年은 서구의 학술연구에 대해 상세하게 인지하고 있었는데

> 프로이센의 교육당국은 훔볼트가 대학교수는 연구를 해야 한다는 것을 제창한 이후 교육과 학문이 함께 장려되어 기풍이 변하였으며 베를린대학이 이러한 기풍을 연 곳이다. 확실히 이전의 대학교수는 연구는 하지 않고 칸트의 경우는 일생 책을 썼지만 칸트는 평생 비참하였다. 철학과목 외 산학, 역학, 화학, 천문학, 인류학, 지리학, 기상학 등을 가르쳐야 했으며 나머지 시간에 책을 썼다. 그러나 책을 쓸 여가가 많지 않아 많은 원고가 5~6개월을 거쳐 완성되었는데 …… 대학의 실정과 무관하지 않았다. 17 18세기 많은 실험이 있었으나 학자가 대학 내에서 실험하는 것은 어려웠다. 프로이센이 신제도를 제창한 이후에나 연구의 기풍이 대학 밖에서 대학의 안으로 들어왔고 19세기 하반기부터 대학이 학술연구를 독점하게 되었다. …… 세계에서 유명한 아인슈타인은 자아주의였다. 학생에 대해서 흥미가 없었다. 당시 유럽의 동방학과 관련된 최대의 한학자 독일의 뮐러(F.W.K Mueller)는 학생교육에는 열심히 하였지만 펠리오(paul Pelliot)는 완전 자아주의였다. 이를 보면 가르치는 것과 학문을 하는 것을 일치시키기는 어려운 바가 있다.[27]

고 하고 있다. 대학은 교학상장을 추구하지만 연구가 중요하고 연구하는

---

27) 傅斯年, 「臺灣大學與學術研究」, 1949年 10月 1日, 『傅斯年全集』 第5卷, 2000, 97-98쪽.

전문가가 필요하다고 주장했던 것이다. 그는 여러 차례 훔볼트(Wilhelm Von Humboldt)를 언급했고 "독일은 군국주의를 발휘하여 학술상의 理智의 정신을 추구하게 했으며 베를린대학을 중건하였다. 베를린 대학이 세계의 모범이 된 것은 연구와 교수를 함께 진행했기 때문"이라고 하였다.[28] 즉 傅斯年은 국가차원에서 훔볼트의 방안이 추진되었다는 점을 중요하게 보았음을 알 수 있다.

傅斯年은 기본적으로 학술기관의 정치로부터 거리를 둘 것을 주장했고 史語所에 초빙된 王國維의 경우도 학술기관의 정치로부터의 독립을 매우 강조했다. 그러나 정치활동을 직접 하지 않는다하더라도 학술기관이 정치에서 독립하는 것은 쉬운 일은 아니었다.[29]

이뿐 아니라 연구소를 제도화 하는 과정에서 다른 학자들과도 갈등이 초래되었는데 이로 인해 顧頡剛은 北平研究院을 따로 설립하여 傅斯年과 결별했다. 그는 또한 柳詒徵 및 錢穆과도 반목하였으며 연구소는 전문가로 구성해야 한다는 취지에서 북경대학 사학과 출신들로만 조직을 구성하였다. 이외 陳寅恪과도 갈등이 있었다. 여러 가지 요인으로 그는 學覇로 지칭되었는데 이러한 갈등이 원인이 된 것이지만 학술기관의 제도화를 당연한 것으로 간주하고 추진하려한 傅斯年의 인식도 작용했을 것이다.[30] 뿐만 아니라 朱家華와의 개인적 친분으로 정부로부터 재원을 받아 연구소를 운영하였는데 이 역시 같은 맥락으로 볼 수 있을 것이

28) 傅斯年,「中國學校制度之批評」,『大陸雜誌』, 1950年12月15日,『傅斯年全集』第5卷, 188쪽.
29) 歐陽哲生,「傅斯年學術思想與史語所初期研究工作」, 布占祥·馬亮寬 主編,『傅斯年與中國文化』, 天津: 古籍出版社, 2006.
30) 翁有爲,「吳宓, 陳寅恪與胡適, 傅斯年之關系——以『吳宓日記』爲中心的考察」,『史學月刊』, 11期, 河南省曆史學會, 2014; 王晴佳,「陳寅恪, 傅斯年之關係及其他~以臺灣中研所見檔案爲中心」,『學術研究』, 11期, 廣東省社會科學界聯合會, 2005.

다. 朱家華는 傅斯年이 1926년 말 유학 후 귀국하자마자 中山大學의 語言歷史研究所를 운영하도록 했었다.[31]

한편 傅斯年은 전문가의 영입과 함께 집단적인 협력 연구 방식의 연구소 운영을 주장했고 연구소라는 조직과 방식이 이를 수행하기에 적절했다. 또한 연구소 조직을 하려 한 것은 '과학적 동방학'의 정통을 수립하기 위해서는 개인이 고립적으로 연구하기 보다는 도서관이나 학회의 운영도 필요하며 고적의 계통적 조사 및 사료의 발굴과 과학적 조사와 연구, 저작의 수립, 연구성과의 발표 등을 집단적으로 진행해야 했기 때문이었다. 중국의 대학은 당시 중학교 과정과 관련해서 볼 때 독일식의 강좌중심이나 교학상장을 바로 수행하기 어려운 상황이었으며 미국식의 독립된 학과 위주로 구성되어 있었기에 전문적 연구는 연구소 방식으로 진행하는 것이 적절했을 것이다.[32]

집단연구는 조를 편성해서 진행하였다. 사어소는 설립 초기에 8개의 조를 두었으며 1929년 北京으로 옮긴 후에는 역사, 언어, 고고 세부로 합쳐져서 각 陳寅恪, 趙元任, 李濟가 주임으로 운영되었다. 이는 효율적 관리를 위한 것으로 독일에서 체험한 부분을 적용하였다고 볼 수 있다. 각 부에 조를 두었는데 역사부에 문적고증, 사료수집, 고고, 인류와 민물, 비교예술 등의 조를 두었고 언어부는 한어, 서남어, 중앙아세아어, 언어학 등의 조를 두는 체제를 갖추었기에 규모는 더 확장되고 조직화 되었다. 또한 각 조의 조원들인 楊向奎, 何玆全, 鄧廣銘 등은 傅斯年의 제자들이기도 하였기 때문에 이후 傅斯年을 중심으로 하는 학파를 구성할 수 있었다. 그러므로 史語所에서 서구의 漢學과 비교하여 세계적인 학

---

31) 역사어언연구소의 제도화와 관련된 연구는 최은진, 「근대 역사학의 탄생과 제도화: 국립중앙연구원 역사어언연구소(1928-1949)를 중심으로」, 『중국사연구』, 제67집, 대구: 중국사학회, 2010.8 참고.

32) 傅斯年, 「臺灣大學與學術研究」, 1949年10月1日, 『傅斯年全集』第5卷, 105쪽.

자들을 배출하고 잡지를 발간하여 수준 높은 연구를 발표하는 등 학술수
준을 향상시킬 수 있었던 것은 이러한 체계적 관리와 조직적 연구를 통해
서였다고 할 수 있을 것이다.

2. '과학사학파' 형성

傅斯年이 1928년 작성한 〈국립중앙연구원역사연구소17년도보고(國
立中央研究院歷史語言研究所十七年度報告)〉에는 근대과학에 대
한 지향이 명확하게 드러나 있다. 그는 역사어언연구소 설립의 의의를
설명하면서

> 중앙연구원을 설치한 뜻은 본래 근대과학을 발달시키기 위해서였지 소
> 위 고유의 학술을 제창하기 위한 것이 아니었다. 그러므로 역사언어학이
> 고유의 유훈을 계승하기만 하면 공구를 새롭게 하려 하지 않는 것과 같다.
> 그러한 생각이 더 심해질 수 있으므로 자연과학과 같은 사업을 하는 것으
> 로 간주하기로 하였다. 즉 중앙연구원 가운데 역사연구소를 두지 않고 천
> 문, 지질, 물리, 화학 등과 마찬가지로 (따로) 설립하기로 하였다. 오늘날
> 설립을 하기로 한 것은 역사언어학을 자연과학과 동렬의 사업으로 보기
> 때문이다. 비록 옛 영역이긴 하지만 그것은 새로운 생명을 얻었다. 재료는
> 더욱 증가할 것이고 공구도 확충될 것이며 관점도 더 발전하게 될 것이니
> 근대 서구의 역사언어학은 자연과학의 자극과 보조로 더욱 발양하였던 것
> 이다. 우리나라도 이러한 재료는 풍부하지만 서구인이 흠모할 만한 것이
> 없으니 새로운 노선으로 개조하여 발전해 나가야 할 것이다.[33]

고 하여 자연과학과 역사학과 언어학을 같은 것으로 보고 있음을 알 수
있다. 언어학도 서구언어학 연구의 방법을 취하여 章太炎류의 연구를
대체한다고 하였다.[34]

---

33) 「國立中央研究院歷史語言研究所十七年度報告」, 9쪽.

章太炎류의 연구를 대체하려 한 것은 당시 국고정리운동의 문제와 관련이 있었다. 1923년 1월 胡適이 『國學季刊』에서 '역사의 안목으로 국학연구의 범위를 확대한다. 계통적으로 국학연구의 자료를 정리한다. 비교연구를 통해 국학재료의 정리와 해석에 활용한다' 등을 취지로 하여 북경대를 시작으로 전국적인 국고정리운동이 전개되었다. 문제는 어떠한 방법 즉 현대방법 혹은 전통적 家派로 정리하는가의 논의가 벌어졌던 것인데 傅斯年은 胡適을 따라 국수주의적 태도의 국고정리를 반대했었다. 이에 12월이 되자 學衡派가 국고를 서양방식으로 정리하지 않겠다고 하고 疏証, 校理, 纂修 의 전통의 방법으로 진행하겠다고 하자 이에 대해 胡適은 '대담한 가설, 소심한 구증'이라는 '疑古'의 방법을 주장했다. 顧頡剛은 이를 따랐지만 傅斯年은 '놔두고 보충하지 않으며 증명하되 풀이하지 않는다存而不補 証而不疏'를 내세워서 청대 한학과 국고정리의 소증의 누습을 모두 비판했다. 그는 역사를 낡은 깨진 도자기(破罐子)에 비유하면서 도자기를 수리하면 원래의 도자기가 아니기 때문에 그냥 놔두어야 한다고 주장했다.

傅斯年은 더 나아가 '국고'라는 개념 자체도 반대하였다. 국학이나 중국학 등의 명사는 서양인이 支那學을 새로운 논리를 들어 만들어 낸 명사에 불과한 것이라고 주장했다. 그는 國粹學派와 북경대학 國學門이 주장한 국고정리운동이나 淸華大學 국학연구원의 두 그룹 모두 서방의 학술화 상황에 대해 고려하지 못했다고 지적하였고 서구의 한학 역시 중국문명을 죽은 문명으로 보고 있다고 비판하였다. 그러므로 중국문화가 세계문화에서 어떠한 위치를 차지하는가를 중서학술간의 관계를 고려하여 중국역사학 연구를 광활한 시야에 두어야 한다고 했다. 이외 국고라는 명칭 뿐 아니라 실제 국학원이라는 기관도 개량된 존고학당에 불과하다

---

34) 焦潤明, 「傅斯年與"科學史學派"」, 51쪽.

고 신랄히 비판했다.

그러므로 傅斯年이 史語所를 설립한 것은 세계적 수준과 무관한 국고정리를 둘러싼 학술계의 상황을 타계하고자 한 것이며 이와 확연히 다른 입장으로 과학적 연구를 표방했던 것으로 볼 수 있다.[35] 그리고 역사학과 언어학을 결합하는 것을 '新史學'이라고 지칭했다. 과학사학파로 불리는 요건의 하나가 바로 이러한 그의 태도라고 할 수 있다.[36]

독일의 근대 역사학은 민족주의적 색채가 강했는데 일찍이 梁啓超, 黃節, 劉師培 등도 영향을 받았으며 傅斯年도 독일민족주의사학의 영향을 받았다.[37] 傅斯年은 독일의 랑케학파 베른하임(Ernst Bernheim)의 순수 객관적 역사학 연구를 차용했다. 이는 사료를 수집하고 과학방법으로 문헌을 고증하고 객관적으로 역사서술을 하는 것으로 사료를 8개로 나누고 비교방법의 계통을 수립한 것이었다. 이러한 랑케의 사료 실증의 역사학은 봉건시대 종교나 윤리의 속박에서 벗어나게 한 진보된 측면이 존재하는 것은 사실이다.

傅斯年은 역사학은 저술을 목적으로 하는 것이 아니라고 하였다. 그는 역사저술은 고세, 중세 등 시대를 나누어 윤리가적인 수단으로 문장가가 되라는 것과 같지만 근대역사학은 저술이 아니라 사료학이라고 하였다. 역사학은 사료를 정리하는 것이라고 하고 윤리적 판단 하에 通史를 저술하는 방식을 반대하였다. 이러한 주장 역시 국고정리운동에 나타난 윤리, 도덕 등을 강조하는 東南學派의 여러 모호한 입장과 선을 긋기 위해서 내세운 것이었다. 그러므로 역사학은 직접 사료를 연구했는가가 가장 중요한 평가의 기준이 되었다. 그리고 역사학이 과학이므로 과학적 재

35) 『傅斯年全集』 第7卷, 52-53쪽.
36) 焦潤明, 「傅斯年與"科學史學派"」, 45쪽.
37) 『傅斯年全集』 第7卷, 61쪽.

료에 대한 실증이 이루어져야 했다. 이에 따라 청대 顧炎武와 閻若璩는 직접 사료를 수집해서 역사를 썼다는 면에서는 역사학이 될 수 있었다. 하지만 고증학과 달리 과학적 실증적 역사학은 더 다양한 사료를 포괄해야 한다고 보았다.[38] 금문과 갑골문도 포함하여 문서자료에만 의존해선 안 된다는 것이었다. 뿐만 아니라 문서의 정리도 서구의 방법에 따랐다.

서구의 한학이 발전한 이유는 새로운 사료를 발굴했기 때문이라고 보았는데 "무릇 학문은 다른 연구재료를 더욱 확장시켜 나가야 발전할 수 있고 하지 못하면 퇴보한다."고 하였다. 또한 서양인은 학문을 하는데 책만 읽지 않고 새로운 자료를 뛰어 다니며 찾는다고 하고 수시로 재료의 범위를 확대해 나가기 위해 노력해야 한다고 주장했다. 또한 서양인은 가요, 민속 등의 재료도 활용한다면서 중국의 역사학이 발전하려면 서방을 반드시 학습하고 사료의 범위를 확대해야 한다고 거듭 강조했다.[39] 그러므로 그가 사료를 중시한 이유는 실증적 연구자료를 더 많이 확보해서 과학적 증명을 할 수 있을 것이라 간주했기 때문이다.

실상 왕국유도 갑골문이나 금문 등을 중시했고 胡適도 서구사학의 발전에서 사료인식이 중요하다고 언급하였다. 서구학자의 경험을 흡수하여 국내학술계에 사료의 수집과 고증하는 방법을 적극적으로 알렸다.

이외 양계초도 중국역사방법론에서 사료의 수집과 정리, 고변 등을 언급했고 고힐강도 사료의 운용 등을 언급하였다. 그러므로 傅斯年과의 차이는 傅斯年은 서구학자들의 성과를 따라갈 수 있도록 원칙을 수립하여 실행했다는 것에 있을 것이다.[40]

또한 사료를 체계적으로 정리하고 증명하기 위해서 과학적 방법의 융

---

38) 焦潤明, 「傅斯年與"科學史學派"」, 49쪽.

39) 『傅斯年全集』第7卷, 51쪽.

40) 劉俐娜, 「試析傅斯年史學思想的現代性及其局限」, 『傅斯年與中國文化』, 2006, 66쪽.

합을 모색한 것도 과학사학파의 특징이었다. 이외 지질, 지리, 고고, 생물, 기상, 천문학 등이 역사연구의 공구를 제공한다고 주장했고 이를 활용하였다.

한편 랑케사학의 영향 하에 역사를 사료학이라고 주장하여 과학방법을 중시한 것은 진보된 면이기도 하였지만 이미 1920년대 이후로 서구에서는 랑케의 역사학이 퇴조하고 있었다. 역사학에서는 과학주의적 방식으로의 연구 보다는 해석을 중시하는 新史學의 연구가 주류를 이루고 있었다. 신사학은 사료정리를 역사학으로 보지 않고 역사연구과정의 일부라고 간주했다. 그러므로 傅斯年이 당시 서구학계의 흐름을 몰랐다고 볼 수는 없었을 것이며 또한 역사학과 사료가 일치할 수는 없다는 점도 인식했을 것이다. 즉 역사가 과학적 법칙일 수는 없다는 것을 인식하고 있었을 것이므로 역사학이 사료학이라고 주장했던 것은 다른 이유가 있었다고 보인다. 그가 역사학을 과학적 방법과 자연과학으로 동일시했던 이유는 무엇보다 과학적 실증적 역사학으로 중국의 전통사학을 대체하기 위한 것이었다.[41] 그는 전통사학이 도덕적 판단을 중시하므로 이러한 방식이 아닌 국가의 존립과 관련된 역사학 연구와 교재를 해야 한다고 여러 차례 강조하고 언급했었기 때문이다.[42]

다소 모순되지만 역사학은 저술을 하지 않는다고 했던 기존의 태도를 버리고 9.18사변 후 동북이 중국에 속했었다는 의도를 지니고 저술한『東北史綱』을 편찬했던 것도 큰 맥락에서는 독일 랑케사학의 민족주의적 사관과 연결된다고 볼 수 있을 것이다. 그러므로 이를 종합해 보면 서구에서 퇴조하고 있던 랑케사학의 방식을 고수한 이유는 전통역사학의 방

---

41) 劉俐娜,「試析傅斯年史學思想的現代性及其局限」, 64쪽.
42) 傅斯年,「閑談歷史敎科書」,『敎與學』, 第1卷 第4期, 1935.10.1.,『傅斯年全集』第5卷, 61-63쪽.

법과 해석을 대체하고 국가중심의 역사학 해석과 방법을 수립하고자 한 목적이 있었기 때문이었을 것이다.

이러한 입장은 1945년까지 지속되었는데 당시는 사료를 중시하고 이론과 해석을 배제하고 실증만을 주장한 것은 史觀派와의 차이를 드러내기 위해서였다. 과학의 이론으로 역사발전을 해석하는 사관파와 입장이 달랐기 때문이다. 傅斯年은 이 때문에 사실에 대한 해석을 해선 안된다고 주장하였다. 1928년 1월 丁文江이 〈역사인물과 역사지리의 관계歷史人物與歷史地理的關係〉을 발표했을 때 傅斯年은 통계학의 방법으로 역사연구를 간단하게 해서는 안 되니, 자연과학과 역사연구는 다른 점이 있다고 하였다. 또한 "역사현상은 다시 돌아오게 할 수 없지만 한 번에 가늠할 수 없고 매우 복잡한 사물이다(去量一下子, 又是極複元的物事)라고 하는 등 자연과학의 방법이나 접근과는 다르게 역사연구가 이루어져야 한다는 주장을 한 바도 있었지만 역사학에서의 과학적 방법이란 작은 것에서 세세하게 탐구하고 비교해야 한다는 정도로 주장하는데 그쳤다. 傅斯年의 역사학을 과학파라고 하기 보다는 '신고증파'라고 칭하기도 하는 것은 이러한 이유 때문이다. 하지만 비록 실제 역사학이 자연과학과 동일할 수 없고 방법 역시 자연과학과 같을 수는 없고 스스로도 구체적인 방법론을 정립한 것도 아니었지만 스스로를 과학파라고 자칭하고 이를 관철하려고 했다는 점에서 오히려 과학주의적인 태도를 드러냈다고 볼 수 있을 것이다.[43]

3. '中醫西醫' 논쟁-과학의 보편성

傅斯年의 과학주의적 특성은 문화적 측면에서도 주장되었다. 1930년

---

43) 焦潤明, 「傅斯年與"科學史學派"」, 2005, 45쪽.

대 남경국민정부는 신생활운동을 전개하면서 복고적 문화를 장려해 갔는
데 이러한 분위기 속에서 中醫를 인정하자는 논의가 확산되었다. 이에
傅斯年은 1934년 3월 5일 『大公報』에

　　중국에서 현재 가장 치욕스럽고 한스럽고 화나게 하는 일은 ……서의,
　중의의 논쟁이다. ……일본의 침략이 큰일이라도 우리가 결심하고 준비
　하고 노력하며 국제를 잘 이용한다면 일본에게 교훈을 주게 할 날이 올
　것이다. 그러나 중의, 서의논쟁은 중국인이 열등한 것을 폭로할 뿐이다!
　40년간 학교를 운영해 왔는데 아직도 중의가 문제가 되어야 하는가! 신식
　교육을 받은 사람이 아직도 중의의 五行, 六氣 등을 말하고 있는가! 근대
　화를 제창하는 사람이 아직도 정치나 사회의 역량을 중의를 보호하는데
　쓰는가! 이는 중국인이 뇌와 뼈에 근본적인 문제가 있다는 것을 드러내는
　것에 다름 아닌가? 자신의 신체와 생명에 대해 아직도 확실한 견해와 신
　념이 없다면 하물면 다른 것은 어떠하겠는가. 국민생명과 관련된 큰 문제
　에 대해 아직도 그러한 생각을 갖고 시비를 구분하지 못한다면 다른 것은
　말할 것도 없다. 쉽게 분별되는 과학상식이 아직도 혼돈상태에 있는데 복
　잡한 일은 어떠하겠는가. 오늘날까지 중의, 서의를 논하고 있으니 어찌 전
　세계인들이 중국인은 다른 인류라고 생각하지 않겠는가. 40년간 학교를
　운영해 오면서 이러한 중세기적 수준을 넘지 못하였다면 교육의 앞날이
　헛되다 하지 않겠는가![44]

라고 주장하였다. 신식교육을 40년 넘게 시행해 왔는데도 과학상식이 혼
돈상태에 있다는 것은 중국인의 열등성을 폭로하는 것이며 세계의 수준
에 따라가지 못하는 것이라고 지적하고 있다. 교육체제의 중요한 내용인
과학상식이 제대로 수용되어 세계적 수준과 부합해야 하는데 옳고 그름
을 제대로 판단하지 못하고 있다고 비판하고 있는 것이다. 이를 보면 그
는 과학상식이 신식교육의 중요한 내용이며 체화되어야 할 부분이라고

44) 傅斯年, 「所謂"國醫"」, 『大公報』, 1934年3月5日, 『傅斯年全集』 第5卷, 431-463쪽.

인식하였던 것을 알 수 있다.

또한 "중의는 본래 병리가 없고 진단도 하지 않는다. ……사실 현재 의학은 국경과 상관없고 독일, 프랑스, 영국, 미국의 풍기가 조금씩 다르다 해도 기본적으로는 거의 구분이 없어서 詩나 종교 등과는 다르다"라고 하면서 의학의 보편적 지식으로서의 성격을 강조했다.

또한 "현재 정부와 사회는 이일을 매우 주목해 봐야 한다. 소위 國醫라는 것은 국가와 민족의 축을 무너뜨리는 생각인 것이다. ……기술이 없는 국가관리가 기술의 문제를 단순하게 판단하는 것 자체가 퇴보인 것이다"라고 하고 기술을 지닌 의사검정을 통과한 의사들은 전문성을 지닌 것이란 점을 중시해야 한다고 주장했다. 그리고 무엇보다 국가의 역할을 매우 강조하고 있다. 그는 "중의를 폐지하는 정책을 취해야 한다. 내지(향촌)에는 현재 의사가 없고 대도시의 의사도 충분한 것이 아니어서 愚民이 이(중의)를 믿기를 풍수를 믿는 것처럼 하고 있는데 금지시켜 활동하지 못하게 해야 한다. 그들을 관리해야 한다. 훈련받은 의사의 수가 늘어나는대로 국의의 (존립을) 금지시켜야 한다. 지금은 대도시에서부터 우선 국의를 금지시키고 어기는 경우에는 중세를 부과해야 한다. 관료가 관리를 하도록 하여 내정부 예속사가 관리하게 하고 위생서가 하지 못하도록 해야 한다. … 國藥에 대한 연구도 학문훈련을 받은 근대 약학 전문가가 해야 한다. 교육을 받은 사람들은 태도를 명확히 해야 한다"고 주장했다.[45] 전문가에 의한 국가의 관리와 교육을 통한 전문가 양성 등 근대적 체제를 갖추어야 하며 이는 국가의 관리체계하에서 엄격하게 이루어져야 한다는 것이었다.

그는 인류를 개화된 인류와 반개화된 인류로 나누어 사고하였다. 국가는 교육받은 신가정을 기반으로 우수한 인종으로 양성해야 하는 의무를

---

45) 傅斯年, 「所謂"國醫"」, 『大公報』, 1934年3月5日, 『傅斯年全集』 第5卷, 432-434쪽.

지녔으며 국가는 유전적 정신병, 범죄자, 성병환자, 자립불가능자를 생육하지 못하도록 해야 한다고도 하였다. 이는 건강한 국민에 기반하지 않으면 경제적 시스템도 원활할 수 없다는 이유에서 였는데 국가의 근대적 과학교육을 시행하기 위한 적극적 개입이 전제되어야 가능한 것이었다.

그렇다면 傅斯年이 논란이 많았던 국의 혹 중의에 대해 논쟁을 펼쳤던 이유는 무엇인가. 傅斯年이 보기에 근대사회의 근간이 되는 과학상식이 기층사회에서 거의 전파되지 못한 것의 심각성을 인식했기 때문이었다.[46]

한편 1930년대의 복고적 분위기를 반영하듯 1934년 8월 13일 中醫 趙寒松은 『대공보』에 〈부맹진 소위 국의를 평하다(評傅孟眞〈所謂國醫〉)〉를 발표하였다. 그는 傅斯年이 정부가 중의를 소멸시켜야 한다고 주장한 것은 월권이라고 지적하고 역사학자이면서 잘 모르는 얕은 상식과 무자격자이면서 논쟁을 하고 있다며 비판했다. 그는 또한 傅斯年 등 외국 유학을 한 학자들이 구주, 미국 등을 칭하며 논하는 것에 대해서도 반감을 표시했다. "대개 傅斯年이 받은 교육은 미국식 교육으로 ……미국인과 동화된 습관을 지니고 있다. 중국인이 모두 傅斯年과 같다면 중국입국의 정신은 근본적으로 동요될 수 밖에 없는데 중국은 문호개방의 기회균등을 통해 결국 미국의 순전한 식민지가 될 것이다"라고 하였다. 또한 8월 18일 陳澤東을 대표로 하는 天津 中醫公會도 『대공보』에 〈부맹진이 국의를 모욕하는 글을 논함(論傅孟眞侮辱國醫文)〉으로 대응을 하였다. 그는 중국은 서의의 과학제계로 중의의 논리구조를 개조할 필요가 없다고 주장하면서 몇 천년간 내려온 유산이라 할 중의를 지켜내야 한다고 주장하였다.

여기에 대해 傅斯年은 『대공보』星期論文과 『독립평론』에서 〈소위

---

46) 唐小兵, 「傅斯年與1934年的國醫, 西醫之爭」, 『書屋』, 第12期, 2005, 18쪽.

국의를 다시 논하다(再論所謂'國醫')(上))로 대응해서 중의의 병리진단
능력을 전면적으로 의심하였다. 그는 근대의학의 4개 중심부분인 해부학,
생리학, 미생물병균학, 실험 약물학은 모두 과학적 지식이라면서 그런데
중의에는 이러한 부분이 근본적으로 없기 때문에 중의는 근대과학이나
근대교육과 맞지 않는 것이라고 하면서 이는 엄연한 역사적 사실이라고
주장했다. 傅斯年에게 있어 근대과학과 근대교육은 당연히 받아들여야
만 하는 절대적인 것이었다. 그는

> 소위 국의와 근대교육이 서로 용납되지 않는 것은 명확한 사실이다. 학
> 교과정의 물리는 근대물리인 것이지 아리스토텔레스의 물리가 아니다. 학
> 교에서의 생물은 진화론에 입각한 동물학, 식물학이지 〈본초〉가 아니다.
> 학교에서의 하는 지식훈련은 논리적 요구에 따라야 하고 과학적 계통이
> 있어야 하는 것이지 유사 해부학 등 잡다한 지식은 아니다. 만약 학교에서
> 물리나 화학을 잘 배웠다면 이러한 지식을 (교육)받은 사람이라면 자연히
> 6氣가 물리학의 논리를 포함하는 것이라고는 생각하지 않을 것이며 이러
> 한 현담적 한의에 의지하지 않을 것이다 ……국의가 세력이 있다는 사실
> 이 30여년의 신교육의 실패를 상징한다."[47]

고 주장했다. 또한 傅斯年은 중의는 반과학적인 야만민족의 미신과 무
술이라고 평가했다. 이에 대해 陳澤東은 "의사가 어떠한 출신이던지 우
리나라 사람이라면 모두 보호하려고 노력해야 하며 가족들과 건강을 누
리고 인을 행하는 것이어야 한다. 이를 핍박하는 자는 성스러운 도리를
훼손하는 것이며 우리민족과는 적이다."라고 하였다. 이에 대해 傅斯年
은 그의 주장이 옳지 않는 국수주의적 태도를 적나라하게 드러내고 있을
뿐이라며 강하게 비판했다.

---

47) 傅斯年, 「再論所謂國醫」, 『獨立評論』, 1934年8月26日, 『傅斯年全集』第5卷,
438쪽.

이 뿐 아니라 중의를 개량하는 것 또한 불가능한 일이라 하면서 "西醫가 현재까지 발전한 것은 계통적 지식 때문이다. …또한 그러한 지식을 통한 병리진단과 치료는 일관적이다. ……근대의학의 생리, 병리, 병균 각 학문을 받아들이지 않으려 하는가?"라고 하면서 근대의약학과 공공위생을 확립하지 않는 국가는 문명국의 정부라 할 수 없다고 하였다. 그에 의하면 당시는 동치, 광서년간에 해결했어야 하는 문제가 아직도 지속되고 있는 개탄스런 상황인 것이었다.[48]

이상 1930년대의 중의와 서의 논쟁에도 傅斯年의 과학주의가 드러나는 것을 알 수 있다. 傅斯年은 중의의 학문체계 자체를 내포한 중국의 전통적 학술에 대해 기본적으로 회의정신이 부족하고 과학정신이 부족하다고 보고 있었다.[49]

IV. 맺음말

이상 傅斯年의 과학주의를 그의 학술사상의 전반에서 고찰해 보았다. 본고에서는 과학주의를 과학을 절대화하는 입장으로 단순화 하되 이러한 과학주의가 실증주의와 이성을 강조하며 근대사회의 문화까지 형성했다는 것을 전제로 살펴보았다. 이러한 관점에서 보면 傅斯年은 평생에 걸쳐 과학주의자로서의 입장을 버리지 않았고 실제 학술사상에서도 이러한 점은 일관되게 드러났다고 할 수 있다.

---

48) 傅斯年,「再論所謂國醫」,『獨立評論』, 1934年8月26日,『傅斯年全集』第5卷, 446쪽.

49) 唐小兵,「傅斯年與1934年的國醫, 西醫之爭」, 20쪽.

중국에서는 자유주의의 전통이 미약한 것에 대해 일반적으로 사회경제적 토대의 문제 외에도 자유주의자들의 소극적 활동과 엘리트의식의 한계를 든다. 傅斯年을 자유주의자의 범주에 넣을 수 있다고 볼 때 그의 과학주의의 특징이 끼친 영향을 살펴볼 수 있다. 그는 근대사회로 나아가기 위해 과학은 반드시 갖춰야 할 소양이며 교육을 통해서 이루어져야 하는 것으로 간주했다. 따라서 전문가와 행정관료가 완비된 국가가 전제되어야 교육도 가능할 수 있다. 여기에서 국가가 적극적으로 개입하고 우선시되는 국가주의로의 요소가 의심 없이 중시되고 그러한 사고체계에 내재하게 된다는 것이다. 이것이 바로 자유주의자들의 사고체계 속에 뿌리 내리게 되었으며 본고에서는 이점이 중국 자유주의자의 한계로 작용하게 되었다는 것을 드러낸 것이다.

傅斯年은 5·4시기 계몽주의에서 시작된 개인 자유에 대해 추구하였지만 의지적 측면의 개성을 지닌 개인 자유의 추구였기에 근대사회에서 요구된 훈육된 자유를 수용하게 될 수 밖에 없었다. 때문에 그가 추구한 중국 사회의 개조란 학술을 바로 세워 대중을 이끌어야 하는 방식으로 나가게 되었다. 이러한 사회의 개조란 측면에서 이미 '도구적 이성'의 문제가 내재하고 있었는데 傅斯年은 이에 대해 고민하기보다는 당연한 것으로 간주하고 오히려 그 내포된 문제의 과정을 추구하였다. 지식의 생산과 학문 연구에 있어 제도의 효율과 체계적 관리가 가능한 과학적인 연구기관으로서 史語所를 설립하였고 전문연구자들의 집단 연구 방식으로 서구한학의 수준을 따라 잡아 세계적이고 보편적인 학문수준을 인정받고자 하였다. 이를 위해 그가 채택한 연구의 방법은 당시 서구의 보편적 조류에서 뒤떨어진 랑케의 실증사학의 연구방식에 머물러 고집하였다. 이것은 중국의 전통사학의 체계를 대체하고 맑스주의사학에 대항하는 적절한 방법으로 간주했기 때문이었다. 그러므로 서구 과학주의에서 나타나는 이론적 측면을 강조하는 과학주의와는 다른 실증적 과학주의를 주장하고 자연과학과 역사학의 차이를 인정하지 않는 과학주의를 주창하게 되었다.

그는 근대화와 부국강병을 위해 과학을 생활의 범주에까지 확산시켜야 한다는 관점을 사어소와 같은 연구기관과 교육제도 전반에서 관철하고자 했다. 이에 적절한 것이 독일의 학술과 교육 및 국가의 정책이라고 보고 이를 수용하였다. 그러므로 胡適이나 丁文江과 과학주의자로의 특성을 공유하면서도 차이가 존재하였던 것이다. 사회를 개조하기 위한 구체적 제도화를 중시했고 이는 과학적 방법으로 이루어져야 한다고 강조했기 때문에 연구소의 설립과 언론을 통한 사회문화 전반에 대한 비평을 통해 주장을 관철시켜 나가는 방법을 취하였다.

또한 국가의 부강을 위해 전문적 행정가와 제도적 효율성을 중시했기에 대중에 대한 국가의 관리와 통제를 인정할 수 밖에 없던 부분도 그의 사상에는 내재한다. 특히 학술의 발전을 위해서 국가가 안정과 통일을 이루기 위해서는 교육제도와 학술연구기관이 체계화되고 했기 때문에 정부가 서구와 같은 교육제도를 완비해야 한다고 강조했던 것이다.

그러므로 과학주의라는 잣대를 통해 傅斯年을 살펴볼 때 그의 모순된 측면이 통합적으로 이해될 수 있다. 첫째 학술을 중시하면서도 정치적 활동을 했던 이유는 근대적 과학을 문화적으로 정착시킬 수 있는 국가를 수립하기 위해서였을 것이다. 둘째 저술이나 통사의 작성을 반대하면서도『東北史綱』을 저술했던 민족주의적 태도는 랑케사학에 내재한 실증사회의 민족주의적 측면이 내새뇌었기 때문이라고 할 수 있다. 이것이 그가 문화보수주의적 민족주의자였기 때문이 아니라 전반서화의 민족주의자였기 때문이라고 보아야 하는 근거이다.

셋째 그의 자유사회주의적 주장 역시 사회개조의 대상인 해방된 개인을 유기적으로 구성하기 위해서는 국가가 경제적 측면에 대한 지원을 해야만 가능할 수 있다는 인식에 기인한 것이라 할 수 있다. 그러므로 중국에서도 독일의 국가주의가 지탱했던 과학적 교육기관과 연구로 이루어지는 학문체계를 수립하여야만 하고 이것이 바탕이 되어야만 세계 학문의 위계적 질서에서 세계적 수준에 도달할 수 있다고 보았다.

그런데 과학주의에 내재된 국가주의적 측면과 과학과 기술의 당위성, 이성의 도구화와 몰가치적 합리화 과정 등은 중국사회에서 관료주의를 낳게 할 여지를 주었다. 또한 국가부강을 추구하는 현대성과 가치중립적인 제도적 합리화를 강조하는 국가주의는 현대성이 가치론적인 것이 아닌 도구화로 나아가는 것을 의미한다. 현대성은 가치나 도구의 요소들이 서로 갈등하며 균형을 유지하지만 서구문명의 야만적 부국강병만을 오히려 더 받아들여야 할 것으로 나아가는 경향이 오늘날 생겨나고 있는 것은 바로 이러한 현대성의 추구과정이 중국에서도 노정되었기 때문일 수 있다.[50]

서구의 자본주의가 가치합리성 대신 목적합리성의 과정을 밟아나간 특징이 있었고 이는 목적을 효율적으로 달성하기 위해 자본주의 경제, 과학기술, 합리적 성문법, 관료제와 같은 체계를 건립하는 것을 특성으로 했다. 이러한 이성이 도구화되는 상황은 목적을 실현하기 위해 수단과 절차의 효율성만을 강조하는 과정을 의미하며 중국 역시 이러한 과정을 밟아왔다고 볼 수 있다. 그리고 오늘날 중국 사회의 바탕에는 서구의 학문과 제도를 수용하는 과정에서 傅斯年에게 나타나는 한계가 여전히 한계가 아닌 추구할 바로 이어지고 있다는 점을 주목해 볼 필요가 있다. 시대적 한계에 의한 것일 수도 있지만 가치와 자유를 추구하기 위한 사상과 그러한 사상의 실천과정에서의 문제와 한계는 중국에서도 나타나는 근대의 제문제를 해결해 가기 위해 철저하게 재고할 필요가 있을 것이다.[51]

---

50) 쉬지린(許紀霖), 국민대학교 중국인문사회연구소 엮음, 「보편적 문명인가 중국적 가치인가」, 314-315쪽.

51) 정보은, 「현대 중국지식인의 '도구적 이성'에 관한 고찰」, 『중국연구』, 제52권, 서울: 한국외국어대학교 중국연구소, 2011 참고.

| 참고문헌 |

국민대학교 중국인문사회연구소 엮음,『근대 지식체계의 성립과 사회변화』, 서울: 도서출판 길, 2011.

막스 호르크하이머, 박구용 옮김,『도구적 이성 비판』, 서울: 문예출판사, 2006.

손철성,『마르크스『독일 이데올로기』(해제)』, 서울: 서울대학교 철학사상연구소, 2004.

Th. W. 아도르노 & 호르크 하이머, 김유동 역,『계몽의 변증법』, 서울: 문학과 지성사, 2001.

김창규, 「傅斯年(1896-1950)과 "서생보국"」,『전남사학』, 22권 0호. 2004.

쉬지린(許紀霖), 「보편적 문명인가 중국적 가치인가」, 국민대학교 중국인문사회연구소 엮음,『중국 근대 지식체계의 성립과 사회변화』, 서울: 도서출판 길, 2011.

안대옥, 「5·4시기 '과학과 인생관' 논전과 과학주의 재론」,『중국사연구』, 제80집, 대구: 중국사학회, 2012.10.

정보은, 「현대 중국지식인의 '도구적 이성'에 관한 고찰」,『중국연구』, 제52권, 서울: 한국외국어대학교 중국연구소, 2011.

조미원, 「胡適의 '과학주의'와 홍루몽 연구」,『홍루아리랑』, 제1호, 서울: 한국홍루몽연구회, 2015.

차태근, 「중국 근대 지식권력과 "학계(學界)"의 형성」,『중국학논총』, 40권 0호, 서울: 한국중국문화학회, 2013.

최은진, 「근대 역사학의 탄생과 제도화: 국립중앙연구원 역사어언연구소(1928-1949)를 중심으로」,『중국사연구』, 제67집, 대구: 중국사학회, 2010.8.

한성구, 「우쯔후이(吳稚暉)의 과학주의 사상과 인생관」,『한국철학논집』, 제47집, 서울: 한국철학사연구회, 2015.

歐陽哲生,『傅斯年全集』, 全7卷, 長沙: 湖南敎育出版社, 2000.

馬亮寬·李泉,『傅斯年~時代的曙光』, 臺北: 五南出版, 2013.

王汎森·王曉冰 譯,『傅斯年:中國近代歷史與政治中的個體生命』, 香港: 三聯書店, 2012.5.

布占祥·馬亮寬 主編,『傅斯年與中國文化』, 天津: 天津古籍出版社, 2006.

李廣臣,『傅斯年政治思想研究』, 華東師範大學碩士論文, 2008.5.

朱春華,『傅斯年改造思想略論』, 河南大學碩士論文, 2002.5.

葛兆光, 預流,「立場與方法──追尋文史研究的新視野」,『復旦學報(社會科學版)』, 2007.

唐小兵,「傅斯年與1934年的國醫, 西醫之爭」,『書屋』, 第12期, 2005.

羅志田,「國學不是學: 西方學術分類與民初國學定位的困惑」,『社會科學研究』, 第1期, 2002.

雷頤,「傅斯年思想矛盾試析」,『近代史研究』, 第3期, 1991.

劉俐娜,「試析傅斯年史學思想的現代性及其局限」,『傅斯年與中國文化』, 2006.

謝桃坊,「致中國歷史語言之學於自然科學之境界中──論傅斯年與歷史語言學派在國學運動中的意義」,『社會科學戰線』, 第9期, 2014.

謝保成,「歷史語言研究所與"科學的東方學之正統在中國"」,『江海學刊』, 第1期, 2011.

桑兵,「近代學術轉承: 從國學到東方學──傅斯年『歷史語言研究所工作之旨趣』解析」,『歷史研究』, 3期, 2001.

薛其林,「傅斯年的科學學術論」,『長沙大學學報』, 20卷 第1期, 2006.1

楊純剛,「傅斯年: 徘徊在自由主義和社會主義之間的學者」,『江蘇教育學院學報』, 第1期, 2012.

翁有爲,「吳宓, 陳寅恪與胡適, 傅斯年之關系──以『吳宓日記』爲中心的考察」,『史學月刊』, 11期, 2014.

王子今,「我們要科學的東方學的正統在中國」,『讀書』, 第9期, 1995.

王晴佳,「陳寅恪, 傅斯年之關係及其他~以臺灣中研院所見檔案爲中心」,『檔案研究』, 11期, 2005.

王學典,「歐洲漢學與美國中國學對峙下的民國史學界」,『中國圖書評論』,
　　　第5期, 2007.5.10.
章淸,「胡適派學人群與現代中國自由主義的趨向」,『史林』, 第1期, 1998.
張太原,「發現史料之外的歷史——以傅斯年硏究爲例」,『近代史硏究』, 第2期,
　　　2010.
焦潤明,「傅斯年與"科學史學派"」,『史學理論硏究』, 2005.

D. W. Y. Kwok, *Scientism in Chinese Thought 1900~1950*, N.Y.: Biblo and
　　　Tannen, 1971.71.

중국 주류 지식인의 과거 대면의 방식과 문혁담론 비판

● 조경란 ●

I. 문제제기

문혁이 끝난 지 40년이 지났다. 그러나 중국에서는 예상 외로 문혁에 주목하지 않는다. 주목한다 해도 그 방향이 성찰적이거나 학문적이지 않으며 '이데올로기적'이다. 물론 문혁의 책임은 최종적으로 마오쩌둥에 있다 하더라도 그 책임에서 자유로울 수 없는 공산당이 건재하는 한, 본격적인 논의대상이 되기는 힘들 것이다. 더구나 공산당의 영도하에 G2가 된 상황에서는 더더욱 그럴 것이다. 중국의 성장이 지속되는 한, G2라는 '명분'은 중국인에게 과거를 묻지 않게 하는 강력한 기제로 작동할 것이기 때문이다.

이에 이 글은 중국 주류 지식인의 문혁에 대한 대면방식과 그 담론에 대한 비판적 문제제기에 목적이 있다. 동시에 문혁이 일어난지 50년이 지났지만 아직 그 언어화의 과정을 통해 역사적 규명이 이루어지지 않았음을 상기하고자 한다. 특히 지식인에게 있어서 비림비공(批林批孔)이라는 집단 경험은 중국 지식인의 상상력을 제한하는 기제로 작동되고 있다.

* 이 글은 『사회와 철학』, 29집, 2015년에 실렸던 것을 수정, 보완한 것이다.
** 연세대학교 국학연구원 HK연구교수

중국의 지식인이 정상적인 심성을 가지고 자유로운 사유를 펼치기 위해서는 반드시 문혁이 진지하게 담론화되어야 그 트라우마에서 벗어날 수 있다고 본다.

중국의 주류적 지식사회 내에서 문혁은 이미 '마오쩌둥시대의 평등'으로 표상되어 중국모델론의 중요한 구성부분이 되었다. 유교의 전통, 마오쩌둥 시기의 평등, 덩샤오핑 시기의 자유가 결합하여 중국모델론을 구성한다는 것은 중국의 지식계에서는 이미 상식으로 통한다.[1] 이러한 중국모델론은 이미 국가가 수용하여 자기정책의 홍보수단으로 활용하고 있다. 여기서 우리는 중국모델론 안에서 이루어지는 문혁의 해석방향에 대해 국가의 비호가 있다는 추론이 가능하다. 이처럼 유학과 사회주의가 결합된 소위 '신국가 이데올로기'로서의 중국모델론이 문명전환이라는 미명하에 국가가 수용하고 있다는 현실을 확인하는 작업은 문혁을 논의할 때 매우 중요한 전제이다. 류칭(劉擎)의 말처럼 1990년대에 오면 1980년대와 달리 국가 권력의 지식장에 대한 전면적인 통제는 포기했지만 여전히 지식계는 국가로부터 국가 이데올로기의 합법성을 제공해줄 것을 요구받고 있으며[2] 또 지식인이 여기에 부응하는 등 국가와 지식인 사이의 '협력'이 이루어지고 있다는 것에서도 확인되는 바이다. 엄격한 의미에서 중국에는 아직 독립적인 '지식-윤리공동체'가 성립했다고 보기 힘들다[3]는 이야기도 그래서 설득력을 갖는다.

그런데 이러한 오늘의 중국 지식환경을 접하면서 40여년 전의 비림비공 운동을 떠올리는 것은 필자만의 버릇일까. 아무리 중국의 언어환경이 갖는 특수성을 고려한다 해도 중국모델론이 경제성장을 사후적으로 분석

---

1) 甘陽의 유교사회주의공화국을 의미한다.
2) 劉擎, 「學術'與'思想'的分裂」, 『二十一世紀』, 總第八十八期, 2005年4月號, 22쪽.
3) 劉擎, 「公共文化與思想界的新趨勢」, 『東方早報』, 2011.8.22.

해주는 과정에서 나온 이론적 결과물이라는 것은 부정할 수는 없다. 이처럼 관과 민의 협력하에 이루어지는 이론적 구조화 작업은 결국 경제성장을 위해서는 복잡한 과거는 덮어두자는 '망각협정'의 수준을 뛰어넘어 '문혁의 21세기적 재구성'이라 할 만하다. 하지만 최소한의 상식이 있는 사회라면 문혁은 집단적 트라우마, 아니 '습속화된 트라우마'로서 반드시 언어화의 과정을 통해 정치적, 사회적으로 규명되어야 하고 치유되어야 한다. 여기서 필자가 '습속화된 트라우마'로 표현한 것은 트라우마가 이미 아비투스화되었다는 것이고, 그것을 인정한다면 중국인에게 문혁을 낯설게 보는 것이 이미 어려워지는 지경에 이르렀다는 것을 의미한다.

사회주의 시기에는 권력에 의해 '강제적'으로 유학과 사회주의가 분리되었다면 지금은 권력에 자본이 가세하면서 다시 '자발적'으로 유학과 사회주의의 결합이 이루어지고 있다. 중국에서 유학은 이미 국민통합과 경제성장을 위해 동원되는 필수 아이콘이 된지 오래이고, 더구나 지식인은 이 양자의 결합을 위해 '자발적'으로 나서주질 않는가. 물론 중국내에서 문혁에 대한 다른 의견이 전혀 없는 것은 아니다. 문제는 다른 의견이 힘을 받지 못한다는 데 있다. 따라서 필자는 이전 글에서 유학과 사회주의가 자연스럽게 결합할 수 있는가의 문제는 그 각각의 성격이 어떠하냐의 문제 이전에, 문혁 시기의 비림비공(批林批孔)에서처럼 이 양자를 대립적으로 인식해왔던 역사적 전례가 있으며 이에 대한 일단의 입장 정리를 하지 않은 상태에서 다시 양자를 결합시킬 수 있느냐 하는 문제를 제기하였던 것이나.[4]

문혁을 주제로 한 이 작업은 중국만의 문제가 아니다. '역사청산'이라는 측면에서는 동아시아가 과연 도덕적인가라는 질문으로 확장이 가능하

---

4) 졸고, 「중국 지식의 '윤리적' 재구성의 가능성—유학 '부흥'과 '비판'의 정치학에서 아비투스의 문제」, 『중국근현대사 연구』, 61집, 2014.3 참조.

다. 독일의 역사청산을 일본의 경우와 비교해보더라도, 5) 또 한국의 일제시기 이후의 긴 역사를 보더라도 과연 동아시아가 도덕적인가라는 의구심을 강하게 가질 수밖에 없다. 이러한 의구심이 어느 정도 타당한 것으로 판명 난다면 20세기 내내 전가의 보도처럼 운위되던 '동양은 정신적, 서양은 물질적'이라는 도식은 재고되어야 한다. 이것이 그대로 유지되려면 여기서 동양이 정신적이라는 언표가 과연 무엇을 의미하는지에 대해더 깊은 논의가 있어야 한다. 중국에서 과거제 폐지 이전부터도 그래왔지만 폐지 이후 유교도덕은 더욱 더 제도와 도덕의 경계가 불분명한 아비투스의 형태로 존재해왔다고 볼 수 있다. 이럴 때 도덕은 모랄로서의 도덕이라기 보다는 좀더 넓은 의미의 문화, 즉 아비투스로서의 도덕의 성격을더 강하게 띠고 있는 것처럼 보이기도 한다.

이 글은 문혁과 관련한 중국의 주류 지식계 전반의 대응을 위와 같이파악한 위에서 그들의 과거대면의 방식을 문혁담론을 매개로 문제삼으려한다. 이를 위해 먼저 개혁개방 이후 변화된 국가와 지식인의 관계 형성과 더불어 문혁의 문제화를 제한하는 요소에 대해 살펴본다. 그런 다음국가와 민간 모두에서 문혁에 대한 공감대 형성이 왜 어려운지, 그 해결방법은 무엇인지에 대해 논의한다. 세번째는 문혁 이해의 다양한 맥락과문혁의 과거청산을 위한 시야의 확대를 주장한다. 마지막으로 사회주의30년에 대한 계보학적 성찰 능력의 유무가 문혁의 집단 경험과 상관관계가 있다는 점을 강조하고 중국을 포함한 동아시아 문화가 과연 도덕적인

---

5) 물론 국가 내부의 문제와 국제적 문제는 다르게 다루어져야 한다. 그러나 내부의 역사의 문제라고 해서 국가폭력의 책임이 면제되는 것이 아니라면 모두 '역사청산'의 문제로 여겨져야 한다. 이럴 경우 동아시아에서 일본의 경우는 독일과 유사하지만 국가내부의 문제라는 점에서 중국과 한국의 경우—물론 양국도 동일하지는 않지만—는 스페인의 프랑코 독재에 대한 역사청산의 문제와 비교될 만하다. '청산없는 과거청산 : 프랑코 독재에서 민주주의로', http://past.snu.ac.kr/02_document/Spain/Spain.html (최종검색일: 2015.4.29)

가를 묻고자 한다. 단, 이 글은 문혁 자체의 역사를 다룬 글이 아님을 밝혀둔다.

2. 문혁의 담론화를 가로막는 요소들―국가·지식인·인민의 삶

일단 문혁에 주목한다는 것은 중국에서는 관방이든 비관방이든 아직 큰 부담이다. 양쪽 모두 문혁으로 인해 트라우마를 간직하고 있기는 마찬가지이기 때문이다. 트라우마를 간직한 주체에 있어서 자기직시라는 행위는 어떤 계기 없이는 일어나기 힘든 일이다. 더구나 앞에서 말한 것처럼 문혁의 책임에서 자유로울 수 없는 공산당이 건재하는 한, 이에 대한 논의는 제한이 가해질 수밖에 없다. 그렇기 때문에 그간 집단적 트라우마로 상징되는 문혁은 언어화되기 힘들었고 따라서 역사화되기는 더더욱 지난한 작업이었다.

먼저 본 논의에 들어가 문혁에 대한 문제를 말하기에 앞서 이것의 담론화를 가로막는 요인이 무엇인가에 대해 먼저 생각해볼 필요가 있다. 왜냐하면 그런 안팎의 사정을 알고 있어야 당위성만이 아닌 현실적 차원을 고려하면서 논의가 이루어질 수 있기 때문이다. 우선 문혁에 대한 총체적 차원의 담론화를 담당할 주체가 지식인이라면 우선은 문혁이라는 '사건'을 둘러싼 국가권력과 지식인의 관계를 염두에 두어야 한다. 중국은 전통적으로 정치가 문화를 지배해왔다. 이것이 사회주의 정권 시절에는 강화되면 강화있지 악화되지 않았다. 지금은 권력에 자본까지 가세하여 전반적 차원에서의 문화의 지배력은 한층 강화되었다고 할 수 있다. 개혁개방 40년이 가까워오지만 지식인은 아젠더 설정에서 아직 독립성을 가지고 있지 못하다. 일단 국가가 정책적 차원에서 어떤 주제를 설정하면 지식인은 그 허용된 범위 내에서 그 주제를 가지고 갑론을박하는 식이다.

문혁이라는 주제설정 또한 거기에서 벗어나지 않는다. 문혁 논의 역시 개혁개방 이후 기본적으로는 국가권력에 의해 전유된 상태이기 때문이다. 문혁의 습속화되다시피한 트라우마가 1980-90년대를 거치면서 학문적으로도 다루어지지 못한 사정은 이처럼 지식인 본연의 성격에서 유래하기보다는 중국사회의 지식인을 둘러싼 메카니즘과 밀접한 상관관계가 있다. 물론 이러한 시각이 현재 중국에서 지식인의 주체성이 전혀 발현될 수 없는 구조라는 의미는 아니다. 이들이 의지만 있다면 운신할 여지가 전혀 없는 것은 아니기 때문이다. 권력의 눈치를 봐야 하는 것 말고는 여타의 다른 나라들에서 처한 지식인의 조건과 그렇게 다르지 않다. 다만, 국가가 관료자본주의화되고 그러한 구조 속에 들어간 지식인의 기본적인 위치성으로 인해 중국 지식인은 자신이 의식적인 거리두기를 하지 않는 한 국가와 긴장관계를 유지한다는 것이 쉽지는 않다. 이런 상황에서 경제성장이 더해갈수록 승자독식 구조가 만들어지고 이미 승자로 자리매김한 주류 지식인은 굳이 문혁이라는 까다로운 과거를 물을 필요가 점점 없어지고 있는 것이다.

이와 관련하여 최근 한국사회를 강타하고 있는 한병철의 '~사회' 시리즈는 중국이나 동아시아 사회를 설명할 때 – 반만 맞지만 – 참고가 된다. 그는 현대사회는 이미 금지와 억압 등 부정성이 지배하는 사회는 아니며 긍정성이 지배하는 사회라고 말한다. 그래서 부정성에 기초한 프로이드(Sigmund Freud), 푸코(Michel Foucault), 아감벤(Giorgio Agamben) 등의 입론과 문제제기는 틀렸다는 것이다.[6] 하지만 중국사회는 금지와 억압의 부정성이 지배하는 규율사회이면서 동시에 긍정성에 기반한 성과사회의 양측면을 모두 가지고 있다. 정치적으로는 '해서는 안되는' 부정성이 횡행하지만 경제적으로는 '뭐든 해도 된다'는 긍정성이 지배한다. 부정성의 폭

---

6) 한병철, 『피로사회』, 서울: 문학과지성사, 2012 참조.

력과 긍정성의 폭력이라는 이중지배가 그 어느 때보다 피로도를 가중시킨다. 그리고 이 부정성과 긍정성은 서로를 강화해주는 역할을 한다. 예컨대 권위주의 정치와 자본주의 경제의 조합인 중국의 '사회주의' 정부 안에서 그 기입공간을 찾을 수 없는 대중들은 그 만큼의 보상심리가 돈 버는 데로 집중될 가능성이 높다. 대중들이 이윤추구에 몰두하는 사이, 권위주의 정치는 강화되어도 대중들은 정치에 냉소적이 되면서 자연스럽게 감시를 늦추게 된다. 현재 거의 모든 주류적 담론에서 문혁시기 비림비공 때와 유사하게 사유까지는 아니더라도, 출판에서 검열이 일반화되고 있는 형국이다. 부정성에 기초한 자기검열은 '자유로운' 후기 근대의 성과사회와 만나면서 지식인 각각의 내적 영혼에도 구조적 변화를 초래하고 있다.

그런데 지식인의 이러한 영혼의 변화는 사회주의 시기 지식인 제거 프로젝트와 개혁개방 시기의 탈문혁 프로젝트라는 극단적인 경험 위에서 이루어진 것이라는 점을 기억할 필요가 있다. 이로 인해 80년대의 '신계몽'운동과 90년대의 탈정치화 과정은 자본주의 사회 일반의 지식인 사회의 메카니즘만이 아니라 그것 너머를 볼 수 있어야 한다. 지식인 집단의 순수한 의지와 역량으로 할 수 있는 것은 별로 없다는 이야기다. 그렇다면 1980년대 후반 90년대 초반 신권위주의 정치의 출현은 공산당과 긴밀한 연계 속에서 형성된 자본가, 그리고 지식인이라는 엄청난 비대칭적 삼각 연대 속에서 이루어진 타협의 산물이었음을 알 수 있다. 지식인을 둘러싼 이러한 구조와 그들의 위치성은 그 자체로 중국이라는 국가체제 자체와 그들의 가까운 역사를 대상화해서보는 것, 그리고 비판적으로 보는 것을 어렵게 만드는 요소일 수 있다.

중국공산군의 고투 시절 존경받던 린뱌오(林彪)와 항일전 이래 최고급 이론가로서 중국공산당을 이끌어온 천보다(陳伯達)는 정치적으로 실각하자마자 하루 아침에 공자를 숭배하는 '반동분자'가 되었다. 어제까지 유가는 매국분자이고 법가는 애국분자라고 교습받던 대중은 오늘은 그 이론이 거짓이란 것을 아무런 혁명도 없이 강요받아야 했다.[7] 적어도 마오쩌둥시기와 덩샤오핑 시기를 차이보다는 연속성이라는 시각으로 보려 한다면 일단 위의 극단적 경험을 문제삼고 나서 시도할 일이다. 그렇지 않다면 지금의 중국모델론 안에서 벌어지는 유학과 사회주의의 '무원칙한 결합'은 위에서 말한 사회주의 시기의 '무원칙한 분리'와 다를 바가 없기 때문이다.

다음으로 문혁을 문제삼는 것을 힘들게 만드는 요인 중에 젊은이들 사이에 팽배하는 정치문화를 무시할 수 없다. 신권위주의 연구를 주로 해왔던 샤오공친(蕭功秦)에 의하면 1949년 신중국 건설 시기의 해방감과 곧바로 찾아온 57년 체제, 이후 대약진운동, 1966-1976년 사이의 문화대혁명 시기에 형성된 문화는 이미 중국인의 민족심리와 잠재의식의 구조 속에 일정한 정치문화를 형성하고 있다는 것이다. 여기에다 최근 중국굴기의 분위기를 타고 신좌파의 주장이 인터넷상에서 청년들에게 인기가 있다는 분석이 있다. 이런 현상을 샤오공친은 중국의 청년들이 초등학교부터 받아온 흥무멸자(興無滅資)를 내용으로 하는 정통교육의 결과로 본다.[8] 따라서 아비투스로서의 문혁을 포함한 사회주의 경험을 통해 잠재의식이 어떤 방식으로 형성되었는지에 대한 연구는 문화적 차원만이 아니라 정치적, 제도적 차원으로 확대하여 연구될 필요가 있다.

중국에서 문혁에 관한 한, 젊은 세대와 그렇지 않은 세대간에 적지 않은 인식차이를 보여준다. 1960년대 이전에 태어난 사람들은 문혁을 직접 경험했겠지만 그 이후 세대들에게 문혁은 교육으로만 인지할 수 있다. 문

7) 민두기, 「중공에서의 역사연구와 정치」, 『중국근대사론 II』, 서울: 지식산업사, 1981, 70쪽.
8) 蕭功秦, 「當代中國六大社會思潮的歷史與未來」, 馬立誠, 『當代中國八種社會思潮』, 社會科學文獻出版社, 2012, 304쪽.

혁과 관련해서 세대론이 나오는 것은 이러한 이유에서이다. 문혁 10년 동안을 어떤 나이에 보냈는지가 매우 중요하다. 중국의 이른바 '잃어버린 세대'와 그렇지 않은 세대에게 문혁은 인식론적 차원의 문제라기보다는 존재론적이고 경험론적 차원의 문제이다. 따라서 문혁에 대한 인식은 젊은 세대의 경우 그들이 받은 교육에 지배될 수 밖에 없다. 하지만 1989년 천안문 민주화운동에 대해 중국의 젊은 층이 거의 알지 못하는 것처럼 문혁에 대해서도 예상외로 아는 것이 별로 없다. 왜냐하면 중고등학생 교과서에서 그 내용들이 매우 소략하게 다루어지고 있기 때문이다. 사정이 이러니 젊은 층의 문혁에 대한 관심도는 낮을 수밖에 없다.

마지막으로 문혁의 성찰을 가로막는 것 중의 매우 중요한 부분은 바로 중국인민들의 팍팍한 삶이다. 이들의 힘든 인생은 마오쩌둥 시기를 살기 좋은 시기로 기억하게 만든다. 마오의 시기를 좋았던 시기로 기억하면 자연스럽게 마오의 정치적 행위는 무비판적 대상이 될 수밖에 없다. 그러나 사실 사회주의 전시기의 통계는 농민의 저성장이라는 희생을 담보로 하여 도시의 성장이 이루어졌음을 보여준다. 1952년부터 마오쩌둥 시대가 끝날 때까지 공업생산이 연 11%씩 급성장하는 동안, 농업생산은 연 2.3% 밖에 성장하지 않았다.[9] 이는 25년에 달하는 마오 시대에 중국인구를 거의 두배로 늘린 연평균 인구성장률 2%와 비슷한 수준이었다. 따라서 농민들이 사회주의 시기를 좋게 기억하는 것은 당국의 홍보의 결과이거나, 지금에 대한 불만의 감정으로 인해 증폭된 상상의 결과로부터 나왔을 가능성이 크다. 이러한 측면을 무시하고 농민들이 보여주는 과거에 대한 동경을 중국의 신좌파는 문혁해석에 대한 군중기초로 삼는데, 거기에는 아전인수가 없지 않다. 결국 분배의 공공성이 지켜지지 않는 상태에서의 기

9) Lardy, *Agriculture in China's Modern Economic Development*, p.3; 모리스 마이스너, 김수영 옮김, 『마오의 중국과 그 이후』 2, 서울: 이산, 2004, 585쪽에서 재인용.

형적 경제성장은 이래저래 과거의 역사청산을 가로막고 있는 셈이다.

3. 중국 지식인의 과거 대면의 방식
: 문혁의 아포리아와 지식인의 다양한 해석

1976년 가을 마오쩌둥이 사망하자 문혁도 종결되었다. 1981년 덩샤오핑 정부는 '약간의 역사문제에 대한 결의'를 통해 문혁을 중국민족을 재난에 빠트린 하나의 비극이었다고 정리했다. 이러한 정리는 1980년대까지는 관방(官方)과 민간 모두에서 어느 정도 공감대를 형성하는 듯했다. 이러한 공감대는 일단 문혁에 대한 '비판적 견해'를 허용하는 것으로 작용했으나 그 안에서도 허용된 기억과 그렇지 않은 기억으로 엄격히 구분되었다. 1989년 천안문 민주화운동이 폭력으로 진압되면서 덩샤오핑 정부하에 이루어졌던 문혁에 대한 비판적 반성은 중단되었다. 1990년대 사회전반의 탈정치화 맥락 속에서 문화정책이 입안되었고 그 안에서 사회주의는 상품화되었다. 이에 따라 문혁도 진지한 학문적 접근의 대상이 될 수 없었다.

이로부터 문혁은 점차 잊혀져갔을 뿐 아니라 거기서 더 나아가, 분식되고 미화되었으며 급기야 거기에는 민주와 평등과 같은 좋은 의미가 부착되기에 이르렀다. 1990년대 이후 중국 지식계에는 문혁을 찬미하는 일단의 사조가 형성되었고 이는 사회적으로 상당한 영향을 미치게 되었다. 그러나 이러한 사조는 문혁의 역사 자체에 대한 깊은 연구를 토대로 나온 것은 아니었다. 알튀세(Louis Althusser), 알랭 바디우(Alain Badiou), 프리드릭 제임슨(Friedric Jameson), 아리프 딜릭(Arif Dirlik) 등 일부 서방 좌파 문화비평가들의 중국문혁과 60년대 세계에 대한 서술에 근거한 것에 불과했다.[10]

하지만 현재 중국 지식계에서 문혁이 제대로 담론화되기 힘든 것은 신좌파와 포스트학파 그리고 프리드릭 제임슨, 아리프 딜릭 등 서구좌파가 연맹을 형성하여 문혁 비판과 성찰을 오리엔탈리즘과 연결시키고 있는 것과 관련이 있다. 그런데 여기서 문제가 되는 것은 껑잔춘(耿占春)의 지적처럼 강건너 불구경만해도 되는 서구좌파는 그들이 경험한 적이 없는 권위주의를 가장 선망할만한 정신가치로 여기고 있는 셈이 되는데 이는 문혁을 직접 경험한 중국인에게는 받아들이기 힘든 부분일 수 있다.[11] 서구좌파의 경우 오리엔탈리즘에 대한 관념적 반감과 자기사회에 대한 불만족이 결합하는 형태로 중국에 투사되었다면 그것은 유토피아적 요소가 강화된 형태로 나타날 가능성이 있다. 그것을 필자는 다른 글에서 '우파적' 오리엔탈리즘에 대응한 '좌파-오리엔탈리즘'이라 명명했다.[12] 우파적 오리엔탈리즘, 좌파-오리엔탈리즘 모두 중국사회에 대해 자기 나름의 판단 근거를 가지고 있지 못하기 때문에 이들이 창출한 것은 편견에 불과하고 이 점에서 이들은 공통점을 가지고 있다고 할 수 있다. 다만 차이가 있다면 오리엔탈리즘은 대상에 대한 비하적 편견 속에서 형성된 것이고, 좌파-오리엔탈리즘은 반대로 이상화의 결과로 구성된 것이다.

　마오는 사회주의든 공산주의든 물질적 생산력의 발전이 선행되어야 한다는 주장에 동의하지 않았다. 그 필수적인 조건은 사람들의 의식을 '프롤레타리아화'하는 것이며 이는 문화혁명이라는 수단을 통해 실현될 수 있었다. 마오에게 대중의 문화적 프롤레타리아화는 근대적 경제발전의

---

10) 郭建, 「當代左派文化理論中的文革幽靈」, 『二十一世紀』, 總第九十三期, 2006
　　年 2月號, 29쪽. 하지만 이들이 지금도 이러한 관점을 유지하고 있는지는 확인을
　　요한다.
11) 耿占春, 「學術: 中國製造」, 『二十一世紀』, 總第一百二二期, 2010年12月號,
　　105쪽.
12) 졸고, 「중국의 脫서구중심주의의 딜레마-'좌파-오리엔탈리즘'과 대안적 근대」(국민
　　대 2014년 12월 학술회의 발표원고).

산물이 아니라 오히려 그 전제였다.[13] 그에게서 사람을 개조하는 것이 매우 중요했다. 이처럼 사상 각오의 중요성을 강조하는 것이 마오이즘의 특징이며 정통 맑스주의와 구분되는 점이다. 이 특징을 아이카이(艾愷) 는 '계급의 주관화'라 부른다. 마오는 계급을 사회범주가 아닌 도덕범주 로 보았다.[14] 이렇게 봤을 때 대약진 실패 이후 '주자파'의 득세와 그들의 방향이 마오의 마음에 들지 않았던 것은 당연했다. 대약진 실패 이후 마 오는 자신이 그린 미래의 이상적 청사진이 위험에 처해있다고 생각했고 더욱이 그가 가장 걱정했던 것은 도시엘리트 계층의 권토중래였다. 그는 소련은 이미 그 길을 가고 있었고 중국도 동일한 길을 가게 될지도 모른 다고 우려했다.[15]

　이러한 우려 하에 문혁은 당과 국가관료에 대한 공격으로 시작된 것이 다. 처음에는 맑스주의 원칙인 파리코뮌에 따라 정치적 권력의 민주적 개 조를 약속하는 듯이 보였다. 당시 소련에 실망한 세계의 좌파 지식인들 대부분은 여기에 열광했다. 문성원에 의하면 당시 프랑스 좌파 지식인 사 회의 분위기는 자못 흥미롭다. 프랑스의 젊은이들에게 왜 중국인가라고 했을 때, 소련을 믿을 수 없기 때문이며, 중국은 제국주의 전쟁에 반대하 는 참된 공산주의로 남아 있기 때문이다. 왜 문화대혁명인가라고 했을 때, 계급투쟁은 프롤레타리아트 독재 이후에도 사라지지 않고 형태를 달 리할 뿐이다. 문혁은 부르주아에 대한 프롤레타리아트의 투쟁이고 수정 주의에 대한 참된 공산주의의 투쟁이다. 우리의 일상조차가 이 투쟁의 연 장이고 혁명의 일환이기 때문이다.[16] 프랑스의 좌파 청년들로부터 환영

13) 모리스 마이스너, 김수영 옮김, 『마오의 중국과 그 이후』 2, 435쪽.
14) 艾愷(Guy Alitto), 「文革 : 四十年後的破曉」, 『二十一世紀』, 總第九十三期, 2006年2月號, 9쪽.
15) 艾愷(Guy Alitto), 「文革 : 四十年後的破曉」, 5쪽.
16) 문성원, 「'진리'냐 '파국'이냐 - 문화대혁명의 서양철학적 반향에 대한 소고」, 『해체와

을 받는 알튀세에게 문혁은 스탈린주의에 대한 좌익적 비판의 실예(實例)였다. 그에게 문혁의 계급투쟁은 결말이 정해진 어떤 '목적론적' 과정이 아니었다.[17]

일본의 사상가 다케우치 또한 소련의 실망을 중국에 투사하는 데서는 동일하나 그 방향에서는 조금 달랐다. 그는 후르시초프 등장 이후 세계 냉전체제 하에서 사실상의 대립항은 미소라기보다는 미중 또는 중소로 이동했으며 여기에는 이데올로기적 대립보다는 문명적 대립이 근간에 존재한다고 보았다. 소련과 중국 사이에 혁명의 비전, 평화, 전쟁에 관한 깊은 견해차이 또한 근원적으로는 문명의 대립에 있으며 따라서 중국문명의 잠재적 힘에 주목해야 한다고 주장했다.[18]

하지만 좌익적 비판이든 문명적 대립이든 이러한 희망을 뒤로 하고 결국 문혁은 레닌주의적 당 통치가 완전히 회복되는 것으로 끝이 났다. 국가를 사회의 주인이 아니라 종으로 만들겠다던 약속은 깨졌다. 하지만 '동기' 즉 '신념윤리'가 좋다고 하여 '결과' 즉 '책임윤리'가 면피되는 것은 아니다. 모리스 마이스너의 지적처럼 마오는 스탈린체제의 사회주의가 문제가 있다는 것을 알고 소련을 반면교사로 삼았음에도 불구하고 그들이 주는 명백한 교훈을 무시했다. '사회주의로의 이행'은 자유와 대중민주주의 없이는 불가능하며 그것의 결여를 정당화하기 위해 경제적 후진성이나 적대적 국제환경과 같은 조건을 무한정 끌어들일 수는 없다.[19] 당시 중국의 현실은 기본적인 표현과 결사의 자유조차 허용되지 않았다. 1990년대 이후 이루어지는 사회주의에 관한 남론에서 어떻게 이런 기본

윤리』, 서울: 그린비, 2012, 306-307쪽 참조.

17) 문성원, 「'진리'냐 '파국'이냐- 문화대혁명의 서양철학적 반향에 대한 소고」, 311-312쪽.

18) 졸고, 「냉전시기(1950-60년대) 일본 지식인의 중국 인식- 다케우치 요시미의 중국관
    : 사상적 아포리아와 '좌파-오리엔탈리즘'」,『사회와 철학』, 제28집, 2014.10, 351쪽.

19) 모리스 마이스너, 김수영 옮김,『마오의 중국과 그 이후』2, 591-594쪽 참조.

적인 것들이 실현되지 않은 것을 말하지 않은 채로, 문혁시기에 대민주주의가 실현되었다고 말하는 것이 가능한가. 기실 중국에서 1950-60년대는 지식인의 침묵조차 허용되지 않았다. 침묵하면 생명이 위태로워지는 지경이었다. 하지만 외부자적 시각에서 볼 때 지금은 다르다. 지금은 역사해석에서 아전인수, 곡학아세를 '자발적'으로 안 하면 그만이다. 1949년 이후 30년 동안의 지식생산은 기본적으로 국가권력의 유기적 구성부분이었으며 그런 점에서 국가 이데올로기 영역의 한 부분이었다는 것20)을 재확인한다면 개혁개방 이후의 상황에서는 지식인의 자발적인 부분에 대한 의존도가 크다고 할 수밖에 없다.

중국에서 문혁 담론을 이야기할 때 1990년대 이후부터가 중요하다. 왜냐하면 앞에서 말한 것처럼 1989년 천안문 사건 이후 이 영역은 연구 금지구역이 됨과 동시에 문혁의 신화화 작업에 돌입하기 때문이다. 1989년 민주화운동으로 쇼크를 받은 덩샤오핑 정권이 1992년 남순강화를 통해 자본주의 강화정책을 재천명하면서 대중문화정책의 일환으로 사회주의 상품화 전략이 제시된다. 따라서 1990년대 덩샤오핑 정권 하에서 문혁은 철저하게 상업적, 오락적 경향 속에서 들어가게 된다. 문혁은 그 때 소비의 대상이었지 반성의 대상이 될 수 없었다. 이처럼 상업적인 문혁기억 속에서 시장의 역량과 관방권력은 합세하여 문혁에 대한 탈정치화, 탈이데올로기화를 단행했다. 이런 분위기 아래서 쉬번(徐賁)의 말처럼 문혁의 생활경험과 문혁의 증거물품은 원래의 정치사회적 맥락으로부터 이탈하여 순수한 문화재 또는 소장품이 되었다. 그리고 심지어 우상숭배의 대상이 되어갔다.21)

비록 중국정부가 '역사결의'를 통해 공식적으로는 문혁을 부정했다 하

---

20) 劉擎, 「'學術'與'思想'的分裂」, 『二十一世紀』, 總第八十八期, 2005年4月號, 18쪽.
21) 徐賁, 「變化中的文革記憶」, 『二十一世紀』, 總第九十三期, 2006年2月號, 26-27쪽.

더라도 신좌파와 자유주의자의 문혁 독해 방식 앞에서 중국정부는 '결의' 의 기준을 일률적으로 적용하지 않았다. 궈지엔에 의하면 신좌파가 서방 문화이론의 조류에 의지하여 자유주의와 헌정민주를 비판할 때, 그들은 당국의 어떤 제한도 받지 않았다. 반면, 사실에 근거하여 문혁을 연구, 비판, 성찰을 주장하는 자유주의 지식인들에 대해서는 당국은 억압하고 감시를 늦추지 않았다.[22] 이의 연장선상에서 우리가 주목하지 않을 수 없는 기이한 현상 하나는 바로 상식적이지 않은 지식계의 합종연횡 양태 가 출현했다는 점이다. 예컨대 포스트학파[23] 같은 경우 정치이념상에서 신좌파와 격차가 크고 그렇기 때문에 90년대 지형에서는 서로를 비판하 는 사이였다. 그러나 자유주의를 공적으로 하여 자유, 민주, 법치를 비 판하는 가운데 이들 사이에 연맹이 결성되었다는 사실이다. 지금 중국 에서 자유주의 비판을 위해 심지어 극우적 반자유주의 이론도 사상자원 으로 동원되는 상황이다.[24] 실제로 극좌와 극우의 연맹은 역사상 결코 보기 드문 경우가 아니라는 점을 상기한다면 이것도 중국만의 현상은 아니다.

국가의 정책, 그리고 지식인의 거기에 대한 자발, 반자발적 협력이 만 들어내는 이런 식의 효과는 직간접으로 중국인들의 의식구조를 형성하는 지렛대 기능을 한다. 예컨대 왕유친(王友禽)이라는 학자가 홍콩 출판사 에서 출판한 책에서 문혁 과정 중에 사망한 600여명의 사망경위를 밝혔 는데, 인터넷에서 그녀의 작업이 격렬한 비판을 받았다.[25] 사망경위에 대

---

22) 郭建, 「當代左派文化理論中的文革幽靈」, 『二十一世紀』, 總第九十三期, 2006 年2月號, 38쪽 참조.

23) 중국에서는 포스트모더니즘, 포스트콜로니얼리즘을 통틀어 後學(포스트학)이라 부 른다.

24) 郭建, 「當代左派文化理論中的文革幽靈」, 『二十一世紀』, 總第九十三期, 2006 年2月號, 37쪽.

한 서술이다 보니 그 잔혹상이 매우 구체적으로 다루어진 측면이 비판을
초래했을 수는 있지만 그것 때문에 그녀의 작업 자체가 과소평가되어서
는 안 된다. 그리고 이러한 사실에 대해 확인하는 절차는 문혁의 역사적
규명을 위해서는 반드시 거쳐야 하는 과정이다. 당시 사람들이 치욕과 박
해를 당하는 과정 속에서 어떻게 죽음에 이르게 되었는가를 생생하게 그
려내, 이후 세대로 하여금 교훈으로 삼게 하자는 의도라면 오히려 박수를
받아야 하는 것 아닌가.

"문혁은 중국에 있고, 문혁학은 외국에 있다"는 말은 학자들 사이에서
는 상식이다.[26] 중국 내적으로는 문혁에 대한 연구가 담론화되지 않은
사실을 꼬집은 말이다. 연구가 되지 않는 대신 그 자리를 다양한 회고록
이 채우고 있다. 하지만 그 출판도 주로 대륙보다는 홍콩이나 타이완에
서 이루어지고 있다. 이와 관련하여 유명지식인 지셴린(季羨林)의 회고
록『우붕잡억』(牛棚雜憶, 여기서 牛棚은 외양간을 의미한다)에서의 다
음 발언은 음미해볼 가치가 있다. "현재 중국사회의 다양한 문제들은 10
년의 대재앙이 남긴 여독과 관련 있다. 그 때 받은 진정한 상처는 사람들
의 마음 속에 꼭꼭 숨겨져 있어 겉으로 드러내지 않는다. 그러기에 당사
자들이 상처를 드러내주기를 바랄 뿐이다. 괴롭힌 자들에게는 반성까지

---

25) 魏格林(Susanne Weigelin-Schwiedrzik), 「如何面對文化革命的歷史」, 『二十一
世紀』, 總第九十三期, 2006年2月號, 16쪽. 물론 일부 해외에 거주하는 중국인은
그녀의 작업의 가치를 인정했다. 하지만 여전히 중국내부의 많은 사람들은 다음과
같이 격렬하게 비판했다. "학생이 선생님을 구타한 것을 문혁의 전부로 간주한다면
이는 문혁의 실질을 보지 못한 것이다. 당시에 구타당한 사람은 선생님이 아니고
자산계급반동파의 대표였고, 이들을 구타한 사람은 학생이 아니고 무산계급 혁명전사
였다." 魏格林(Susanne Weigelin-Schwiedrzik), 「如何面對文化革命的歷史」, 『二
十一世紀』, 總第九十三期, 2006年2月號, 16-17쪽.
26) 劉青峰, 「編者前言–對歷史的再發問」, 劉青峰 編, 『文化大革命: 史實與研究』,
香港: 中文大學出版社, 1996, vii쪽.

는 아니더라도 사실대로 써주기만을 기대할 뿐이다."[27] 이처럼 문혁시기
에 받은 상처를 내보이는 것도, 그리고 사실대로 기억하는 일도 중국인
당사들에 결코 쉬운 일이 아니다. 이런 점들을 고려하면 량수밍(梁漱溟)
의 사례는 그래도 죽음은 면한 경우여서 다행이라고 해야 할까. 1966년
8월 24일 북경에 있는 량수밍의 처소에 홍위병이 들이닥치더니 족자의
글씨와 그림을 찢고 골동품을 깨고 도서를 불태웠다. 양씨 집안 3대에 걸
쳐 모아놓은 진귀한 고적들과 명청대 유명인의 자필, 대량의 장서 등이
몇 칠에 걸쳐서 탔다고 한다.[28] 사실 문혁시기 참상은 이런 무단침입과
기물파괴로 그친 것이 아니었다.

　우리가 주목해야 하는 것은 오히려 적지 않은 지식인들로 하여금 '어떻
게 자살할 것인가'에 대한 방법을 연구하게 만들 정도였다는 점이다. 지
식인들에 있어 갖은 모욕으로 인해, 자살이라는 수단이 존엄을 지키는 최
후의 무기가 된다고 생각되었을 정도였다.[29] 사실 이런 사례들은 계층별
로 다르다. 그리고 어떤 이는 이런 사례가 상층 지식인엘리트나 국가의
고위간부들에만 해당된다고 주장한다. 그러나 어느 한 계층의 문제로만
국한시켜 본다면 문제의 본질에서 접근할 수 없다. 문혁은 사회적이고 집
단적인 경험이면서 모두가 가해자로서의 의식을 가질 때 해결의 실마리
를 찾을 수 있기 때문이다. 미국학자 프리드만(Edward Friedman)은 중국
인은 1840년 이래 자기를 피해자로 간주해왔는데 이는 있어서는 안되는
관념이라고 말한다. 왜냐하면 자신이 피해자라는 이러한 관념을 다음 세
대에게 치례차례 진해준다면 이늘은 바로 다음 세대 사람들에 대해서는
가해자가 될 수밖에 없기 때문이다. 만일 모든 사람들이 각자 자기를 희

---

27) 계선림, 이정선 · 김승룡 옮김, 『우붕잡억』, 서울: 미다스북스, 2004, 서문참조.
28) 裵毅然, 「文革狂濤中的知識分子」, 『二十一世紀』, 總第九十三期, 2006年2月
　　號, 67쪽.
29) 裵毅然, 「文革狂濤中的知識分子」, 66쪽.

생양이라고 생각한다면 이 민족은 최종적으로 역사에 대한 주체적 인식과 능력을 상실하게 될 것이다.[30] 따라서 어떤 사건이든 거기에 대한 피해자 의식과 더불어 가해자 의식을 갖게 될 때 책임의식이 생기는 것이다. 문혁처럼 가해자와 피해자의 경계가 모호한 경우는 더더욱 그런 의식을 가질 필요가 있다.

그렇기 때문에 독일인 중국연구자 웨이커린(魏格林)의 주장은 설득력 있게 다가올 수밖에 없다. 그는 중국인은 전면적이고 공개적으로 문혁에 대한 도덕성의 문제를 토론하지 않는다고 비판한다. 중국에서 문혁에 대해 불만인 사람들이 독일의 경우를 본보기로 삼아 비교하는데 이것은 독일인이 도덕적인 시각에서 문제를 처리했던 것과 매우 밀접한 관계가 있다는 것이다.[31] 그에 의하면 중국에서 문혁에 대한 성찰이 정치와 사회 측면에서는 나왔지만 도덕적 측면에서는 소홀하다.[32] 중국인이 좋아하는 "물질적으로는 서양과 비교할 수 없을 지라도 도덕 측면에서는 서양을 초월할 수 있다"는 언명을 떠올리면 이는 이해할 수 없는 사태라는 것이다.[33]

중국에서 문혁에 관한 토론이 전혀 없었던 것은 아니다. 형식적으로는 지속적으로 존재해왔다고 할 수 있다. 하지만 현재까지 문혁에 관한 어떤 합의도 도출되지 못했다. 웨이커린에 의하면 그 이유는 중국공산당의 1981년 '역사결의'가 가진 권위 때문이기도 하다. 거기에는 사람들의 요구를 만족시킬 수 없는 점들이 내재해 있다. 예컨대 '결의'는 상층의 권력

---

30) Edward Friedman, "Modernity's Bourgeoisie: Victim or Victimizer?" *China Information* 11 no. 2-3, 1996-97, pp.89-98 ; 魏格林(Susanne Weigelin-Schwiedrzik), 「如何面對文化革命的歷史」, 『二十一世紀』, 2006年 2月號, 總第九十三期, 16쪽에서 재인용.

31) 魏格林, 「如何面對文化革命的歷史」, 『二十一世紀』, 總第九十三期, 2006年2月號, 18쪽.

32) 魏格林, 「如何面對文化革命的歷史」, 17쪽.

33) 魏格林, 「如何面對文化革命的歷史」, 18쪽.

투쟁문제만을 언급했다는 것, 군중운동으로서의 문혁에 대한 입장이 매우 불분명하다는 것, 문혁의 시시비비에 대해 깊이 들어가 판정할 수 없다는 것 등등, 공산당도 이러한 문제들에 대해 대답할 수 없다는 것이다. 공산당의 최고 간부들도 문혁이 종결된 이후 박해를 받은 피해자로 인정받았으나 그들은 피해자임과 동시에 가해자이기에 일정한 책임이 있다. 그들이 비록 문혁시기 격렬하게 비판당했고 그런 점에서 피해자였지만 그럼에도 불구하고 감히 공개적으로 문혁을 반대할 수 없는 이유가 여기에 있다. 하지만 웨이커린이 보기에 비관방측에서도 공감대를 형성하지 못하는 것은 매한가지이다. 그 일차적 원인은 비관방의 토론이 분산되어 있으며 문혁을 기억하는 각단체들은 그들이 가지고 있는 고유한 경험에만 관심을 둔다는 데 있다. 이러한 단체들은 토론과정 속에서 의식 무의식으로 자신의 이익에만 전력투구한다. 그렇기 때문에 문혁이라는 역사사건에 대한 전면적인 평가가 내려질 수 없다. 아직 끝나지 않는 전쟁이 지금 사람들의 기억 속에서 지속되고 있는 것이다. 이러한 서술에서 우리는 관방이든 비관방이든 규명의 절차에서 첫 단계인 합의와 공감대 형성조차도 결코 쉬운 일이 아님을 알 수 있다.

문혁에 대한 앞에서의 논의를 기준으로 보면, 아직 문혁에 대해 역사규명이 되지 않은 상태에서, 어떤 정치 목적을 가지고 이루어지고 있는 듯이 보이는 '문혁의 21세기적 재구성' 작업은 일단 학문적 접근은 벗어나 있는 것 같다.[34] 그런데 이러한 시도를 하는 일군의 지식인들이 신좌파라는 유력한 위치에 있는 지식인들이라면 문제는 더 심각해진다. 하지만 진정 '사회주의의 재건'을 위해서는 소련의 사회주의 신화가 깨졌듯이

---

34) 왕후이, 성근제 · 김진공 · 이현정 옮김, 「탈정치화된 정치, 패권의 다층적 구성, 그리고 1960년대의 소멸」, 「충칭사건, 밀실정치와 신자유주의의 권토중래」, 『탈정치 시대의 정치』, 서울: 돌베개, 2014. 여기서 왕후이의 두 글의 편차에 주목할 필요가 있다.

중국의 사회주의 신화도 일단은 전략적으로라도 해체할 필요가 있다. 하지만 안타까운 것은 중국의 신좌파는 하이데거가 그랬던 것처럼 근본적인 변화를 기대하는 것과 같은 '묵시론적 경향과 민족주의적 관점'에서 벗어나지 못하고 있다는 점이다.[35] 이들의 이러한 경향은 결국 인민대중을 담론상에서나 의식상에서나 자기중심성과 전체론에서 벗어나기 힘든 지경으로 이끌고 있는 듯하다. 예컨대 신좌파 문화연구가 장쉬동(張旭東)은 중국이 왜 무너지지 않았는가라는 질문에 대해, 문혁의 경험에서 그 답을 찾는다. 그는 중국사회의 현재의 질서가 문혁과 관계가 있다고 주장한다. 즉 중국사회가 여러 영역에서 활기가 있는 것은 문혁시기에 있었던 반역(造反) 정신이나 유의지론 그리고 인간의 의지를 강조하는 정신(人定勝天) 등과 밀접한 관련이 있다는 것이다.[36] 그렇기 때문에 장쉬동은 문혁을 새롭게 사고해야 한다고 보는 것이다.

4. 문혁해석과 20세기라는 시야: 중국·세계의 좌파·제3세계

문혁에 관한 한, 또는 마오이즘에 관한 한, 맥락의 낙차가 적지 않게 존재한다. 그 다른 맥락이란 중국의 맥락, 유럽의 좌파 청년 지식인의 맥락, 그리고 제3세계의 사회운동이라는 맥락이다. 문혁이 의미하는 이러한 다른 맥락들을 고려할 때 그것을 평가하고 비판하는 시야를 넓힐 필요가 절실해진다. 19세기와 20세기라는 장구한 시간 속에서, 그리고 20세기 전세계의 근대성의 전개라는 시야 속에서 살펴볼 때 문혁에 대한 협소한

---

35) 졸고, 「중국 지식의 '윤리적' 재구성의 가능성-유학 '부흥'과 '비판'의 정치학에서 아비투스의 문제」, 『중국근현대사 연구』, 61집, 2014.3, 175쪽.

36) 張旭東, 『全球化時代的文化認同』, 北京大學出版社, 2005, 342쪽. 장쉬동의 이 책에 대한 전면적인 비판은 蕭高彦, 「文化政治的魅力與貧困」, 『思想』, 臺灣, 2006年10月 참조.

이해를 벗어날 수 있다.

사람에 따라서는 중국에서 문혁이 '10년의 동란'이라 불리는 것이 정당하지 못하다고 생각할 수 있다. 하지만 이런 호칭이 생긴 데는 그럴만한 중국의 국내적 맥락이 있을 것이다. 문혁의 트라우마는 의식하든 아니든 이후 1980-90년대의 중국사회, 2000년대까지 지식인의 심성을 지배하면서 어떤 식으로든 영향을 끼치고 있다는 것을 인정하는 사람이라면 적어도 그 호칭에 반대하지는 않을 것이다. 이 점에서 문혁은 반드시 청산하고 넘어가야 할 매우 중차대한 과제라고 하는 것은 아무리 강조해도 지나치지 않다. 어떤 사건이 벌어졌을 때, 이것이 제대로 청산작업을 거치지 못하고 지나갔을 경우 언젠가는 반드시 그 대가를 치르게 되어 있다. 이에 필자는 이전의 책에서 '역사에는 공짜가 없다'고 말했던 것이다.

하지만 문혁은 중국만의 문혁은 아니라는 점에 주목할 필요도 있다. 다시 말하면 문혁은중국내부와 서구유럽 그리고 제3세계에서 유통되는 방식이 동일하지 않다. 그런데 이 단순치 않음을 어떤 이데올로기적 목적을 가지고 전유할 때 오히려 문혁을 더 왜소하게 만들어버리는 역설이 성립한다. 따라서 문혁을 분명히 말하는 것이 어렵다면 애매성 또는 모호성[37]이라는 이름 아래 그 여지를 남겨두자는 어느 학자의 주장도 유념할 필요가 있다.

마오이즘의 모순 섞인 유산은 중국내에서만이 아니라 중국 밖에서도 간단하게 배척될 수만은 없는 지점들이 존재한다. 우선은 1940년대부터 70년대까지 마오이즘은 제3세계 사람들에게 '또 다른 근대'의 이데올로기로 기능했다.[38] 그것은 바로 마오이즘이 서양의 압도적인 지배에 대한

---

37) 황동연, 「문혁의 세계사적 의의: 아리프 딜릭을 만나다」(대담), 『역사비평』, 77호, 2006.11.
38) 류캉(劉康), 「제3세계 이데올로기로서의 마오이즘」, 『역사』아시아 신세기 2, 서울: 한울, 2007.

저항을 통해 주체성을 확보하려는 노력 속에서 탄생한 것으로 보는 관점과 밀접한 관련이 있다. 특히 여기서 기억할 것은 앞에서 말한 것처럼 1940년대부터 마오이즘은 소련의 스탈린적 사회주의에 실망한 좌파들에게 또 다른 희망을 갖게 해주는 처소로서 기능했다는 점이다. 마오 자신이 이런 점들을 인식했기 때문에 서양자본주의도 아니고 소련식의 사회주의도 아닌 제3의 형태로서 중국혁명을 기획하고 있었고, 그는 그 기획을 '신민주주의론'과 '연합정부론'을 통해서 제시했다. 세계 제2차대전 이후, 냉전시기를 통해 세계의 좌파적 경향의 지식인들이 마오이즘과 중국혁명에 열광한 이유는 바로 여기에 있었다.

1960-70년대가 아니라 비교적 최근까지도 문혁을 거론하는 학자로 알랭 바디우가 있다. 그는 문혁을 진리를 가능케 하는 '사건'으로 보고자 한다. 여기서 사건이란 그 도덕적 동기라는 의미에 가까울 것이다. 도덕적 동기란 문혁의 동기를 정치투쟁적 차원보다는 관료주의와 정부라는 권위를 부정하고 순수한 농민적 코뮨을 만들려 했다는 측면을 강조하는 것이다. 바디우는 국가와 당의 지배를 뒤흔든 대중운동에 주목한다. 따라서 '국가의 마오'와 '반역의 마오'를 구분한다.[39] 그 이유는 그가 문혁을 국가중심의 상황을 넘어서는 것으로 지금까지도 의미가 있는 것으로 보기 때문이다.[40]

문혁과 마오이즘은 유럽과는 달리 중국과 비슷한 상황에 있었던 제3세계에는 또 다른 의미를 부여했다. 여기에서 마오이즘은 제국주의, 식민주의와 같은 외적인 힘만이 아니라 토착적인 전통, 종교, 사회계층 구조 등과도 대치한다.[41] 이런 점들이 비서구사회에서 마오의 노선이 참고체계

---

39) Alain Badiou, *D'un désastre obscure M sur la fin de la vérité d'état*, la Tour d'Aigues: Editions de l'Aube, 1998, p.14. 문성원, 323쪽에서 재인용.

40) 문성원, 「'진리'냐 '파국'이냐-문화대혁명의 서양철학적 반향에 대한 소고」, 324쪽 참조

로서 기능할 수 있었던 이유였다. 마오이즘이 1949년 이후 국내적 맥락
에서는 비록 여러 가지 문제를 노출시켰다고 해도 그것과는 별개로 유럽
이나 제3세계에서의 수용 맥락은 전자와 무관하게 해석되고 또 자기관성
으로 진화하기도 했던 것이다.

우리는 이처럼 문혁이 동시기의 다른 맥락으로 소비되었던 점에 주의
하면서도, 사회주의 자체에 대해서는 20세기라는 장기간의 시야를 가지
고 고찰해볼 필요도 있다. 이럴 때 주목되는 사람이 한나 아렌트(Hannah
Arendt)이다. 아렌트는『전체주의의 기원2』에서 그 기원으로 나치즘과
스탈린주의만이 아니라 20세기 문명이라는 문제를 건드리고 있기 때문이
다. 즉 그녀에게 전체주의라는 것은 1930년대 독일과 소련에서 나타난
특수한 문제가 아니고 현대문명, 적어도 20세기 유럽문명 그 자체에 있어
서의 문제이다. 여기서 문제란 '우리시대의 짐'(『전체주의의 기원』 초판
영어판의 제목)이고 거기서 물어져야 하는 것은 독일과 소련의 정치사가
아니라 20세기 문명에서 보편적인 '전체주의라고 하는 시대경험'인 것이
다.[42] 그리고 19세기의 서술은 전체주의의 기원이라는 맥락에서 다루어
지고 있다. 그녀가 19세기를 다루는 방식은 이렇다. 19세기적 질서 해체
의 귀결로서 20세기 초두의 질서의 공백이 탄생했다. 19세기적인 질서의
해체가 노정한 것이 제1차 세계대전이고 처음으로 그 폐허의 모습으로
드러난 20세기의 '질서'야말로 전체주의인 것이다.[43] 그녀의 문제의식을
20세기 후반으로, 그리고 동아시아로 확장했을 때 중국이나 일본의 경우
도 예외일 수 없다. 왜냐하면 그녀는 전체주의라는 현상을 19세기 이래의
문명 붕괴의 장대한 역사 속에서 묘사하고 있기 때문이다.[44] 국민국가의

41) 劉康,「제3세계 이데올로기로서의 마오이즘」,『역사』아시아 신세기 2, 한울, 2007,
    216쪽.
42) 川崎修,『アレント: 公共性の復權』, 講談社, 2005, 41쪽.
43) 川崎修,『アレント: 公共性の復權』, 講談社, 2005, 42쪽.

동요문제, 대중사회의 문제, 기능부전의 대의제민주주의 문제, 제국주의
와 인종주의 문제, 이데올로기의 맹종 문제 등등. 이런 점에서 전체주의
는 과거의 문제가 아니다. 1950년대 이후에 아렌트에게 중요한 것은 미
국의 번영이 아니고 유럽에서 망실된 공화정 전통의 부활이다. 그녀는 미
국이라는 공화국에서 20세기의 꿈과 악몽을 동시에 읽어낸다.[45]

아렌트는 또 세계적인 사회주의 운동이 일국 내부로 한정되어 권력을
장악할 경우 역설적 상황에 처하게 될 것이라는 점을 상기시킨다. 사회주
의 운동이 권력을 장악할 시점에 직면한 위험은 한편으로 운동이 국가기
구를 장악함으로써 '경직'되고 전제정권의 형태로 얼어붙을 것이라는 사
실에 있다. 이 운동에서 위험 중 하나는 민족주의로의 발전인데 이는 외
부로의 확산을 좌절시킬 것이기 때문이다.[46] 중국의 경우 공산주의 농민
혁명이 성공한 이유가 민족주의와의 결합에 있다고 한다면, 바로 이 점이
운동이 외부로 확산되는 것을 막았을 수도 있다는 역설이 성립한다. 외부
로의 확산 없이 운동은 살아남을 수 없기 때문이다.

우리가 편견 없이 사회주의 국가의 결말을 본다면 국내적으로 성공적
인 운동이 결과적으로는, 근대의 위계적 권력관계를 강화하고 재생산하
는 것을 초래하는 것으로 끝날 수 있다는 점이다. 이는 소련을 위시한 사
회주의 국가 일반에서 목도되는 현상이고 중국도 여기서 예외가 아니다.
이렇게 본다면 네그리(A. Negri)와 하트(M. Hardt)의 중국을 포함한 근대
성에 대한 통찰은 경청할만하다. "중국의 포스트사회주의 귀족모델은 국

---

44) 특히 그녀는 소련에서 혁명은 일반적인 숙청의 형태로 1934년 이후 스탈린 정권의
영구적인 제도가 되었다고 본다. 한나 아렌트, 이진우·박미애 옮김, 『전체주의의
기원 2』, 서울: 한길사, 2006, 145쪽.

45) 川崎修, 『アレント: 公共性の復權』, 15쪽.

46) 한나 아렌트, 이진우·박미애 옮김, 『전체주의의 기원 2』, 서울: 한길사, 2006, 145-146
쪽 참조.

가와 당에 더 긴밀하게 닻을 내리고 있으며 여기에 기업가들과 재계 엘리트들이 엄격한 통제 아래 참여하고 있다. 이러한 포스트 사회주의적 귀족층에서 보이는 사회주의의 주된 잔재는 관료와 당이 특권을 가지는 메커니즘과 중앙집중화된 권력회로이다."[47] 물론 이것이 신념윤리로서의 문혁이 실패하게 되면서 불가피하게 도출된 결과일 수는 있겠다. 하지만 이 두 학자의 사회주의 일반에 대한 통찰 안에는 중국의 급속한 경제성장을 토대로 사회주의가 실현될지도 모른다는 장밋빛 상상 뒤에 숨은 부정할 수 없는 현실을 봐야 한다는 메시지가 숨어 있는 것 같다. 이런 문제의식이 있기에 이제 사회주의적 저항에서 대안으로 이동하여 어떻게 하면 해방운동이 자율을 성취하고 근대성의 권력관계로부터 벗어날 수 있는지를 제시할 수 있어야 한다[48]는 주장이 나올 수 있는 것이다.

그렇다면 문혁과 관련하여, 혁명의 세기인 20세기를 지나 21세기로 들어선 지금, 우리가 취해야 할 태도는 무엇인가. 조지오웰이 너무도 빨리 사회주의의 문제점을 통찰하여 오해를 사기도 했던 '동물농장'의 메시지에 새삼 다시 주목해보는 것은 어떨까. 거기에서 오웰은 혁명이란 무엇인가를 근본적으로 묻고 있기 때문이다. 더불어 혁명과 권력, 인간, 제도의 관계 등에 대해 그는 매우 비관적 태도를 보여주면서도 동시에 권력의 타락을 막기 위해 무엇이 필요한가를 말하고 있다. 거기서 그는 인민들의 무지와 무기력이 권력의 타락을 방조했다고 본다. 독재와 파시즘은 지배집단 혼자만의 산물이 아니었음을, 혁명의 성공은 인민대중이 살아있으

---

47) 안토니오 네그리 · 마이클 하트, 정남영 · 윤영광 옮김, 『공통체』, 서울: 사월의책, 2014, 385쪽.

48) 프란츠 파농과 체계바라가 서로 다른 맥락에서 천명했듯이 근대성을 타파하고 반근대성을 넘어서기 위해서는 새로운 인간이 창조되어야만 한다고 했던 것이다. 안토니오 네그리 · 마이클 하트, 정남영 · 윤영광 옮김, 『공통체』, 서울: 사월의책, 2014, 159, 179쪽.

면서 감시하고 비판할 수 있을 때만 보장된다는 것을, 그랬을 때만 돼지
들의 부패를 막을 수 있었다는 것을 누누이 강조한다.[49] 조지 오웰의 이
러한 문제제기로 인해, 문혁이 진행되는 과정에서 중국의 인민대중이 거
기에 어떻게 반응했는가를 굳이 살펴볼 필요까지는 없을 것이다.

이처럼 이제 중국의 문혁 서술에서 서구를 극복해야 하는 대안 제시의
차원에 급급하여 '민족주의적' 상념에 사로잡혀 확대해석하고 봉합할 것
만은 아니다. 바야흐로 중국의 사회주의 자체를, 앞서 사상가들이 보여주
었던 것처럼 20세기 전체 문명사라는 시야 속에서, 한숨 돌리고 다시 폭
넓게 살펴볼 필요가 있다. 사회주의는 그 자체가 목적이기보다는 모두의
자유(자유주의가 아닌)와 행복을 위한 것이기 때문이다.

5. 나가며 : 문혁의 역사청산과 '동양의 도덕'

문혁에 주목한 이 글은, 왜 중국의 지식인들이 펼치는 무수한 대안담
론들이 도덕과 학문은 상실되고 자본과 권력에 토대를 둔 패권과 이데올
로기의 레토릭만 남아 횡행하는 것처럼 보일까, 그리고 이러한 현상이 중
국 지식인 사회에서 저항 없이 받아들여지고 있는 심리적 메카니즘은 무
엇인가에 대한 의문에서 비롯된 것이었다. 더 나아가 이 글은 문혁이 '과
거청산'의 문제로서 다루어지지 못한 데 그 원인이 있지 않을까라는 질문
을 가지고 작성되었다. 문혁은 아직까지도 지식인에게는 비정상적인 심
성을 생산하는 기제로서 작동되고 있다고 볼 수 있다. 문혁은 20세기 중
국에서 집단적 트라우마를 남긴 초유의 사건이지만 거기에 상응한 진상
규명과 치유라는 중요한 절차를 거치지 못했다. 트라우마를 치유하는 데
있어서 가장 중요한 것은 그것이 언어화되는 과정을 통해 진실과 정의가

---

49) 조지 오웰, 『동물농장』, 서울: 민음사, 1988, '도정일의 해설' 참조.

가려지는 것이다.

그러나 중국에서는 이 과정을 겪지 않고 자본주화되었다. 권위주의는 그대로 둔 채, 사회문화적으로는 도덕과 가치의 기준이 사라진 자리에 자본주의가 들어온 것이다. 문혁시기의 극단적인 공(公)과 개혁개방 이후의 극단적인 사(私)는 단순한 자리바꿈이며 동전의 양면이다. 극단적인 공이 비극이라면 그것이 뒤집힌 극단적인 사는 희극이다. 전시대에 대한 반발심이 성찰을 동반하지 못할 경우 그 보복성에 머무르지 새로운 시대의 가치와 규범을 생산할 수 없다. 이런 점에서 개혁개방 이후 형성된 중국의 '괴물자본주의'는 심리적으로는 '문혁의 복수'의 결과라 할 수 있다. 인간관계에서 존엄이 처참하게 짓밟히는 것을 경험한 사람들은 개혁개방 이후에도 섣불리 그것을 말하기 힘들고 그렇기 때문에 일정한 청산 작업 없이 존엄성은 다시 회복하기 힘들다. 이러한 심리적 기제가 작동하는 상황에서 경제가 성장하고 그것에 기반하여 문명담론을 포함한 여러 대안담론이 나오게 된 것은 역사의 아이러니가 아닐 수 없다.

그런데 문제는 중국 지식인의 문혁 대면 방식이 중국의 1980-90년대에 펼쳐지는 사회사조와 상관관계가 있을 수 있다는 점이다. 중국 사회주의 60년은 마오쩌둥 시기의 前30년, 덩샤오핑 시기의 後30년으로 나뉜다. 이를 기준으로 보면 중국 1980-90년대에 대한 연구는 후30년에 해당한다. 그러나 1980-90년대에 대한 연구는 전30년에 대한 인식과 밀접한 인과관계가 있다. 중국의 사회주의가 문혁으로 끝난 것을 감안하면 그만큼 그것으로 인힌 충격이 크나는 이야기다. 따라서 이 인과관계의 측면에 주목했을 경우 중국사회가 한 걸음 앞으로 나아가는 데 그 청산은 중차대한 과제가 아닐 수 없다. 무엇보다도 문혁 이후 10년이 중요했다. 교과서적으로 말하면 그 10년 동안 문혁의 과거청산이 이루어지면서 동시에 1949년 이후 무너졌던 지식장이 다시 건설되어야 했기 때문이다. 그러나 결국 그 과정은 그렇게 성공적이라고 말하기 힘들다. 따라서 1980-90년대까지 그

각인은 남아 있을 수밖에 없었다. 추론이긴 하지만 1989년의 천안문 민주화운동에서 지식인집단이 적절히 대응하지 못했고 1990년대의 보수화를 방조하게 된 근원적인 원인도 깊이 들어가보면 문혁의 집단적 트라우마를 제대로 처리하지 못한 것과 직간접으로 연관되어 있을 수 있다.

후속 연구를 위해 1980-90년대의 학술계의 양태를 류칭의 도움을 받아 기술해보면[50] 권력의 모체에서 갓 벗어나기 시작한 1980년대 지식계는 지식과 정치가 명확하게 구분되지 않았다. 당시 어떤 학술상의 노력도 최소한도의 정치성의 소구를 갖지 않을 수 없었으며 정도는 다르지만 모두 개혁개방의 국가 서사 전략을 '차용'해야만 했다. 신계몽운동 속에서 보여주는 학술과 정치의 복합성은 이러한 역사조건으로부터 조성된 것이다. 즉 지식장의 독립성의 획득은 국가권력 내부의 분열과 이완이 없었다면 상상할 수 없는 것이었다. 하지만 그러한 자주성은 그냥 주어지는 것이 아니었다. 그 주어진 공간을 얼마나 주체적으로 활용하느냐에 따라 지식장의 독립성은 그만큼 공고해질 수 있었다. 그러나 이와 같은 규범적 접근 이전에 앞에서 말한 것처럼 국가의 정책, 그리고 지식인의 국가와의 관계가 그 전제로 고려되어야 한다.

1990년대는 지식계의 전문화가 시행되었지만 지식계는 여전히 국가와 시장의 제약을 받고 있었다. 때문에 지식의 발전에서 구조적인 불균형이 발생할 수밖에 없었다. 그 불균형은 국가 권력이 지식장에 대한 전면적인 통제는 포기했지만 여전히 국가는 지식계를 향해 국가 이데올로기의 합법성을 제공해줄 것을 요구하고 있었던 데서 발생한다. 1990년대에 이루어진 다양한 논쟁은 학술규칙에 의해 가부가 판단되는 것이 아니라 외부의 힘에 의해 좌지우지 될 수 있는 취약한 구조 속에서 이루어진 것이었다. 적지 않은 논쟁들이 밖으로부터 학문외적 힘이 가해지면서 종결된

---

50) 劉擎, 「'學術'與'思想'的分裂」, 18-22쪽.

다[51]는 주장은 그래서 설득력을 갖는다. 이런 점을 감안한다면 1990년대
에 그 많았던 논쟁의 의미가 제대로 분석되기 위해서는 지식계 내부의
헤게모니 뿐 아니라 외부의 힘을 동시에 살펴야 한다. 국가와 자본을 중
심으로 한 중국의 언어 환경 속에서 지식인의 논의는 관점의 차이만으로
이해될 것이 아니라 이해관계라는 좀더 폭넓은 스펙트럼 속에서 검토되
어야 그 실질에 도달할 수 있다.

　이렇게 본다면 중국지식인의 마음 속에 문화대혁명은 아직도 살아서
꿈틀거리는 어떤 것일 수 있다. 중국 지식인들 사이에서 벌어지는 최근의
담론들의 속내를 들여다보면 문혁의 해석에 대한 메타포의 싸움인 경우
가 그래서 적지 않은 것이다. 하지만 문혁시기 비림비공을 통해 겪은 지
식인의 집단 경험은 직간접으로 현재의 유교담론과 신문화운동의 재평가
등 중국 지식인의 사유 활동에서 다양성을 가로막는 심리적 기제로 작용
하고 있을 가능성이 높다.[52] 따라서 중국의 지식인이 정상적인 심성을
가지고 자유로운 사유를 펼치기 위해서는 이제 문혁의 아포리아[53]든 트
라우마든 진지하게 담론화되어야 할 것이다.

　중국의 개혁개방의 성공은 기본적으로 인민들의 생활 수준을 향상시켰

---

51) 劉擎, 「公共文化與思想界的新趨勢」, 『東方早報』, 2011.8.22.

52) 중국의 지식인들은 신좌파를 제외하고는 오히려 문혁을 매우 중대한 트라우마로 보는
편이다. 반면 서양의 일부 좌파나 한국에서의 문혁 연구는 오히려 그렇지 않은 것
같다. 2006년 홍콩잡지 『21세기』의 특집은 매우 심각한 어조로 문혁을 다루고 있는
반면, 한국의 『역사비평』의 기획은 그 성격을 조금 달리했다. 문혁에 대한 반성적
접근보다는 그 의미를 찾으려는 데 초점이 있었다. "문혁40주년 기획 : 중국 문화대혁
명 어떻게 볼 것인가"라는 큰 주제 아래 다음의 글들이 실렸다. 「근현대사 속의 문화대
혁명－수사(修史)의 당위와 한계」(전인갑), 「한국의 비판적 지식인과 문화대혁명」(정
문상), 「문혁의 세계사적 의의 : 아리프 딜릭을 만나다」(황동연), 『역사비평』, 77호,
2006년 11월호.

53) 이에 대해서는 백승욱, 『중국 문화대혁명과 정치의 아포리아』, 서울: 그린비, 2012
참조.

고 사회적 문화적으로 많은 변화를 가져왔다. 그리고 이러한 변화는 무엇보다도 사람들의 의식을 바꾸어놓았다. 따라서 사람들은 굳이 다시 문혁을 들춰내서 문제 삼고 싶어 하지 않는다. 이 점에서는 일반대중과 국가가 타협할 여지가 상당히 많은 것이다. 하지만 인간의 책임과 존엄이 처참하게 짓밟히는 문혁의 경험은 일반대중들에게 포스트 사회주의 이후에도 지속적으로 인간의 존엄과 도덕을 비웃는 희극의 심리적 기제로 작용할 것이다. 권력과 자본에 의해 모든 다양한 가치들이 전유되어가는 형국이다. 적어도 1980-90년대까지는 돈 있는 사람은 부러움의 대상은 될 수 있을지언정 존경의 대상은 될 수 없었다. 그러나 지금은 다르다. 2000년대 들어서 점점 더 돈으로 안 되는 것이 없게 된 세상이 되면서 중국에서 부러움과 존경의 구분 자체가 없어지고 있다. 가치의 몰락이다.

역사의 무한과 왕조의 유한 사이에서 갈팡질팡하면서도 균형을 잡아온 것이 중국의 지식 전통이다. 그러나 지금은 전자는 상실되고 후자만이 남아 외화내빈의 초라한 면모를 드러내고 있다. 규명의 대상으로 다루어야 할 문화대혁명을 가치로서의 사회주의 문명으로 재구성하려는 중국모델론과 같은 발상에 이제 최소한의 균형이 필요하다. 이런 점에서 오히려 도덕을 강조하는 유교국가인 중국의 '비도덕성'을 예외성이라면 예외성으로 봐야 하지 않을까. 유교는 따라서 모랄이나 가치라기보다는 이제는 일상에서 사유와 행동을 지배하는 습속, 그러니까 아비투스로서 접근해야 마땅하다. '도덕화된 제도', '제도화된 도덕'으로서 구조화, 신체화된 유교로서 말이다. 유교와 사회주의가 가치로서 존재하기 위해서는 국가와 자본을 상대화하고 성찰할 수 있는 '비판담론으로서의 유학과 사회주의'로 돌아갈 때 가능해진다.

"동양은 도덕, 서양은 물질"이라는 언명이 1920년대 중국의 힘의 열세를 만회하기 위한 레토릭에 불과한 것이 아니되게 하려면, 결과가 좋으면 모든 과정이 합리화되어버리는 결과주의의 비도덕성에 대해서도 논의해야 한다. 서양 종교에 버금가는 동양 역사의 포폄(褒貶) 의식이 살아있다면 말이다. 당연히 질문해야 하는 것을 질문하지 않는 세상에서 다시 대안세계를 상상할 수 있을까.

| 참고문헌 |

계선림, 이정선 · 김승룡 옮김, 『우붕잡억』, 서울: 미다스북스, 2004.

모리스 마이스너, 김수영 옮김, 『마오의 중국과 그 이후 2』, 서울: 이산, 2004.

백승욱, 『중국 문화대혁명과 정치의 아포리아』, 서울: 그린비, 2012.

브르노 보스틸스, 염인수 옮김, 『공산주의의 현실성』, 서울: 갈무리, 2014.

안토니오 네그리 · 마이클 하트, 정남영 · 윤영광 옮김, 『공통체』, 고양: 사월의 책, 2014.

알랭 바디우, 이종영 옮김, 『윤리학』, 서울: 동문선, 2001.

왕후이, 성근제 · 김진공 · 이현정 옮김, 『탈정치 시대의 정치』, 서울: 돌베개, 2014.

조경란, 『현대 중국 지식인 지도 - 신유가 · 자유주의 · 신좌파』, 서울: 글항아리, 2013.

조지 오웰, 도정일 옮김, 『동물농장』, 서울: 민음사, 1988.

진춘밍 · 시위옌, 이정남 · 하도형 · 주장환 옮김, 『문화대혁명사』, 서울: 나무와 숲, 2000.

첸리췬, 연광석 옮김, 『마오쩌둥 시대와 포스트 마오쩌둥 시대 1949-2009』상 · 하, 서울: 한울, 2012.

펑유란, 김시천 · 송종서 · 이원석 · 황종원 옮김, 『펑유란 자서전』, 서울: 웅진지식하우스, 2011.

한나 아렌트, 이진우 · 박미애 옮김, 『전체주의의 기원 2』, 서울: 한길사, 2006.

한병철, 『피로사회』, 서울: 문학과지성사, 2012.

전인갑, 「근현대사 속의 문화대혁명-수사(修史)의 당위와 한계」, 『역사비평』, 77호 2006년 11월호.

정문상, 「한국의 비판적 지식인과 문화대혁명」, 『역사비평』, 77호 2006년 11월호.

조경란, 「냉전시기(1950-60년대) 일본 지식인의 중국 인식 - 다케우치 요시미의 중국관 : 사상적 아포리아와 '좌파 - 오리엔탈리즘'」, 『사회와 철학』, 제28집 2014.10.

_____, 「중국 지식의 '윤리적' 재구성의 가능성-유학 '부흥'과 '비판'의 정치학에서 아비투스의 문제」, 『중국근현대사 연구』, 61집 2014. 3.

황동연, 「문혁의 세계사적 의의: 아리프 딜릭을 만나다」(대담), 『역사비평』, 77호, 2006년11월호.

류캉(劉康), 「제3세계 이데올로기로서의 마오이즘」, 『역사』아시아 신세기 2, 서울: 한울, 2007.

문성원, 「'진리'냐 '파국'이냐-문화대혁명의 서양철학적 반향에 대한 소고」, 『해체와 윤리』, 서울: 그린비, 2012.

민두기, 「중공에서의 역사연구와 정치」, 『중국근대사론』II, 서울: 지식산업사, 1981.

張旭東, 『全球化時代的文化認同』, 北京: 北京大學出版社, 2005.

川崎修, 『アレント: 公共性の復權』, 講談社, 2005.

徐友漁, 「異端思潮和紅衛兵的思想轉向」, 劉靑峰 編, 『文化大革命 : 史實與硏究』, 香港: 中文大學出版社, 1996.

蕭功秦, 「當代中國六大社會思潮的歷史與未來」, 馬立誠, 『當代中國八種社會思潮』, 北京: 社會科學文獻出版社, 2012.

宋永毅, 「文化大革命中的異端思想」, 劉靑峰 編, 『文化大革命 : 史實與硏究』, 香港: 中文大學出版社, 1996.

劉靑峰, 「編者前言-對歷史的再發問」, 劉靑峰 編, 『文化大革命 : 史實與硏究』, 香港:中文大學出版社, 1996.

耿占春,「學術 : 中國製造」,『二十一世紀』, 總第122期, 2010年2月號.

郭建, 「當代左派文化理論中的文革幽靈」, 『二十一世紀』, 總第九十三期, 2006年2月號.

劉擎,「'學術'與'思想'的分裂」,『二十一世紀』, 總第八十八期, 2005年4月號.

_____, 「公共文化與思想界的新趨勢」,『東方早報』, 2011.8.22.

_____, 「誰在乎西方模式」,『新世紀』, 第19期, 2011年.

裴毅然,「文革狂濤中的知識分子」,『二十一世紀』, 總第九十三期, 2006年2月號.

_____, 「自解佩劍 : 反右前知識分子的陷落」,『二十一世紀』, 總第一百二期, 2007年8月號.

徐賁,「變化中的文革記憶」,『二十一世紀』, 總第九十三期, 2006年2月號.

蕭高彦,「文化政治的魅力與貧困」,『思想』, 臺灣, 2006.10.

艾愷(Guy Alitto),「文革 : 四十年後的破曉」,『二十一世紀』, 總第九十三期, 2006年2月號.

王友琴,「六十三名受難者和北京大學文革」,『二十一世紀』, 總第九十三期, 2006年2月號.

魏格林(Susanne Weigelin-Schwiedrzik),「如何面對文化革命的歷史」,『二十一世紀』, 總第九十三期, 2006年2月號.

Edward Friedman, "Modernity's Bourgeoisie: Victim or Victimizer?" *China Information 11, no. 2-3(1996-97).*

'청산없는 과거청산 : 프랑코 독재에서 민주주의로',
    http://past.snu.ac.kr/02_document/Spain/Spain.html(최종검색일: 2015.4.29)

劉擎,「儒學復興與現代政治」, http: //www.aisixiang.com/data/56401.html (검색일: 2015.4.29)

중국 대중문화 연구에 대한 새로운 접근
: 대중문학의 역사와 문학 인식

● 최재용 ●

Ⅰ. 서론 : 대중문학의 의의와 전개

대중문학이란 무엇인가? 이 질문에 완벽한 대답을 제시하는 것은 전혀 불가능하다. 어떤 정의를 제시하더라도 그 정의에서 벗어나는 작품, 혹은 문학적 실천이 존재할 것이며, 설령 지금은 그러한 작품이 존재하지 않는다 하더라도 앞으로 생겨날 것이기 때문이다. 그것이 대중문학이 '역사'를 갖는다는 말의 함미이다. 그런데 이 말은 그 자체로 모순이다. 애초에 정의조차 할 수 없는 것의 역사를 어떻게 이야기할 것인가? 어떻게 그 역사에 포함될 것과 포함되지 않아야 할 것을 구분할 수 있단 말인가?

이 글은 원래 '대중문학의 역사와 문학 인식'이라는 제목으로 어떤 포럼에서의 발표문으로 기획되었던 글이며, 이 불가능하고 모순에 가득 찬 임무를 마주하면서 필자가 지금껏 쌓아 온 고민을 두서없이 풀어 놓는 방식으로 이루어졌다. 이번 총서에서는 여러 연구 영역에 나타난 최근 연구 동향이나 그에 대한 새로운 접근을 제시하고자 하는데, 기존의 대중문

---

* 이 글은 「대중문학의 역사와 문학인식」, 『2017년도 제3회 한·중 인문학포럼 발표자료집』의 발표 내용을 수정, 보완한 것이다.
** 명지대학교 중어중문학과.

화 관련 담론을 비판적으로 넘어서고자 하는 시도로서 이 글은 총서의 기획의도에 부합한다고 말할 수 있다.

우선 방금 거론한 포럼에서 발표 준비를 위해 참고용으로 보내 온 개념서의 일부분을 인용하는 것으로 시작해 보자.

> "20세기 근대적 문학 개념이 형성되고...(중략)...지금은 산업기술의 발전으로 새로운 형태와 의미의 대중문학이 자신의 자리를 구축하며 문학의 재생산과 확장을 진행하고 있다. 한국과 중국에서 많은 사람들에게 관심을 받으면서도 문학 연구자나 비평가들에게 외면을 받아 온 대중문학이 갖는 현재적 위치를 찾아보고 그 원인을 분석해 보면서...(중략)...한국과 중국의 대중문학에 대한 역사적 맥락과 그것이 갖고 있는 문학개념과 인식의 변화나 차이를 살펴볼 필요가 있다."1)

요컨대 20세기부터 현재까지 긴 맥락에서 보았을 때, 최근 새로운 대중문학이 중요하게 대두하고 있으나 문학 연구자나 비평가들의 충분한 관심을 받지 못하였으며, 한국과 중국의 경우를 역사적으로 분석하면 '문학'이라는 것 자체에 대한 인식의 변화를 추적하는 데 도움이 될 것이라는 진술이다. 충분히 공감할 수 있는 문제의식이며, 특히 21세기의 문학사 및 문학 인식을 점검하는 데 대중문학이 갖는 중요성은 아무리 강조해도 지나치지 않다고 본다.

여기에 필자가 한 가지 덧붙이고 싶은 점은, 극히 최근(2010년 이후)의 연구 경향만을 놓고 보자면 이제 더 이상 대중문학이 "문학 연구자나 비평가들에게 외면을" 받고 있다고 보기 힘들어졌다는 점이다. 국내외에서 중국현대문학과 관련된 최근 논문들의 발표 경향을 살펴보면 전통적인

---

1) 한중 인문학포럼 준비위원회, 「2017년도 제3회 한중 인문학포럼 주제」, 2017년 (내부 문건).

순문학 작품에 대한 분석은 이제 더 이상 주류라고 보기는 어려워졌으며, 대중문학은 물론 문화연구의 영향을 받은 다양한 연구 성과들이 대량으로 생산되고 있으며, 특히 21세기 들어 중국에서 문화산업이 본격화되면서 관련 연구 동향에 근본적인 영향을 미치고 있다. 영화, 드라마, 사회문화현상, 문화정책...개인적인 감상일 수도 있지만, 이제는 전통적인 의미에서의 문학작품을 텍스트로 삼아 작성된 논문이 비주류로 느껴질 정도이다.

필자는 이런 현상에 대해 가치판단을 내리고자 하는 것이 아니다. 그저 다른 모든 것들과 마찬가지로 문학, 혹은 대중문학의 개념이 변화하였으며 그 변화를 기정사실로 받아들여야만 정확한 판단을 내릴 수 있다고 주장하는 것이다. 간단히 말해, 이제 지난 세기 형성되고 위세를 떨쳤던 '문학'이라는 개념, 혹은 그것이 지칭하는 외연에는 근본적인 변화가 발생하였다. 연구자나 비평가들은 더 이상 대중문학을 폄하함으로써 순문학/순수문학/엄숙문학/본격문학 등을 더 가치 있는 것으로 옹호할 수 없게 되었다. 물론 아직 이런 위계질서를 옹호하려는 시도도 있지만, 안타깝게도 대세는 이미 기울어 버린 것 같다. 더욱 놀라운 것은 '자본주의적 대중' 및 그 논리에 의해 추동되는 대중문학이 몇 남지 않은 사회주의 국가인 중국에서도 이미 지배적인 현상이 되었다는 점이다.[2] 중국의 '대중'이라는 어휘에는 이제 '인민대중'이나 '문예대중화 논쟁'에서 그것이 가졌던 강렬한 정치적, 도덕적 함의를 찾아볼 수 없는 것 같다. 시장경제체제 하에서, 그리고 '문화산업'의 시대에 문학은 나른 보는 것과 마찬가지로 하

---

2) 안인환은 인민대중과 자본주의적 대중을 엄격히 구분하며, 나아가 혁명문학과 자본주의적 대중문학 역시 구분해야 한다고 주장한다. 본고에서는 이런 구분을 어느 정도는 인정하되, 최종적으로는 이런 구분 자체를 넘어서는 더 큰 '대중' 문학을 구상하려 한다. 안인환, 『중국대중문화, 그 부침의 역사』, 서울: 도서출판 문사철, 2012, 202-203쪽 참조.

나의 상품이 되어 버린 것처럼 보인다.

그런데 과연 그러한가? 우리는 이런 상황에 만족하는가? 다른 길은 없
는가? 시장과 자본의 승리는 결정적/최종적인가? 눈을 돌려 중국 현대문
학의 백 년 역사를 살펴보면 수많은 다른 가능성들이 보인다. 그 가능성
이 현재의 양태보다 무조건 더 옳거나 좋다고는 말할 수 없겠지만, 적어
도 현재를 더 잘 이해하고 그 한계와 폐단을 극복할 단초를 찾는 데는
도움이 될 것 같다. 본고는 이런 맥락에서 지난 중국 현대문학 내의 중요
한 '대중문학' 작가와 작품을 간단하게나마 돌이켜보고자 한다. 충분히 여
유가 있다면 적어도 5·4시기, 혹은 만청시기까지 거슬러 올라가는 것이
좋겠지만 편폭과 역량의 제한으로 40년대 언저리의 자오수리에서부터 논
의를 시작하여 왕쉬, 한한, 인터넷 소설, 저층서사 등을 짚어볼 것이다.
이들은 모두 중국 대중문학 관련 담론에서 매우 중요한 위치를 차지한다.
마지막으로 특히 중요하게 다룰 것은 최근 중국에서 화제가 되고 있는
소설/드라마『인민의 이름(人民的名義)』인데, 중국 혁명문학의 전통과
대중문학의 전통이 무척 흥미로운 방식으로 혼합되는 양상을 보여 주기
때문이다.

Ⅱ. 대중문학, 징검다리식 읽기

중국 현대문학에서 대중문학의 역사를 돌이켜 보는 데는 여러 가지 방
식이 있을 수 있지만, 본고는 마치 징검다리를 건너듯 일부 관련 작가와
현상들을 성큼성큼 건너짚는 방식을 취하고자 한다. 이는 편폭과 필자 역
량의 제한 때문이기도 하지만, 수많은 작품과 작가들을 두고 하나의 단일
하고 완성된 역사의 흐름을 그려내는 것이 사실상 불가능하다고 생각하
기 때문이기도 하다. 그래서 본고에서 제시하는 중국현대 대중문학의 징

검다리식 재구성은, 가능한 수많은 징검다리 가운데 하나이며 현재 중국 대중문학(혹은 문화)의 상태를 근본적으로 다시 사고하려는 시도이다.

물론 최소한의 일관성과 기준은 있어야 할 것이다. 주지하다시피 (중국)문학사에서 '대중'과 '대중문학'의 의미는 끊임없이 변화해 왔으므로, 어느 특정한 내재적, 절대적 정의를 바탕으로 대중문학 작품이나 작가를 선정하려 하는 것은 이런 다양성을 담아내지 못한다. 그렇다고 해서 기존에 제시되었던 개념들을 완전히 무시하는 것은 현명하지 못하다. 그보다는 그 다양성을 존중하는 전제 하에서 그 변화 과정과 중요한 변곡점들을 추적하는 것이 우리의 사유에 더욱 도움이 될 것 같다.

그렇다면 기존의 중국대중문학 관련 담론을 어떻게 정리할 것인지가 문제가 된다. 이 짧은 글에서 관련된 정의들을 역사적으로 꼼꼼히 추적하는 것은 어려우니 개괄적인 분류만을 언급해 보자. 천치자(陳奇佳)는 중국의 대중문학을 정치형(政治型), 계몽형(啓蒙型), 상업형(商業型)의 세 가지로 크게 구분하였다.[3] 간단히 부연하자면 만청 무렵 형성되어 20세기 초의 좌익 문예, 그리고 마침내 마오의 연안문예강화로 완성되는 유형의 '대중'문학이 정치형이다. 두 번째는 계몽형인데 말 그대로 대중을 계몽시키려는 뚜렷한 목적성을 가진 유형이다. 20세기 초 신문학 종사자 이래로 수많은 지식인은 대중을 교화의 대상으로 삼았으며, 이처럼 지식인의 입장에서 대중문학(화)를 바라보는 경우, 대중문학을 긍정하건 부정하건 간에 계몽적인 태도를 버리기 어려워진다. 그리고 마지막으로, 시장경제의 보편화와 문화산업의 빌딜에 따라 나타는 것이 상업형의 대중문학이다. 이것이 요즈음의 독자들에게는 가장 익숙한, 어쩌면 유일하게 받아들일 수 있는 유형일지도 모르겠다.

---

3) 陳奇佳, 「論中國大衆文學觀念的三種類型」, 『文藝硏究』, 12期, 北京: 中國藝術硏究院, 2010, 36-45쪽.

이 세 유형은 백여년의 중국 현대문학사에서 대중문학이 얼마나 광범위한 영역을 커버해 왔는지를 잘 보여 준다. 현대 한국어의 '대중문학'이라는 어휘에서 느껴지는 자본주의적 맥락만으로는 중국의 대중문학을 온전히 파악하는 것이 불가능한 이유가 바로 여기에 있다. 거기에는 대중뿐만 아니라 민중, 군중, 우중, 인민, 국민 등의 어휘가 갖는 매우 복잡한 뉘앙스가 혼재되어 있는 것이다.

하지만 이 세 가지 구분은 당연하게도 절대적이지 못하며, 궁극적으로는 왜 이 세 유형이 대중문학이라는 더 큰 분류 아래 묶일 수 있는지에 대한 명쾌한 답을 주지 못한다. 분명히 정치형에 속하는 것으로 보이는 「소이흑의 결혼」과 철저한 상업형인 궈징밍(郭敬明)의 『소시대(小時代)』 시리즈를 어째서 '대중문학'이라는 이름 아래에 하나로 묶어야 하는가? 대중문학을 멸시하는 순문학 옹호자가 가지고 있는 대중문학에 대한 계몽적인 관념을, 과연 오늘날의 우리는 정당한 대중문학의 정의로 인정할 수 있는가?

다시 한 번 강조하지만, 필자는 대중문학의 정의와 유형에 대한 논의 자체가 불필요함을 주장하려는 것이 아니다. 그것은 대중문학에 관한 담론을 풍성하게 하였으며 우리가 문학을 바라보는 시각을 훨씬 정교하게 만들어 주었다. 그러나 대중문학 자체의 역사를 거시적으로 총괄하려고 하는 지금, 어떤 개념이나 정의에 우리의 논의를 고정시키는 것은 도움이 되기보다는 오히려 사유를 방해한다. 더군다나 대중문학은 고정된 실체가 아니며 문학적 실천이기 때문에, 때로는 우리들 연구자(관찰자)가 갖고 있는 (고정)관념과 전혀 무관한 방식으로 움직이기도 한다.

필자가 여기서 지적하고 싶은 것은 특정한 대중문학의 '정의'와 '개념'을 연구자(지식인)가 확정하려는 시도 자체의 무망함이다. 다양한 대중문학의 갈래와 실천들을 어떤 하나의 개념으로 엮으려는 시도는, 실천의 관점에서 볼 때는 필연적으로 억압이 되고 만다. 그렇다고 단순히 귀납적으로 현상을 묘사하기만 해야 한다는 뜻은 아니다. 그보다는 개념이라는 개념 자체를 넘어서 사유하려는 시도가 필요하지 않을까 하는 생각이다. 어떤 개념을 통해 특정한 문학적 실천이 대중문학인지 여부를 판별할 수 있다는 사고 자체가 전형적인 지식인 위주의 사고방식이다. 그런데 이제 지식인의 지위나 문학적 권력은 더 이상 절대적이지 않으며, 이런 권력에 노골적으로 저항하는 문학적 실천이 힘을 얻고 있다.

요컨대 필자는 기존의 '정의'와 '개념'들을 정교하게 적용하는 데 집중하지 않을 것이다. 그보다는 대중문학에 대한 인식의 변화 과정에서 중요한 역할을 담당했던 작품/작가/사회현상 등을 성큼성큼 짚어 봄으로써 새로운 흐름을 그려내는 것이 본고의 목적에 맞을 것이라 생각한다. 이 과정에서 중심적인 문제의식으로 삼을 것은 지식인과 대중의 관계 문제이다. 중국의 대중문학은 지금껏 지식인과의 관계에 의해 정의되고 처리되어 온 것이 사실이다. 물론 최근에야 이 양자를 이분법적으로 파악하는 사고방식 자체를 의문시해야 하는 상황이 나타나고 있지만 문학의 생산자/비평가들이 그들 스스로를, 그리고 수용자로서의 대중을 어떻게 위치시키느냐 하는 문제는 중국 대중문학의 핵심 화두가 아닐 수 없다. 중국에서 대중은 지식인이 교화해야 할 대상이기도 하고, 오히려 지식인이 그로부터 배워야 할 스승이기도 하였으며, 창작자이며 비평자이며 소비자이기도 하다. 이런 복잡하고 다양한 흐름을 완전히 그려낸다는 것은 어렵겠지만, 지식인-대중 관계의 주요한 변곡점이 되었던 몇몇 작가 및 문학현상을 징검다리 삼아 지난 역사를 건너본나면, 그 흐름과 가능성을 다른 방식으로 사유할 수 있는 단초가 드러날 수 있으리라 기대한다.

(1) 자오수리(趙樹理)

'혁명'이 지배하던 시기의 중국에서, 문예창작의 가장 중요한 원칙이라

면 단연 연안문예강화를 꼽아야 할 것이다. 정치기준이 문예기준에 우선
한다는 원칙은 제출된 당시에는 물론이고, 문화산업이라는 용어가 정착
된 지 오래인 지금까지도 결코 그 핵심적인 의의를 상실한 적이 없다. 그
리고 다시 연안문예강화의 정신을 가장 잘 체현하고 있는 작가를 꼽으라
면 자오수리를 떠올리는 사람이 적지 않을 것이다. 진정한 사회주의 문학
이란 어떠한 것이어야 하는지에 대한 강령과 주장만이 횡행하던 때, 자오
수리의 소설은 전범으로 삼을 수 있는 실제 텍스트를 제시해 주었던 것이
다. 필자가 징검다리 식 대중문학사의 첫 단계로 자오수리를 선택한 것은
바로 이러한 이유에서다. 자오수리의 작품은 중국현대문학이 5·4의 엘
리트적 문학관으로부터 20-30년대의 다양한 논쟁을 거쳐 마침내 사회주
의 혁명 시기의 혁명적 리얼리즘으로 고정되어 가는 과정의 한 가운데에
있다.

　5·4 신문학은 그 중요한 문학사적 의의에도 불구하고 극소수의 지식
인 중심으로 진행되었다. 이들 지식인은 대체로 '대중'을 계몽의 대상으로
보았으며, 문학은 바로 이런 대중 계몽의 무기였다. 아이러니한 점은, 이
들의 문학 활동의 성과는 새롭게 만들어진 백화문을 사용하였지만 당시
대다수를 차지하던 농민과 병사들에게 직접 전달될 수 없었다는 점이다.
이유는 간단했다. 문맹자가 대다수였던 당시의 '대중'들에게 백화문이나
문언은 사실상 차이가 없었던 것이다. 새롭게 만들어진 백화문 신문학이
아무리 대중을 부르짖어 본들 애초에 '독자'층이 빈약한 상황에서는 아무
런 소용이 없었다. 또한 아이러니하게도 신문학 지식인들의 '문학적' 성취
가 뛰어나면 뛰어날수록 오히려 이런 작품들은 당시의 '대중'들에게서 멀
어졌다. 5·4 지식인들은 새로운 언문일치체를 발명하려 하였지만 이는
결코 쉬운 일이 아니었으며 당시 창작되었던 대다수 소설은 어느 정도
글을 깨우친 사람조차도 이해하기 어려운 수준이었다. 특히 대화가 아닌
풍경의 묘사나 심리서술 등의 장면에서는 일반 노동자 농민이 당시 사용

하던 구어체가 아니라 전혀 새로운 문체가 사용되는 현상이 빈번했다.

자오수리는 이런 아이러니를 타파하려고 했던 작가다. 그는 당시 중국인의 대다수를 차지하고 있던 문맹에 가까운 농민에게 실제로 다가갈 수 있는 문학을 시도했던 것이다. 그래서 자오수리는 "루쉰선생이 작품대상으로 삼은 독자는 매우 분명했다. 즉 지식분자들에게 읽히기 위하여 쓴 것이었다"[4]고 선언할 수 있었던 것이다. 「광인일기(狂人日記)」의 그 유명한 서문이 백화가 아니라 아예 문언으로 서술되었다는 점이 이를 충분히 증명해 준다. 물론 여기에는 심오한 문학적 의미가 있다는 것은 의심의 여지가 없지만, 당시 수억 명에 달하는 농민들이 이를 이해한다는 것은 아무래도 무리였다.

그래서 자오수리는 대중과 직접 소통하기 위한 문학을 표방한다. 당연하게도 그가 주요 독자로 삼았던 '대중'과 최근 논의의 중심이 되는 자본주의적 '대중'은 여러 모로 다르다. 그러나 그가 소수의 엘리트적 지식인과 다수의 계몽 대상으로서의 대중 사이의 위계적 이분법을 실천적으로 넘어섰다는 점은 우리의 논의에서 무척 중요하다.

그는 농민과 농촌의 실상을 누구보다 깊이 이해하였으며, 그들과 소통하기 위해서는 난해하고 자기중심적인 지식인의 언어를 내려놓고 새로운 '대중적' 언어를 개발해야 한다는 사실 역시 이해하였다. 그가 '문단(文壇)문학자'가 아니라 '노점(文攤)의 문학자'가 되겠다고 선언한 것은 바로 이런 이유에서였다.[5]

자오수리가 대중에게 다가서기 위해 취한 방식은, 기존의 '순문학' 노선과 정면으로 맞서는 것이었다. 그는 '소설'의 핵심적 부분이라 여겨지던 것들을 과감히 삭제했다. 예를 들자면 인물의 내면과 심리활동에 대한 자

---

4) 가마야 오사무 지음, 조성환 옮김, 『자오수리 평전』, 서울: 동과서, 1999, 66쪽.
5) 가마야 오사무 지음, 조성환 옮김, 『자오수리 평전』, 53쪽.

세한 묘사 같은 것 말이다. 허구이메이(賀桂梅)는 다음과 같이 썼다. "그의 소설은 인물의 내면 활동을 거의 언급하지 않으며, 그저 사건의 발전 가운데에서 인물의 기능과 인물의 언어, 그리고 외재적인 행동 등으로 인물을 표현했다."[6] 샤오얼헤이(小二黑)나 샤오친(小芹) 등의 주인공 형상은 오히려 지극히 몰개성적으로 표현되고 있으며, 그저 추상적인 선남선녀로 그려질 뿐이다. 샤오얼헤이는 잘 생겼고 총을 잘 쏘며, 샤오친은 예뻐서 인기가 있었다는 식이다. 다른 등장인물도 마찬가지로, 내면의 갈등을 통해 입체적인 인물로 그려지는 경우는 없다. 산셴구(三仙姑)나 얼주거(二諸葛) 등 행동의 변화를 보여 주는 인물도 외적인 자극(공산당의 개입, 마을 사람들의 놀림에 따른 부끄러움)에 의해 행동양식이 변화하는 것에 불과하다.

'순문학'적 견지에서 보자면 이런 인물은 '깊이'가 없기 때문에 실패한 것으로 보인다. 인물은 납작하고, 몰개성적이다. 갈등구조나 그 해결과정도 터무니없이 순박하다. 악인이 선인을 괴롭히고, 공산당이 등장하여 갈등을 해결해 준다. 자오수리는 이런 단순한 인물과 단순한 이야기를, 지극히 평이한 어휘와 문장으로 서술하고 있다. 일반적으로 통용되는 문학적 완성도와 문학성이라는 관점에서 보았을 때 이 작품은 뛰어나다고 보기 어렵다. 하지만 보다 큰 역사적 관점에서 보자면 이런 '순문학'적 요구야말로 일시적인 것이며 대다수 '대중'의 독서 취향을 만족시키기 위해서는 자오수리가 취한 대중 중심적 접근법이 훨씬 효과적이었다고 평가할 수 있다. 문학이 인간의 내면이나 사상을 깊이 있게 드러내어야 한다는 것 또한 일종의 고정관념이며, 당시 중국의 현실과 문예창작자 및 문예소

---

6) 賀桂梅,「趙樹理文學的現代性問題」, 唐小兵,『再解讀─大衆文藝與意識形態』, 北京: 北京大學出版社, 2007, 97쪽. "他的小說很少涉及人物的內心活動, 僅僅從人物在事件發展中的功能、人物的語言和外在行爲來表現人物."

비자의 수요에 전혀 걸맞지 않는 것이었다. 이렇게 '문학성'을 포기함으로 써 자오수리는 계몽적 태도를 가진 지식인이 아니라 농민 대중과 직접 소통하는 이야기꾼, 노점의 문학자가 될 수 있었다.

그러나 이런 자오수리의 창작은 50-60년대에 걸쳐 오히려 비판의 대상 이 되고 만다. 실제 대중보다는 이념화된 사회주의의 혁명 인민대중에 대 한 요구가 절대적이 되어 버렸기 때문에, 자오수리의 작품에 포착된 다양 한 농민 군상과 그 내부적 모순에 대한 묘사는 용인되지 않았다. 문화대 혁명 시기에 극단적으로 표출된 사회주의 중국의 문학은, 대중이 아니라 대중에 대한 이념형을 강박적으로 찬양하는 것에 불과하였으며 이는 어 느 모로 보나 정상적인 '대중문학'이라고 볼 수는 없는 것이었다. 결국 지 식인이자 농민이라는 이중적 신분을 출발점으로 하여 농민 대중과 직접 소통할 수 있는 문학을 꿈꾸었던 자오수리의 대중문학은, 그 신선한 가능 성에도 불구하고 본격적으로 계승/발전될 기회를 갖지 못하였다.

(2) 왕쉬(王朔)

중국 대중문학의 역사에서 필자가 두 번째로 거론하고 싶은 작가는 바 로 왕쉬다. 사회주의 혁명의 광풍이 끝나고 개혁개방의 물결이 중국을 뒤 덮었을 때, 문학계의 새로운 흐름의 중심에 있었던 작가가 바로 그다. 70 년대 후반부터 작품 활동을 시작한 그는 80-90년대 중국 대중문학(화)계 에서 가장 중요한 작가 중 한 명이 되었다.

왕쉬에 대해서도 여러 가지 이야기를 할 수 있겠지만, 특히 본고의 주 제인 대중문학과 관련해서도 중요한 논점을 찾아볼 수 있다. 그는 대단히 통속적이고 대중적인 작가로 알려져 있지만, 사실 그의 대중문학관은 대 단히 복잡하고 심지어는 모순된 것처럼 보이기도 한다. 이를테면 진융 (金庸)을 공격한 글에서 그는 진융을 "사대천왕, 청룽(成龍)의 영화, 충야오琼瑶의 드라마"와 함께 싸잡아서 "네 가지 속물스러운 것(四俗)"이라 비판하였다. 그가 보기에 "중국의 부르주아 계급이 생산할 수 있는 문화는 기본적으로 모조리 썩어 문드러진 것"[7]이기 때문이다.

왕쉬를 대중문학 작가로만 알고 있는 사람들에게 이런 발언은 쉽게 이해가 가지 않을 수도 있다. 실제로 왕쉬의 초기 작품들은 대단히 통속적이고 대중적인 면모를 보여 주기까지 한다. 성명작인 「스튜어디스(空中小姐)」는 어느 모로 보나 통속적인 멜로드라마이며, 그의 소설은 물론 그가 참여한 드라마와 영화는 엄청난 대중적 흥행을 거두었다. 아이러니하게도 그는 "중국의 부르주아 계급"이 가장 선호하는 문화의 생산자가 된 것이다. 하지만 중기 이후의 소설 작품, 특히 「동물흉맹(動物凶猛)」과 같은 경우는 상당히 '깊이'가 있는 작품이며, "속물스러운 것"에 대한 조롱과 비틀기로 가득 차 있다. 「노는 것만큼 신나는 것도 없다(玩兒的就是心跳)」와 같은 작품은 독자를 혼란에 빠지게 할 정도로 난해하기조차 하다.

이런 왕쉬를 이해하기 위해서는 그가 '지식인'과 '도덕'에 대해 가졌던 반감에 주목하여야 한다. 그의 초기 작품에서 나타났던 대중적인 요소는 그 자체로 사회주의 혁명 시기 문학을 지배했던 이념형과 도덕주의에 대한 반발이었지만, '진융'을 필두로 한 '부르주아 계급의 (대중)문화'가 점차 사회 전반에 걸쳐 범람함에 따라 왕쉬는 이런 통속적 노선과 스스로를 구분할 필요를 느낀다. 그가 보기에 지식인, 문학가, 부르주아, 통속적 대중은 모두 위선과 도덕주의에 함몰되어 있었으며, 그래서 왕쉬는 그의 후기 작품들에서 지식인과 순문학 작품에 대한 혐오를 여지없이 드러내었던 것이다. 「동물흉맹」이나 「허 씨(許爺)」 등의 작품에서는 반복적으로

---

7) 王朔, 「我看金庸」, 葛紅兵·朱立冬, 『王朔研究資料』, 天津: 天津人民出版社, 2005, 80쪽.

'통속적 소설가'에 대한 반감과 자조가 나타난다.[8] 흥미로운 점은, 왕쉬의 지식인에 대한 혐오가 일방적인 대상화가 아닌 자기혐오와 조소라는 방식으로 나타났다는 것이다. 지식인의 글쓰기를 누구보다 혐오하였지만, 그것과 맞서기 위해 그가 사용한 무기 역시 글쓰기였으며 그래서 그는 결국 소설 창작행위 그 자체를 비웃을 수밖에 없었다.

왕쉬는 북경 문화의 계승자이자 군인 출신으로서 나름의 엘리트 의식을 가지고 있었으나,[9] 다른 한편으로는 억압적이고 도덕적인 이념형으로서의 대중도, 위선에 가득찬(혹은 가득찬 것으로 느껴졌던) 기존의 지식인 엘리트도 견딜 수 없어 했다. 왕쉬를 비판하는 사람들은 그가 "흑백을 가리지 않고 인류의 이상을 일괄적으로 모조리 거절"하였으며 "세속에 아부하는 경향을 드러"내었다고 말한다.[10] 하지만 오히려 왕쉬가 "생활의 베일을 찢어 내어 생활을 우리와 적나라하게 대면"할 수 있게 한다는 반론도 존재한다.[11] 이런 양면적인 평가가 나오는 이유는 왕쉬가 기존의 가치와 도덕을 끊임없이 의심하고, 조롱과 희화화라는 수단을 통하여 자신의 문학을 계속 변화시켜 나갔기 때문이다. 왕쉬의 문학 활동 중에는 대중문학적 요소가 분명히 존재하지만, 그는 '자본주의적 대중' 속에 함몰되려 하지 않았으며 오히려 그런 대중적 요소를 비틀고 비웃었다. 다른 한편으로는 지식인의 엘리트주의를 경계하였고 그 과정에서 소설을 쓴다는 행위 자체를 계속해서 반성하고 부정할 수밖에 없었다. 이처럼 왕쉬는 중국 대중문학의 새 역사를 시작함과 동시에 대중문학을 새롭게 사유할

---

8) 최재용, 「왕삭 소설 연구」, 서울대학교 석사학위논문, 2006.

9) 박민호, 「왕쉬(王朔) 창작에 대한 '다위안(大院)'의 영향과 왕쉬의 대중문화관」, 『중국문학연구』, 66호, 서울: 한국중문학회, 2017, 109-110쪽 참조.

10) 천쓰허 지음, 노정은·박난영 옮김, 『중국당대문학사』, 서울: 문학동네, 2008, 464-465쪽.

11) 葛紅兵, 『王朔研究資料』, 天津: 天津人民出版社, 2005, 464쪽.

가능성을 열어 놓았다.

(3) 한한(韩寒)

세 번째 작가는 '80허우'를 대표하는 작가 한한이다. 앞에서 언급한 두 작가는 모두 마오저둥과 문혁으로 대표되는 사회주의 혁명 문예관의 직접적인 범위 내에 위치한다. 자오수리가 혁명적 사회주의 문학의 전범을 제시했다면, 왕쉬는 그 혁명적 문학관의 유해(遺骸)와 정면대결을 벌였고 결국 상대에게 치명상을 입혔다고 말할 수 있겠다. 하지만 한한은 21세기, 전통적인 지식인 엘리트라는 계층이 더 이상 유지되기 어려운 상황에 등장하여 지식을 둘러싼 권력 담론 자체를 문제삼았다. 그가 블로그에 올렸던 아래의 글은 그의 문학관을 직접적으로 드러낸다.

> 사실 내 글의 내용은, 문단 문단 거리지 말라는 것이다. 글을 쓸 줄 아는 사람이면 모두 작가고, 모든 작가는 글을 쓰는 사람이다. 특히 내가 보기에 많은 사람들의 블로그는 모두 글 솜씨가 훌륭하고, 모두 문학이다. 귀하께서 는 사람들에게 어찌어찌 쓰라고 지도하지 마시기를 바란다. 당신이 문학이라고 하면 곧 문학이 되고, 당신이 문학이 아니라고 하면 그냥 글쓰기가 되는 것이 아니다. 문학이란 어떠한 사람의 인정이나 지도도 필요하지 않은 것이다.[12]

위 글은 저명 문학 평론가인 바이예白燁를 겨냥한 것인데, 당시 한한과 바이예의 온라인 논쟁은 나중에 수많은 문학계 인사와 네티즌이 참여

---

12) 韓寒, 「有些人, 話糙理不糙: 有些人, 話不糙人糙」(블로그에 발표되었던 글이나 지금은 삭제되었다). "文章的意思其实就是, 别文壇不文壇, 每個碼字的都是作家, 每個作家都是碼字的。尤其是我看了看很多人的博客, 都是好文筆, 都是文學。您别教導人家應該怎麼寫, 不是你說了是文學, 就是文學, 你說不是文學, 就是作文。文學不需要任何人的肯定和指引。"

하는 사건으로 확대되었으며 '한백지쟁(韓白之爭)'이라 명명될 정도로
화제가 되었다.13) 한한은 '문단'으로 대표되는 제도권 문학계 인사들이
문학에 대한 특권을 발휘하는 것을 단호하게 거부한다. 물론 문학이 "어
떠한 사람의 인정이나 지도도 필요하지 않은 것"인지는 쉽게 말할 수 없
는 문제이지만, 한한이 문학계에서 지식인과 대중의 관계를 근본적으로
재설정하려 하고 있다는 점은 분명하다. 왕쉬에게 지식인은 비록 위선과
도덕의식에 가득 차 있기는 하지만 분명히 실재하는, 조롱을 통해 뒤흔들
어 놓아야 할 권위적인 주류 세력이었다. 하지만 한한에게 이들 지식인은
고작해야 귀찮은 존재, 별로 중요하지 않으면서 특권의식에 찌든 존재로
여겨지고 있다. 이는 대중-지식인의 관계설정에 있어서 결정적인 변화
이다. 대중 속으로 다가가고자 했던 자오수리조차도 대중을 계몽시켜야
한다는 대전제는 의심하지 않았다. 문제가 되었던 것은 수단이었지 계몽
그 자체가 아니었다. 하지만 한한에게 있어 이미 대중은 스스로 문학을
생산하고 평가할 수 있는 존재이다. 그래서 "많은 사람들의 블로그는 모
두 글 솜씨가 훌륭하고, 모두 문학이다"라는 선언이 중요하다. 어떤 면에
서는 마오저둥의 신민가 운동14)을 연상시키기까지 하는 이 극단적인 선
언은, 21세기 인터넷 시대를 맞아 중국 대중문학사에서 풍부한 함의를 갖
는다. 5·4 시기 이후 20세기 대중문학의 가장 중요한 화두였다고 할 수
있는 지식인-대중의 관계설정이 블로그라는 '민주적'인 형식을 통해 이
루어지는 한한의 대중적 글쓰기에서 새로운 차원으로 진입하기 때문이

---

13) 자세한 경과는 최재용, 「한한이 촉발한 문학논쟁과 그 문학사적 의미」, 『중국현대문
  학』, 61호, 서울: 한국중국현대문학학회, 144-149쪽을 참조.
14) 신민가 운동은 마오저둥의 반 엘리트주의와 대중(인민) 추수주의가 결합한 사태였다.
  지식인이 쓴 난해한 시는 철저히 배격받고, 노동자 농민이 직접 쓴 시가 신시의 전형으
  로 추앙받았다. 이 구도는 한한의 언설에서 보이는 엘리트-대중 구도와 매우 흡사하
  다. 김자은, 「大躍進時期 新民歌의 운동방식 고찰」, 『중국학』, 제28집, 서울: 대한
  중국학회, 2007 참조.

다. 이제 지식인이냐 대중이냐 하는 이분법 자체가 무의미해진다. 그야말
로 누구나 자신의 문학관을 피력할 수 있는 시스템이 (적어도 이론적으로
는) 마련되었다. 지식인은 여전히 한한의 문학 실천에 대해 여러 주장과
분석과 이론과 개념을 제시할 수 있지만, 한한은 거기에 신경 쓰지 않아
도 된다고 선언한다. 문학을 문학으로 만들어 주었던 지식인의 선언이 전
혀 무의미한 것이라고 단언해 버린다. 문제는 이것이 한한이라는 한 천둥
벌거숭이의 겁 없는 주장이 아니라, 한백 논쟁 사태에서 증명되었듯 수많
은 대중의 동의를 얻은 시대의 목소리라는 점이다. 이 단호한 선언 앞에
서 이제 지식인은 계몽주의적 패러다임을 완전히 포기하거나, 아니면 '박
물관'과 같은 순문학의 게토 속으로 도피하는 수밖에 없는 것처럼 보인
다. 지식인은 지금껏 대중문학이 어떤 것인지 정의할 수 있는 권력, 그리
고 순문학에 대해 대중문학이 가지는 위치를 지정할 수 있는 무비판적인
권력을 누려 왔지만 '대중'의 목소리가 직접 노출되기 시작한 시점부터
이 일방적인 관계는 근본적으로 재설정될 수밖에 없었다.

(4) 인터넷 소설

90년대말 이후, 중국의 인터넷 문학은 급속도로 발전해 왔으며 특히
2000년대 중반 이후 성공적인 유료화와 상업화 모델을 정착시킴으로써
중국 대중문학의 가장 중요한 플랫폼 중 하나가 되었다. 위에서는 세 명
의 '작가'를 중심으로 지식인-대중의 문제를 살펴보았는데, 이번에는 인
터넷 문학, 그 중에서도 인터넷 장편소설의 대두라는 문학적 현상을 통해
대중문학의 창작 주체와 수용 및 비평 주체의 문제를 다루어 보고자 한
다. 이 문제는 위에서 다루었던 지식인-대중 문제의 21세기적 변종이라
고 말할 수 있겠다. 21세기 이후 본격화된 중국의 인터넷 장편소설은 지
식인, 혹은 지식인이 대중을 대할 때 흔히 보여 주었던 계몽주의적 태도

와 전혀 무관한 문학현상이기 때문이다. 아쉽게도 인터넷 문학의 정의나 갈래, 주요 작가와 작품 등을 꼼꼼히 다룰 여유는 없기 때문에, 필자의 논점을 잘 드러내 주는 두 편의 소설을 통해 간단히 살펴보도록 하자.

첫 번째는 『범인수신전(凡人修仙傳)』[15]이라는 '선협(仙俠)' 소설이다. '선협소설'이란 무협소설의 최신 변종이라 할 수 있는데, 전통적인 무협소설에 도가사상 등 중국의 전통적 요소를 결합시킨 것이다.[16] 그런데 재미있게도 전통적인 무협소설이나 대중소설에 나타났던 권선징악적인 요소, 왕쉬의 표현을 빌자면 '도덕주의'적인 태도가 전혀 나타나지 않는다. '협'이라는 글자는 도덕이나 계몽과 전혀 무관해졌으며, 단순히 기능적인 요소로 변화하였다.[17] 다음을 보자.

　　한립은 한 방파의 수장인 가천룡을 더 기다리게 하지 않았다. 마지막 한 사람의 수하를 해치운 후, 한립은 잠시도 망설이지 않고 그의 뒤로 순식간에 움직여, 특별대우라도 하듯 완전한 '화탄술'로 가 방주를 저승길로 보내 드렸다.
　　가천룡이 이승을 떠난 후, 한립은 두 손을 털며 가볍게 혼잣말을 했다. "보아하니 몇 명 더 죽이는 것도 그리 힘든 일은 아닌 걸. 아까 스스로 목숨을 끊으라 했을 때 자살했으면 얼마나 좋아! 아프지도 않고. 괜히 내가 직접 손을 쓰게 만들다니, 불에 타는 냄새는 정말 고약하단 말이야!" (94장)[18]

15) 忘語, 『凡人修仙傳』, qidian.com (2009-2013)
16) 葛娟, 「論網絡仙俠小說的敘事模式」, 『江西師范大學學報』, 47卷 2期, 江西: 江西師范大學, 2014, 81쪽.
17) 최재용, 「의/협의 변천사 - 최근 중국 인터넷 '선협소설'에서의 의/협 개념」, 『중국소설논총』, 제44집, 서울: 중국소설학회, 2014, 317쪽.
18) 韓立並沒有讓賈天龍這位一幫之主再多等候, 在幹掉他的最後一名手下後, 韓立沒有片刻遲疑, 立刻閃到了其身後, 用一個完整版的"火彈術"作爲優待, 送賈大幫主上了路。在賈大天龍歸西之後, 韓立拍了拍雙手, 輕聲自語道："看起來多殺幾個人, 似乎也不是太難的事。早叫你們自己了斷,

인용문에서 보다시피 주인공 한립은 철저히 이기적인 사고와 행동을
보여 주며, 타인을 돕는다거나 가족을 사랑한다거나 신의를 지킨다거나
하는 것은 애초에 그의 고려 대상이 아니다. 두 번째는 '도시소설'이나 '환
생소설'로 분류되는 『환생한 재벌 2세(重生之二代富商)』다.[19] 이 소설
의 주인공 우용(吳庸)은 막강한 부와 권력을 휘두르며 자신의 앞길을 가
로막는 자들을 짓누른다. 다음 장면에서 그는 자신이 마음에 들었던 여자
에게 관심을 보였다는 이유로 같은 반 학생을 무자비하게 폭행한다.

> 바닥에 쓰러진 뚱보는 돼지 멱따는 것 같은 소리를 질렀다. 우용은 그
> 제야 리샤오주가 이끄는 대로 물러섰다. 풍부한 싸움 경험이 있는 우용
> 은, 조금 전의 발길질로 상대의 다리뼈가 부러졌다는 것을 분명히 알고
> 있었다.
> ……
> "샤오주, 안심해. 내가 이야기했지? 내가 돌아왔으니 아무도 널 괴롭히
> 지 못해. 그 누구도 그렇게 못해!"
> 우용은 고개를 가로저었다. 이런 시점에 떠나는 것은 말도 안 되는 일
> 이었다. 게다가, 저 뚱보의 신분 정도는 우용의 눈에 차지도 않았다. (59
> 장)[20]

多好！還沒有痛苦。現在讓我親自動手，火燒的滋味可並不好受啊！"

19) 小小羽가 2009-2010년에 걸쳐 起点에 연재한 장편소설로, 2017년 7월 현재 총 조회
수가 3,503,710회, 추천수는 105,917로 상당한 인기작이었음을 알 수 있으며, 총 글자
수가 2,401,602자로 분량도 제법 길다.

20) http://read.qidian.com/BookReader/1pYtevi7OyE1,3i0EGRFpEWsex0RJOkJclQ2.aspx
원문은 다음과 같다.
"地上的小胖子出了一聲殺豬般的嚎叫，吳庸這才讓李曉珠把他拉走，有着丰
富打斗經驗的吳庸非常清楚，剛才那一脚已經把地上那人的小腿骨擰斷了。
……
"小珠，你放心，我說過了，我來了就不會再讓你受任何的委屈，任何人也不行！"
吳庸搖了搖頭，這個時候他无論如何都不會走的，更何況，小胖子的身份還沒
讓吳庸放在眼里。

 위 장면에서 보다시피, 놀랍게도 우용에게는 폭력이 나쁘다는 인식 자체가 존재하지 않는다. 문제가 되는 것은 폭행 피해자의 '배경'이 자신에 비해서 어떠하느냐 하는 것밖에 없다. 우용의 악행은 단순 폭행에 그치지 않는다. 그는 컨닝을 하기 위해 교사를 모함하고 가벼운 독을 먹이기도 하며, 입시부정이나 폭력을 서슴치 않고 저지른다. 인생의 목표는 돈이라고 단언하고, 독점이 돈을 번다고 믿는다. 상표권을 훔치는 것은 예사다. 여기까지는 그래도 현실 뉴스에 오르내리는 '푸얼다이(富二代)'들의 행동과 비슷하지만, 그가 병력과 실제 권력을 손에 쥐면서 이 악행의 스케일은 점점 커진다. 소설의 결말 부분에서 그는 자신의 마음에 들지 않는다는 이유로 인도를 침략한다. 전쟁조차도 그에게는 자신의 세력 확대와 땅따먹기 놀이에 지나지 않는 것이다. 주인공의 앞날을 가로막는 방해물과 경쟁자는 우용의 돈과 권력 앞에 모조리 무너져 내리고 만다. 이 소설은 철저히 자신의 욕망에 따라 행동하는 주인공에게 현실적인 제약이 걸리지 않았을 때, 그 극한 상황이 어떻게 되는지를 잘 보여 주는 예라고 하겠다.
 이런 소설들을 위에서 논한 왕쉬의 작품, 혹은 한한의 작품과 비교해 보면 그 차이가 분명히 드러난다. 왕쉬에게 있어 기존의 지식인이나 엘리트는 엄연히 주류 권력이었으며, 갖은 수단을 동원해 맞서 싸워야 할 대상이었다. 한한 역시 지식인을 의식하지 않을 수 없었고 그래서 일종의 독립 선언이 필요했다. 그러나 위에 예로 든 두 편의 인터넷 소설, 그리고 기타 상당수의 인터넷 소설에서 이제 더 이상 지식인 엘리트와의 대결 구도는 나타나지 않는다. 일단 작가가 지식인이라고 보기 힘든 일반 대중이며, 도덕이나 계몽 등 지식인의 역할로 여겨져 오던 것이 너무나 미약해져서 이제 더는 진지하게 대결해야 할 대상으로도 여겨지지 못하기 때문이다. 인터넷 문학의 작가들은 더 이상 도덕주의를 극복해야 할 필요성을 느끼지 않으며, 지식인에게 간섭하지 말라고 독립을 선포할 이유도 찾지 못한다. 이런 문학적 실천의 과정에서 지식인이 전혀 개입하지 못하는 구조가 이미 완성되어 있기 때문이다. 지식인의 배제는 창작과 소비 과정에서는 물론이고 심지어는 평가와 비평의 과정에서도 완성되어 있는데, 인터넷 문학의 비평은 지식인이 아니라 대중과 자본의 독립적인 평가 시스템(조회수, 추천수 등으로 계량화되는 순위표)이 담당하고 있기 때문이다. 이런 환경에서는 문학 연구자나 평론가의 의견보다는 추천수와 조회수가 대중에게 훨씬 더 유의미하다. 우리 논의의 맥락에서 보자면, 최근 중국 인터넷 장편소설의 유행은 문학의 완전한 '대중화'를 뜻한다.

지금까지의 논의를 다음과 같이 간단히 요약해 볼 수 있겠다. 자오수리는 지식인의 우월한 지위를 버리고 농민 대중 속으로 직접 들어가려 했다. 왕쉬는 지식인을 비웃고 조롱함으로써 그들과 정면대결을 벌였고, 한한 역시 지식인의 권위를 무너트리고 스스로 새로운 대중적 지식인의 가능성을 보여 주었다. 마침내 인터넷 문학의 유행기에, 이제 지식인은 비웃음과 조롱의 대상조차도 되지 못한 채 문학의 변경으로 밀려나고 있는 것으로 보이며, 인터넷에서의 활발한 문학 활동은 완전한 도덕적 공백 상태에서 대중의 욕망을 날것 그대로 노출하고 있다.

(5) 차오정루(曹征路)와 저층서사(底層敍事)[21]

지금까지의 논의만을 놓고 본다면 21세기 현재 이미 지식인이라는 존재는 농담에 불과한 것처럼 느껴진다. 하지만 지식인 계층은 언제나 존재해 왔으며, 스스로 존재의 이유를 찾아낼 수도 있다. 21세기 들어 중국 문학계에 나타난 상당히 중요한 흐름 중 하나가 바로 '저층서사'인데, 필

---

21) 이 절의 내용은 주로 졸고 「중국 현대문학의 저층서사 속에 나타나는 '가족'의 의미에 대한 연구」, 『중국현대문학』, 제65호, 서울: 한국중국현대문학회, 2013의 내용을 다시 정리한 것이다.

자는 저층서사의 등장이 문학과 문학가의 역할 변화에 대한 지식인의 주요한 반격 중 한 가지라고 생각한다. 간단히 말해 저층서사란 중국의 사회적/정치적/경제적/문화적 약자층에 대한 관심을 주제 한 소설, 드라마, 영화 등을 통칭한다. 원영혁에 의하면 중국 (문)학계에서 저층서사의 의미는 다음과 같다.

> ······ 중국 학계에서 공유하는 '저층'의 용어는 두 가지 단서에서 해석될 수 있다. 하나는 그람시와 스피박의 저서에서 빌려온 것이고 정확히 말하면 "subaltern"에 대한 중역어인 것이다. 다른 하나는 중국 사회 '불평등' 구조의 피해자로서의 '저층'을 지칭하는 것이다. ······ '저층' 용어가 문학적으로 '저층서사'에서 사용되었을 때 '좌익'전통 문학 혹은 전통적 리얼리즘 문학에서 요구하는 '인민성' 개념과 직결되어 분석되고 있다.[22]

우리가 보기에 저층서사가 중요한 이유는 바로 이런 이야기들이 지식인과 대중 사이의 관계를 다시금 건드리고 있다는 점 때문이다. 최근 중국 지식인이 비교적 조직적으로 사회 현실에 대해 비판적인 메시지를 전달하는 경우는 그리 많지 않은데, 저층서사는 바로 그런 조직적인 움직임 중의 하나인 것이다. 그래서 전형준은 "저층서사가 중국의 지식인과 민중의 관계에 새로운 지평이 열릴 가능성을 암시"[23]한다고 말했다. 민중에게 핍박받던 역사적 경험을 가진 지식인이 다시금 민중의 아픔을 주목하기 시작하였다는 점은 급변하는 사회 속에서 지식인의 위치를 다시 한 번 정위하고자 하는 욕구를 보여 준다는 것이다. 이런 맥락에서, 심지어 어떤 학자는 저층문학이 90년대 이후 가장 주목을 끈 중대한 문학 현상

---

22) 원영혁, 「민중문학'과 '저층서사'의 개념 비교」, 『한국현대문학회 2009년 제1차 전국 학술발표대회 자료집』, 2009, 22쪽.
23) 전형준, 「저층서사와 중국 문학의 새로운 지평」, 『아시아』, 13호, 서울: 아시아, 2009, 75쪽.

이라고 평가하기도 하였다.[24]

　본고에서 언급하고 싶은 작품은 차오정루의 「날(那兒)」[25][26]이다. 「날」
은 종종 저층서사의 효시이자 대표작으로 간주되는 중요한 작품이며, 국
영기업의 사유화와 그에 얽힌 노동자의 자살이라는 민감한 소재를 과감
하게 건드리고 있다. 첨예한 정치적 문제를 용기 있게 다루어 내었을 뿐
만 아니라 문학성과 예술적인 측면에서도 어느 정도 높은 평가를 줄 수
있기 때문에 본고에서 거론하기에 적절한 작품이라 생각한다. 필자가 주
목하고 싶은 지점은, 이 작품이 인민대중의 문제를 지식인의 시각에서 상
당히 '문학적'으로 그려 내었다는 점이다. 작중화자인 '나'는 전형적인 저
층, 즉 인민대중이 아니라 인민대중의 조카이다. 그는 노동이라는 가치에
전면적으로 공감하지는 못하지만 '삼촌'의 거룩한 희생 앞에 큰 감화를
받는 존재로 그려진다. 그런데 이 문제는 저층서사의 저자와 독자 간의
관계라는, 본고의 중요한 주제와 직결된다. 저층서사에서 화자는 누구인
가? 독자는 누구인가? 누가 저층을 대변할 권리가 있는가? 저층서사는 누
가 누구에게 들려주는 이야기인가? 이러한 복잡한 질문들을 고려한다면,
문학적으로 뛰어난 작품이 반드시 훌륭한 저층서사 작품이라고 말할 수
만은 없게 된다. 저층서사와 자오수리(趙樹理)의 소설 창작을 비교한 바
이춘샹(白春香)의 연구[27]가 잘 지적하고 있다시피, 저층서사는 그 가상

---

24) 李運搏, 「中國新世紀底層敘事的意義與問題」, 『廣西文學』, 廣西: 廣西文學
　　雜志社, 2010년1期, 90쪽. "可以斷言90年代至今, 沒有哪種寫作能像底層敘事
　　這樣成爲衆人參與, 衆人關注, 衆說紛紜的重大文學現象."
25) 曹征路, 「那兒」, 『當代』, 5期, 北京: 人民文學出版社, 2004.
26) 원제 那兒은 사회주의 국제 노동자 조합을 뜻하는 '英特納雄耐爾(인터네셔널/날)'
　　과 발음이 비슷한 '英特納雄那兒'의 끝 두 글자로, 중국어로는 '거기'라는 뜻을 갖는
　　다. 이 글에서는 '날'으로 음역하였다. 박자영, 「'저층문학'의 공동체 상상」, 『중국현대
　　문학』, 71호, 서울: 한국중국현대문학학회, 2014.
27) 白春香, 「底層文學應該如何寫作-以趙樹理的小說創作爲參照」, 『文藝理論

독자를 설정할 때 비교적 특수한 고려를 할 필요가 있다. 저층서사가 지식인들의 자기만족이나 미학적 카타르시스에 그치지 않기 위해서는, 거기에 담긴 메시지가 실제 저층을 포함하는 광범위한 대중에게 효과적으로 전달될 수 있도록 그 형식을 조절할 필요가 있다는 것이다. 문화적 자본이 상대적으로 취약한 저층들을 독자로 삼는 저층서사에서는 문학적 장치가 복잡해질수록 가독성과 전달력이 오히려 약화될 가능성이 있기 때문이다.

저층서사 작품 중에는 구조가 무척 단순하고 이해하기 쉬운 작품이 많다. 예컨대 뤄웨이장(羅偉章)의 「우리들의 길(我們的路)」(『長城』, 2005년 3기)이나 류지밍(劉繼明)의 「우리 부부 사이(我們夫婦之間)」(『青年文學』 2006년 1기)」는 일반적인 '문학성'의 관점에서 평가한다면 다소 아쉽다고 말할 수밖에 없다. 너무 단순하고 순진하기 때문이다. 하지만 오히려 그러한 단순함 때문에 작품에서 전달하고자 하는 주요 메시지, 즉 저층의 고통은 더욱 생생하고 감동적으로 전달될 수 있다고도 볼 수 있다.

「날」의 문학적 성취는 이 소설 속의 가족이 혈연적 가족을 넘어서 사회적 가족으로 확대되는 과정, 그리고 그 과정에 대한 아이러니한 처리에 있다. 그리고 이런 아이러니는 우리 모두를 위한 영웅의 희생과 죽음이라는 간단하면서도 강력한 모티프(예수)에 실려 효과적으로 전달된다. 이 때문에 이 작품은 분명 문학적으로 풍부해지고, 다양한 해석의 가능성이 얼리게 된다. 그러나 이런 풍부함과 다양함이 반드시 저층서사로서의 훌륭함을 보증하느냐 하는 것은 또 다른 문제이다. 풍부하고, 복잡하고, 다양하다는 것은 문학 작품이라는 차원에서, 지식인의 입장에서는 긍정적인 특징이 될 수 있을지 모르지만 저층, 인민대중의 입장에서는 오히려 처참한 현실을 가리는 허위가 될 위험이 있으며, 실제 독자들과의 원활한 소통을 방해하는 요소가 될 것이다.

우리는 여기서 5·4 지식인(루쉰)에 대한 자오수리의 비판과 일맥상통하는 문제가 발생하였음을 알 수 있다. 저층서사의 '주체'가 지식인인 한, 지식인이 문학에 완성도를 부여하면 할수록 실제 저층과는 괴리된다는 역설이 발생한다. 하지만 21세기는 이미 5·4시기와는 문학적 환경이 전혀 달라졌기 때문에 이 문제 역시 또 다른 차원에서 접근해야 한다. 즉 이미 문학에 참여하는 세력은 지식인－대중의 양강 구도로 구분할 수 없으며, 또한 지식인－저층 양자로도 구분되지 않는다. 5·4 지식인이 압도적 다수의 문맹자와 저학력 대중을 마주하여 고민해야 했다면, 21세기의 지식인은 저층서사를 통해 저층(인민대중?)을 대상화시키면서 동시에 그 결과물을 지식인에게뿐만 아니라 (자본주의적) 문학 소비자로서의 대중에게 유통시킬 수 있고, 이를 통해 문화적/경제적 자본을 획득할 수 있다. 그런데 역으로 이 과정에서 저층서사는 보다 자극적인 사례와 폭로에 치중하는 경향을 드러내기도 하였는데, 이때는 인민대중에 대한 지식인의 서사 자체가 일종의 '불행 포르노'로서 대중적 관음의 대상이 되어 버린다.

요컨대 저층서사는 21세기 들어 지식인이 인민대중과의 소통을 조직적으로 시도한 사례로서 그 문학사적 의의가 적지 않다고 하겠으나, 지식인의 영향으로부터 독립한 (자본주의적) 대중의 존재 때문에 이제 더 이상 과거처럼 일방적인 계몽이나 정치사상의 선전 등의 목적을 달성할 수는 없게 되었다. 또한 여전히 문학성과 대중성이라는 이원대립의 모순을 완전히 극복하지 못한 모습을 보여 준다 하겠다.

3. 흥미로운 혼종 : 『인민의 이름』

『인민의 이름』[28]은 유명한 정치소설(官場小說)가인 저우메이선(周梅森)의 장편소설이며, 올해(2017년) 드라마로도 제작되어 폭발적인 인기를 누렸다. 내용은 H성(드라마에서는 한둥성(漢東省))의 오래 된 부정부패 문제와 맞서 싸우는 허우량핑(侯亮平)이라는 정의로운 인민검찰반부패국 국장(人民檢察院反貪局局長)의 이야기이다.

전통적으로 정치소설, 혹은 공산당 간부가 등장하는 소설은 반부패라는 주제와 관련을 맺는 경우가 많았으며 주선율문학과 비슷한 논조를 보여 주었다. 아무리 부패나 사회적 병폐 등 부정적 면모를 소재로 삼는다 해도 최종적으로는 권선징악과 공산당의 승리로 귀결되었기 때문이다. 물론 인터넷에 연재된 작품의 경우 도덕성이 무의미해지고 주인공의 욕망 충족에 몰두하는 경우도 있었으며,[29] 반부패소설도 정부의 검열 대상이 되는 경우도 있었지만 대체적으로 보아 정치소설 및 드라마는 사회주의 혁명 이데올로기의 뒤를 잇는 친정부적이고 체제 친화적인 장르라 할 수 있다. 특히 『인민의 이름』은 "파리와 호랑이를 사냥"하겠다는 현 중국 정부의 입맛에 부합하였고(실제로 이 소설은 검찰원의 지원을 받아 제작되었다) 내용적으로도 공산당의 최종적 권위를 승인하는 쪽에 가깝다.

문제는 기존의 주선율문학, 혹은 문화 콘텐츠와는 달리 이 소설/드라마가 대중의 폭발적인 반응을 이끌어냈다는 점이다. 드라마의 평균 시청률은 11.53%에 달하여 최근 10년간 가장 인기 있었던 드라마 중 한 편이 되었으며 인터넷에서 210억 회 이상 방영되었다.[30] 소설 역시 드라마의

---

28) 周梅森, 『人民的名義』, 北京: 北京十月文藝出版社, 2016.

29) 吳越, 「官場小說二十年」, 『齊魯周刊』, 14期, 山東: 山東省發展和改革委員會, 2017, A20-21쪽.

30) 「≪人民的名義≫劇情已進入高潮 24日峰值收視破7」, 2017年4月25日 10:58 新

홍행과 더불어 날개 돋친 듯 팔려 나갔다.[31] 저우메이선은 이전에도 〈절대권력(絕對權力)〉이나 〈지고이익(至高利益)〉 등을 통해 대중에게 잘 알려진 인기 작가였지만, 『인민의 이름』의 홍행은 확실히 예상 밖의 경우로 보인다. '탈 사회주의 시기'라는 말이 유행하는 일컬어지는 2017년, 사실상 공산당을 찬양하는 내용으로 이루어진 장르소설/드라마가 이토록 열띤 반응을 불러일으킨 이유는 무엇이며, 그 의미는 또 무엇인가?

(1) 기존 소설들과의 비교 및 주선율의 대중화 전략

『인민의 이름』은 공산당의 입장에서 국민(대중)을 계도하려 한다는 측면에서는 자오수리와 흡사해 보인다. 대중이 관심을 가질 만한 실제 부정부패 사례들을 다루고 있다는 점도 마찬가지다. 현대소설에서 보기 드물어진 전지적 해설자의 목소리가 종종 직접 등장한다는 점[32]도 근대적 소설 이전의 면모를 암시하는 듯하다. 하지만 자오수리에 비해 이 소설은 훨씬 복잡하고, 인물은 입체적이며, 결론은 암시적이고 복합적이다. 드라마는 상대적으로 결론이 선명한 권선징악에 가깝지만, 소설에서는 여러 문제들이 깔끔하게 해결되지 못하고 남겨진다. 너무나 개성 있고 매력적인 인물들은 저도 모르게 악한 인물들에게 어느 정도의 설득력을 부여해 버린다.

이 소설은 왕숴 식의 대중문학과도 분명히 다르다. 왕숴는 권위를 비웃고 기존 지식인의 도덕주의를 와해시켰다. 하지만 『인민의 이름』은 이미 무너져 내린 것처럼 보이는 공산당과 중국 정치의 도덕을 필사적으로

浪娛樂. http://ent.sina.com.cn/v/m/2017-04-25/doc-ifyepsec0905227.shtml.

31) http://www.newspim.com/news/view/20170504000235.

32) 15쪽, 57쪽, 58쪽 등에서는 모두 해설자의 목소리가 직접 노출된다. 예를 들어 15쪽, "在以后的日子里, 高育良會經常回憶咀嚼當時的情景和細節..."

재건하려고 시도하는 것처럼 보인다. 주인공 허우량핑은 물론이거니와, 주요 악역으로 등장하는 가오위량(高育良) 역시 입에 인민과 국가, 공산당이라는 도덕적 가치를 달고 살다시피 한다. 특히 재미있는 부분은, 부패한 국유기업 사장으로 나오는 류신젠(劉新建)이 '공산당 선언'을 암송하는 부분이다. 류신젠은 심지어 자신이 훌륭한 공산당원이라고 믿는 것처럼 보이기도 하기 때문에, 이 '공산당 선언'과 '인민'이라는 상징이 저자의 진심인지, 아니면 아이러니 섞인 탄식인지 불분명해진다.

중국의 문학이 갖고 있던 기존의 도덕적, 학술적 권위는 왕숴와 한한을 거치면서 크게 파괴되었다. 특히 인터넷 문학의 시대에 이른 지금, 대중문학에서 어떤 사회주의적 도덕성을 기대한다는 것은 시대착오적인 것으로 보일 정도이다. 인터넷에 연재되는 노골적이고 선정적인 정치소설들에 견주어 보자면, 『인민의 이름』이 보여 주는 다소 모호한 태도는 사실 아주 온건한 편에 속한다. 너무 노골적으로 강조해서 농담인 것처럼 여겨진다는 점을 제외한다면, 긍정적 등장인물(이쉐시, 사루이진, 허우량핑)33)의 발언은 정의감에 가득 차 있으며 한점의 사리사욕도 없다. 물론 이런 정직한 도덕주의적 시도는 '주선율'이라는 이름으로 건국 이래 줄곧 계속되어 왔으며 『인민의 이름』은 분명 그 계보에 속한다.

앞서 제기했던 것처럼, 문제점은 왜 『인민의 이름』가 이토록 대중의 사랑을 받았는가 하는 점이다. 〈건국대업(建國大業)〉이나 〈건당위업(建黨偉業)〉, 〈공자(孔子)〉 등 대중문화 및 문화산업 영역에서 중국 정부와 산업계가 협력하여 내놓은 주선율 블록버스터 콘텐츠들은 대부분 조롱과 악평의 대상이 되기 일쑤였다. 하지만 『인민의 이름』은 달랐다. 여기서 그 원인을 정확히 밝힐 수는 없겠지만, 적어도 대중이 이런 콘텐츠를 수용하는 양상에 있어서 큰 변화가 일어났다는 점만은 분명해 보인다.

---

33) 세 사람의 이름 중 밑줄 친 글자들을 모으면 쩝슌(近)平이 된다.

다음 그림을 보자.

〈그림 1〉 리다캉 이모티콘 검색 결과

출처: baidu.com, 2017년 9월 19일 검색, 일부 결과

흔히 이 드라마/소설의 흥행 요인으로 조연들의 활약을 꼽는데, 그 중에서도 대표적으로 인기를 끌었던 것이 바로 리다캉(우깡吳剛 분)이라는 인물이다. 실제 작품 속에서는 일 중독자에 수단과 방법을 가리지 않는 실리주의적 당 간부로 등장하며, 인간적인 매력이 크다고는 볼 수 없다. 하지만 위 그림이 잘 보여 주다시피, 대중은 그의 표정과 발언을 작품의 맥락과 완전히 분리시켜 소비하고 있는데, 마치 아이돌 스타를 대하는 것 같은 착각을 불러일으킨다. 귀여운 핑크색 토끼 귀와 합성된 사진(그림 1, 오른쪽 맨 아래)은, 주선율문학(드라마)가 그 이데올로기적인 맥락이나 메시지와는 전혀 다른 맥락에서 대중적으로 소비되고 있음을 증명한다. 단적으로 말해, 드라마와 리다캉의 인기는 주선율 이데올로기의 승리와 동일한 의미를 갖는 것이 아니다. 수용자는 주선율 이데올로기에 동의하지 않으면서 동시에 리다캉을 문화적으로 전유할 수 있으며 또 실제로 그렇게 한다.

(2) 성공과 실패

지금까지의 논의를 간단히 정리해 보자. 우선 5·4 이후에서부터 건국을 전후한 혁명적 대중소설은 대중을 계몽하고 혁명에 참여하게 만드는 것을 최고의 목적으로 삼았다. 이는 정치적인 이상적 세계, 즉 사회주의적 세계관을 홍보하고 상징적으로 완성하는 실천이었으며, 「소이흑의 결혼」과 같은 도덕적인 세계가 그 이상적인 모습일 것이다. 반면 탈 혁명, 탈 사회주의 시기의 대중문학은 점차 정치적 도덕주의에서 벗어나 대중의 세속적 욕망을 상품화하는 쪽으로 움직여 왔다.

『인민의 이름』은 두 가지를 절묘하게 조화시켜 낸 것처럼 보인다. 공산당이 "깨어난", 부패를 저지른 악당이 인민의 이름으로 처단되는 도덕적 세계를 건설하면서 계몽적, 이데올로기적 효과를 노리고 있다. 하지만 다른 한편으로, 이 소설과 드라마는 부패라는 사회 현상을 엽기적인 뉴스로, 일종의 포르노로 소비한다. 대표적인 예가 '인민폐 저택'[34]에 대한 묘사, 가오샤오친(高小琴)의 산쉐이 그룹(山水集團)에서 벌어지는 화려한 생활에 대한 묘사 등이다. 그런 소비 과정에 권선징악이라는 포장지를 두름으로써 부패관료들의 화려한 생활과 막대한 권력을 노골적으로 묘사해 내고 있는 것이다. 즉『인민의 이름』은 한편으로 사회주의의 도덕적 세계를 회복하려 하지만, 그 과정에서 이미 도덕이 무너져 내린 세계를 너무나 솔직하게 묘사해 낼 수밖에 없으며, 그런 묘사 과정을 통해 부패 그 자체를 상품화한다. 그런데, 정말 이 소설이 주선율 콘텐츠의 두 가지 목적, 즉 이데올로기적 교화와 상품으로서의 성공이라는 두 마리 토끼를 다 잡은 것일까?

겉으로 보이는 것과는 달리, 위 질문에 긍정적으로 대답하기는 쉽지

---

34) 1화에서는 인민폐로 벽과 침대를 만든 부패 관료가 등장하는데, 실화에서 영감을 얻은 것이다.

않다. 소설과 드라마는 상품으로서 성공한 것은 분명하지만, 이데올로기적 효과라는 측면에서는 성공이라고 보기 어렵다. 첫째, 과거 혁명소설이나 전형적인 주선율 콘텐츠와는 다르게, 이 소설에서 공산당의 승리는 결정적이거나 최종적이라고 보기 어렵다. 치퉁웨이(祁同偉)와 가오위량 등 표면에 드러난 악역이 제거되었지만 당 내부의 모순, 당과 인민의 모순, 사회의 모순 등은 제대로 처리되지 않은 채로 남겨진다. 그나마 드라마는 상대적으로 결론이 선명한 권선징악에 가깝지만, 소설에서는 따펑창(大風廠)이라는 주요 모순(국유기업 처리)이 끝까지 해결되지 않는다. 또 드라마에서 톈궈푸(田國富)가 사루이진(沙瑞金)이라는 일인자를 감시하는 역할을 자처했던 것과는 달리 소설에서는 사루이진을 감시하고 감독해 줄 존재가 분명히 드러나지 않는다. 소설의 마지막 부분에서 "당이 깨어났다"[35]는 선언이 등장하지만, 이 선언을 순수한 희망으로 해석하기에는 찜찜함이 남는다. 왜냐하면 아래 그림에서 보다시피, 일말의 희망을 제시하는 마지막 두 문단은 결국 각각 말줄임표와 물음표로 마무리되고 있기 때문이다. 이는 현실에 대한 비판과 탄식이 느낌표로 마무리되고 있는 것과 사뭇 대조된다.

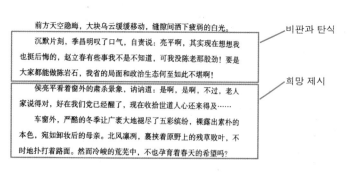

〈그림 2〉『인민의 이름』의 마지막 페이지(384쪽)

---

35) 周梅森,『人民的名義』, 北京 : 北京十月文藝出版社, 2016, 384쪽.

둘째, 설령 이런 망설임과 흐릿함에도 불구하고 이 소설이 궁극적으로는 사회주의 이데올로기를 긍정하고 있다고 하더라도, 이 작품의 대중적 향유 과정은 이데올로기와 그리 큰 관계가 없는 것으로 보인다. 위에서 보았던 것처럼 리다캉이라는 권위적 공산당 간부는 '귀염둥이'로서 소비된다. 대중은 언제나 문화콘텐츠 속의 이데올로기를 비틀고, 멋대로 사용하고, 심지어는 무시해 버릴 가능성을 보여 주었는데, 『인민의 이름』에서 이런 대중문화의 밀렵(poaching) 행위는 대단히 대규모로 진행되고, 광범위한 2차 3차 텍스트를 생성하고 있다. 리다캉이나 허우량핑 등을 주인공으로 한 팬픽, 만화, 이모티콘 등이 쏟아졌다.

IV. 결론

다시 대중과 지식인의 문제로 돌아가 보자. 어떤 면에서 『인민의 이름』은 지식인과 대중 모두를 끌어안으려는 시도이다. 소설은 지식인의 입장에서 사회주의 이데올로기를 새롭게 세우려 하지만, 동시에 일종의 문화 상품으로서 상업적이고 말초적인 자극을 사용하는 행위도 꺼리지 않기 때문이다. 이 소설은 도덕적 세계를 재건하고 독자 대중에게 안심을 주려 시도하지만, 이제 그 재건은 위태롭기만 하며 심지어는 그 자체로 해체의 씨앗을 품고 있다.

여기서 마지막으로 덧붙이고 싶은 문제는 창작 주체와 관련된 것이다. 이 소설의 겉으로 드러난 창작 주체는 저우메이선이라는 작가, 즉 지식인이다. 하지만 실제 창작 주체도 지식인이라고 볼 수 있는가? 이 소설의 창작 과정에는 당과 정부 기관이 주도적으로 개입하였으며, 심지어 저우메이선의 창작을 '허가'해 주었다. 그렇다면 주선율 콘텐츠의 창작 주체는 사실상 지식인 개인이 아니며, 지식인과 국가 권력의 공동 창작으로 보아야 한다. 저층서사에서 여전히 문제가 되었던 지식인—대중이라는 관계 설정이 여기서는 또 다른 양상으로 나타나고 있다.

중국 문학사에서 국가와 당은 지식인과 대중 사이에서 매우 중요한 역할을 해 왔으며, 최근에는 주선율 문학을 대중적 문화상품과 융합하려는 시도를 적극적으로 해 오고 있다. 『인민의 이름』은 중국 대중문학이 처한 이런 복잡한 상황을 잘 보여 주는 사례다. 고삐 풀린 대중을 (재)영토화하려는 공산당의 시도는 겉으로는 성공한 것처럼 보이지만, 그 이면으로는 무수한 탈주의 선을 낳고 있는 것이다.

지금까지 40년대 이후 나타났던 대중문학의 다양한 양상을 짚어 보았다. 필자가 구성한 징검다리는 당연히 많은 것들을 빠트리고 있다. 원앙호접파를 비롯한 상하이의 대중소설들, 혁명 장편소설들, 양판희(흥행 기록만을 보자면 단연 최고의 대중문예라 할 수 있겠다)…그러나 여기에서 다루지 못한(않은) 대중문학의 존재가 이 글의 치명적인 한계라고 생각하지는 않는다. 오히려 이런 보이지 않는 대중문학이 있다는 사실을 더더욱 강조할 필요가 있다고 본다. 그렇게 함으로써 이 징검다리가 언제나 일시적이고 가변적이고 상대적인 것임을 깨닫게 해 줌으로써, 하나의 개념 혹은 고정관념에 우리의 사유가 묶이는 것을 막아 줄 수 있기 때문이다. 분명한 것은, 중국의 대중이 계속해서 문학적인 발언권을 강화시켜 왔으며 그 역사적 과정에서 많은 무기를 손에 넣으며 문학의 주체로 각성하였다는 점이다. 지식인 역시 그 과정에 때로는 관찰자로, 때로는 선각자로, 때로는 비판자로, 때로는 열렬한 팬으로서 참여하여 왔다. 날로 새로워지는 대중과 마찬가지로, 지식인 역시 새로운 시대에 맞는 새로운 역할을 계속해서 고민해야 할 것이다.

| 참고문헌 |

가마야 오사무 지음, 조성환 옮김, 『자오수리 평전』, 서울: 동과서, 1999.

안인환, 『중국대중문화, 그 부침의 역사』, 서울: 도서출판 문사철, 2012.

김자은, 「大躍進時期 新民歌의 운동방식 고찰」, 『중국학』, 제28집, 서울: 대한 중국학회, 2007.

박민호, 「왕쉬(王朔) 창작에 대한 '다위안(大院)'의 영향과 왕쉬의 대중문화 관」, 『중국문학연구』, 66호, 서울: 한국중문학회, 2017.

박자영, 「'저층문학'의 공동체 상상」, 『중국현대문학』, 71호, 서울: 한국중국현 대문학학회, 2014.

원영혁, 「민중문학과 '저층서사'의 개념 비교」, 『한국현대문학회 2009년 제1차 전국학술발표대회 자료집』, 2009.

전형준, 「저층서사와 중국 문학의 새로운 지평」, 『아시아』, 서울: 아시아, 2009.

천쓰허 지음, 노정은·박난영 옮김, 『중국당대문학사』, 서울: 문학동네, 2008.

최재용, 「왕삭 소설 연구」, 서울대학교 석사학위청구논문, 2006.

_____, 「의/협의 변천사 ― 최근 중국 인터넷 '선협소설'에서의 의/협 개념」, 『중 국소설논총』, 제44집, 서울: 중국소설학회, 2014.

_____, 「중국 현대문학의 저층서사 속에 나타나는 '가족'의 의미에 대한 연구」, 『중국현대문학』, 제65호, 서울: 한국중국현대문학학회, 2013.

_____, 「한한이 촉발한 문학논쟁과 그 문학사적 의미」, 『중국현대문학』, 61호, 서울: 한국중국현대문학학회, 2012.

葛紅兵·朱立冬, 『王朔研究資料』, 天津: 天津人民出版社, 2005.

唐小兵, 『再解讀―大衆文藝與意識形態』, 北京: 北京大學出版社, 2007.

周梅森, 『人民的名義』, 北京: 北京十月文藝出版社, 2016.

葛娟, 「論網絡仙俠小說的敍事模式」, 『江西師範大學學報』, 47卷 2期, 江西: 江西師範大學, 2014.

李運摶,「中國新世紀底層敘事的意義與問題」,『廣西文學』, 1期, 廣西: 廣西文學雜志社, 2010.

白春香,「底層文學應該如何寫作 - 以趙樹理的小說創作爲參照」,『文藝理論與批評』, 第4期, 北京: 中國藝術研究院, 2012.

吳越,「官場小說二十年」,『齊魯周刊』, 14期, 山東: 山東省發展和改革委員會, 2017.

陳奇佳,「論中國大眾文學觀念的三種類型」,『文藝研究』, 12期, 北京: 中國藝術研究院, 2010.

중국 기층 거버넌스 변화와 베이징 '역사문화보호구'의 도시재생

● 박철현 ●

I. 체제전환과 도시재생

최근 도시재생(urban regeneration)에 사회적 관심이 집중되면서 학계에서도 이에 대한 연구가 활발하다. 올해로 개혁개방 40주년을 맞는 중국에서도 도시재생은 연해지역과 내륙지역, 대도시와 중소도시, 수도와 지방을 막론하고 전국적인 범위에서 추진되고 있다. 중국이 장기적인 체제전환을 진행하고 있다는 점을 고려하면, 도시공간의 변화를 필수적으로 수반하는 도시재생은 단지 물리적 변화만이 아니라 사회정치적 경제적 이해관계의 변화를 초래할 것이 분명하다는 점에서, 도시재생의 다양한 측면에 중국 국내외 학계의 관심이 집중되고 있다.[1]

기존 도시재생에 대한 중국 학계의 연구는 주로 경제건설 및 도시발전과 직간접적으로 관련되어, 시장이 사회와 경제를 운용하는 핵심적인 기제로 도입되기 시작하는 1980년대에 들어서 비로소 시작되었다. 개혁기 초기인 1980년대에는 기존 문화대혁명이 가져온 혼란과 파괴로부터의 복

---

* 이 글은 「중국의 도시재생과 기층 사회관리체제의 변화: 베이징 '역사문화보호구'의 도시 거버넌스」, 『사회와 역사』, 116권, 2017을 수정, 보완한 것이다.

** 국민대학교 중국인문사회연구소 HK연구교수.

1) 중국에서 도시재생(urban regeneration)은 '城市更新' 혹은 '城市再生'으로 번역된다.

구에 초점을 맞추어 도시의 구조와 기능을 정상화시키는 데 연구가 집중
되었다. 개혁의 초점이 기존의 농촌에서 도시로 이행하고 시장이 급속도
로 확산되는 1990년대에 들어서면서는 구(舊) 도심의 개조, 설계, 시정(市
政)건설, 역사문화유산 보호 등에 관한 이론적 실천적 연구가 시작되었
다. 2000년대 들어서는 도시재생의 대상이 기존의 물리적 환경만이 아니
라 인문적·역사적·문화적 가치로 확대되면서, 연구의 대상도 보다 확대
되었다.[2] 최근에는 특히 '문화적 도시재생(cultural urban regeneration)'에
대한 연구가 활발해져 이미 도시재생의 보편적 패러다임으로 자리 잡았
다.[3] 문화적 도시재생은 역사, 기억, 건축, 민속 등 다양한 '문화적 컨텐
츠'를 소재로 도시재생을 추진하는 것을 말하는 것으로, 중국에서도 각
도시들의 오랜 역사와 문화적 자원을 소재로 한 연구가 진행되고 있다.

중국 도시재생에 대한 선행연구는 주로 역사문화 보호, 공간조직, 지속
가능한 발전, 도시재생 기제, 도시재생의 경제적 가치, 도시재생 전략, 지
방정부의 역할, 기억의 활용과 변용, 기존 공간구조의 변용 등과 같이, 높
은 경제적 부가가치 창출을 위한 효율적 도시재생의 방법과 그 결과에
대한 평가에 집중되었다.[4] 하지만 도시재생이 막대한 사회정치적 경제적

---

2) 嚴若谷·周素紅·閆小培, 「城市更新之研究」, 『地理科學進展』, 第8期, 北京:
   中國科學院地理與資源所, 2011.

3) 조명래, 「문화적 도시재생과 공공성의 회복」, 『공간과 사회』, 21(3), 서울: 한국공간환
   경학회, 2011.

4) 도시재생에 관한 중국 측 연구는 매우 많은데 그 중 주요한 것은 다음과 같다. 王紀武,
   「地域城市更新的文化檢討: 以重慶洪崖洞街區爲例」, 『建築學報』, 05期, 北
   京: 中國建築學會, 2007; 劉剛, 「城市更新中的上海城市遺産及其保護」, 『中國
   文化遺産』, 第3期, 北京: 國家文物局, 2011; 胡力駿, 「基於歷史文化價值的城
   市更新研究: 以上海以上海虹口港城市更新爲例」, 『上海城市規劃』, 1期, 上
   海: 上海市城市規劃設計研究院, 2013. 한편 중국 도시재생에 관한 한국 내 연구
   는 주로 상하이에 집중되어있다. 한지은, 「탈식민주의도시 상하이에서 장소기억의
   경합」, 『문화역사지리』, 20(2), 서울: 한국문화역사지리학회, 2008; 김혜진, 「상하이의

이해관계가 집중된 도시공간의 물리적 변화를 초래하는 '정치적 프로젝트'라는 점을 생각하면, 이해관계 조정을 위한 의사결정구조를 의미하는 '거버넌스(governance)'의 문제는 매우 중요하다.

본 연구는 베이징 '역사문화보호구(歷史文化保護區)'를 사례로 중국의 도시재생 거버넌스를 분석하는 것을 목적으로 한다. 또한 본 연구는 베이징의 '구(區)정부' 층위에 분석의 초점을 맞추어 동일한 구정부가 추진하는 별도의 도시재생 항목의 거버넌스를 상호비교하고, 서로 다른 구정부들 사이의 도시재생의 거버넌스를 비교하는 것을 목적으로 삼는다.

'역사문화보호구'란 1986년부터 국무원이 지정하기 시작한 역사적·문화적 가치가 있는 건물·공간·거리 등을 가리킨다. 그런데 실제로는 주민들이 무단점유하여 거주지로 사용하고 있거나 여러 가지 이유로 훼손되어 있는 상황인데, 도시의 역사문화적 자원이 가지는 큰 사회경제적 가치에 주목한 도시정부들이 보존/개발에 나서면서 기존 주민들과 갈등 및 충돌이 발생하고 있다.

거버넌스에 주목해야 하는 이유는 1990년대 초반 증대된 지방정부의 경제적 자율성에 기반하여 해당 지방의 조건에 부합되는 경제적 발전이 추진되어 왔고, 그 과정에서 지방정부는 도시재생을 위해 부동산 개발회사, 주민 등과 같은 지방정치 행위자들과 이해관계 조정을 위한 일정한 의사결정구조를 창출하고 있기 때문이다. 중요한 것은 이러한 지방정부의 층위가 기존의 '시(市)정부'에서, 최근 도시지역 '국유토지(國有土地)' 소유권을 보유하고 국유토지 사용권을 활용하는 주체인 구정부 층위로 이동하는 추세라는 점이다.[5] 따라서 구정부 층위에 초점을 맞추어서 도

산업유산을 통한 문화적 도시재생 전략 연구: M50 창의산업원구를 중심으로」, 『중국학연구』, 65, 서울: 중국학연구회, 2013; 장유경·오광석·유재우, 「상하이(上海) 톈즈팡(田子坊)의 형성과 공간변용 연구」, 『대한건축학회논문집 계획계』, 29(2), 서울: 대한건축학회, 2013.

시재생에 관한 구정부, 부동산 개발회사, 주민 사이에 구축된 거버넌스에 대한 분석은, 장기적인 체제전환을 배경으로 도시공간의 물리적 변화가 초래하는 사회정치적 경제적 이해관계의 조정양상을 미시적으로 관찰할 수 있는 하나의 창을 제공해준다는 의의가 있다고 하겠다.

이 글은 중화인민공화국 건국 이후 중국 도시 재생의 역사를 개괄한 후, 거버넌스 문제가 부각된 배경으로서 중국 기층사회 변화를 '단위체제'의 해체와 '사구(社區)' 건설을 중심으로 분석하고 베이징 도시재생의 거버넌스를 3가지 유형으로 나눠서 제시한다. 4장에서는 베이징 도심 역사문화보호구인 '난뤄구샹(南鑼鼓巷)', '바이타스(白塔寺)', '양메이주셰제(楊梅竹斜街)'의 도시재생 거버넌스를 비교 연구한다. 개별항목 별로 우선 도시재생 과정, 도시재생의 문제점, 도시재생 전략을 개괄한 후, 도시재생 거버넌스의 문제를 집중적으로 분석한다. 마지막 5장에서는 본 연구의 발견을 정리하고, 향후 연구 과제를 제시한다.

---

5) 「중화인민공화국헌법(中華人民共和國憲法)」과 「토지관리법(土地管理法)」에 따르면, 중국의 모든 토지는 전민소유(全民所有)이며, 전민소유는 행정부에 해당하는 국무원(國務院)이 국가를 대신하여 소유권을 행사하는 방식으로 실현된다. 도시지역 토지는 국가소유이고, 농촌지역은 해당 집체정부(集體政府) 소유이다. 도시지역은 도시정부가 해당 관할지역 내의 토지를 소유하고 있는데, 최근 토지를 활용한 경제발전 전략이 추진되면서, 특히 일정규모 이상의 대도시의 경우 구정부가 실질적인 토지소유권 행사의 주체가 된다. 본 연구의 대상인 베이징과 같이 상주인구 2300만 명에 달하는 대도시의 경우 도시재생 개별항목 별로 모두 시정부가 직접 개입하지는 않고, 관할지역 내의 토지소유권을 사실상 행사하면서 해당 개발항목을 관할하는 구정부가 직접적인 도시재생의 주체라고 볼 수 있다. 물론 중국 전역의 모든 도시에서 도시재생과 관련된 실질적인 주체가 구정부 층위로 이동했다고 볼 수는 없다.

II. 개혁기 베이징 도시개발 방식의 변화:
'개조'에서 '재생'으로

중국에서 도시재생은 1949년 10월1일 중화인민공화국 건국과 함께 시작되었다고 할 수 있다. 하지만 이때는 '재생(再生)'이라기보다는 '개조(改造)'였다. 즉 아편전쟁 이후 100여 년 가까이 지속된 전란과 혁명으로 도시 기반시설의 파괴와 도시 공간구조의 왜곡이 심각한 상황이었고, 무엇보다도 신생 공화국으로서 기존과는 다른 도시를 '창출'하려는 공산당의 의지에 따라서 기존의 도시를 바꿔내는 '개조'가 주된 방침이었던 것이다. 특히 본격적인 사회주의 중공업화가 시작되는 '제1차 5년 계획(1953-57)'과 함께 기존의 "소비와 향락의 자본주의 도시"를 "생산과 건설의 사회주의 노동자 도시"로 개조하기 시작하면서 도시의 공간구조에는 급격한 변화가 일어났다. 1976년 마오쩌둥(毛澤東)이 사망하고 문화대혁명이 종결되었고, 1978년 개혁개방이 대내외에 선포되면서, 중국은 기존의 계급투쟁과 계획경제와 결별하기 시작했고, 이에 따라 도시에도 변화가 시작된다. 이하에서는 개혁기 베이징 도시개발 방식 변화의 문제를 특히 1990년대 중후반부터 기존의 개조가 재생으로 바뀌게 되는 계기와 양상을 중심으로 분석한다.

1990년대는 개혁의 초점이 농촌에서 도시지역으로 이동하였다.[6] 1990년 4월 베이징 시정부는 시 전역에서 '노후주택 개조(危舊房改造)' 계획을 추진하기 시작하였다. 이어서 기존 '사회주의 계획경제'에서 '사회주의 시장경제'로의 전환이 공식 선포되면서, 부동산 개발과 부동산 시장이 급

---

6) 개혁기 초기인 1980년대가 농업경영 자율성 확대와 농민소득 증대를 목표로 하는 농촌지역 개혁의 시기였다고 한다면, 1990년대는 국유기업 개혁, 단위체제 해체, 복지제도 전환을 핵심으로 하는 도시지역 개혁의 시기였다.

속도로 확산되는데, 노후주택 개조도 시장 기제를 도입하여 대규모 철거와 대규모 건설 방식으로 진행되었다. 이러한 노후주택 개조는 기존의 주민들 중 상당수가 철거민으로 전락하여 떠나고 기존 주택을 철거한 후 새로이 들어선 주택에 입주할 경제적 능력을 갖춘 새로운 주민이 그 자리를 대신하는 방식으로 진행되었다. 특히 이 시기 본격화된 국유기업 개혁과 맞물리면서, 기존 '단위'(=직장)가 소속 직원에게 제공하던 공유제 주택은 완전히 철거되어 새로운 고급 아파트가 들어서거나, 부분적인 수리를 거쳐서 개인에게 매각되는 방식으로 사유화(私有化)[7]되었다.

사회주의 시기는 물론, 개혁기 초기인 1980년대만 해도 도시주민의 대부분은 단위체제에 편입되어서 단위가 제공하는 주택에서 거주하면서 단위가 제공하는 복지를 누리면서 생활했다. 하지만 1990년대 본격화된 국유기업 개혁으로 기존 단위의 복지혜택이 점차 사라지고, 결정적으로 1998년 '공유제(公有制)' 주택제도가 전면 폐지되면서 단위체제의 해체는 가속화된다.[8] 동시에 시장에서 화폐로 구매할 수 있는 '상품주택(商品住宅)'이 생겨나면서 도시 공간 내부에서 경제적 능력에 따른 주거의 이질성이 심화되었다. 특히 지방정부는 자신이 보유한 토지자원, 인허가

---

7) 개혁기 들어서 이러한 공유제 주택제도는 폐지되었지만, 토지는 여전히 국가소유이다. 그런데 2007년 10월 시행된 물권법(物權法)에 의해서 사유재산이 법률에 의해 공식 인정되기 때문에, 개인이 주택을 구매할 경우 그 주택이라는 사유재산에 대한 권리는 물권법에 의해 인정되지만, 그 가옥이 위치한 토지에 대한 소유권은 여전히 국가가 보유하고 있으므로, 개인은 토지소유권이 아닌 토지사용권만을 특정 기간 동안 소유하게 되는 것이다.

8) 사회주의 시기 공유제 주택은 국가가 주로 단위를 통해서 단위 소속 인원에게 제공하는 주택으로, 해당 단위의 규모나 위상 등에 따라서 제공하는 주택의 품질은 매우 다양했다. 공유제 주택은 중국 사회주의의 매우 중요한 구성요소로서, 주민은 단위가 제공하는 이 공유제 주택에 사실상 무료나 다름없는 매우 저렴한 가격에 거주했는데, 동일한 단위 소속의 주민들은 매우 유사한 '정체성'을 형성하였고, 그러한 정체성은 종종 다른 단위 소속의 주민과는 구분되는 배타적 폐쇄적 성격의 것이었다.

권, 행정권력 등을 활용한 경제개발에 집중하면서 그 스스로 개발수익을 올리는 주체가 되었다. 토지의 상품가치에 주목한 지방정부가 기존의 노동자 주택을 철거하고 고급아파트, 쇼핑몰, 백화점 등을 건설했던 것이다. 이렇게 1990년대는 '시장'의 급속한 확산을 계기로 사회와 경제가 급속한 체제전환을 경험하는 시기였고, 도시 공간구조도 급격한 변화를 경험했다.

문제는 이 과정에서 수많은 역사문화적 유산들도 파괴되었다는 사실이다. 베이징은 오랫동안 중국의 수도로서 역사적 · 문화적 · 인문적 가치를 지닌 수많은 자원을 가진 도시이다. 그런데 1990년대 본격화된 시장의 확산, 국유기업 개혁, 도시 공간구조의 급격한 변화를 배경으로, 기존 주택의 철거와 철거민 대량 이주, 교통량 증대에 따른 주간(主幹)도로와 고가도로 건설, 도심 공장의 교외이전과 고부가가치 시설 건설, 쇼핑몰 백화점 등 새로운 상업시설 건설 등이 진행되면서, 그러한 역사문화적 유산들의 파괴가 심각하게 진행되었다. 따라서 이 시기는 여전히 '재생'이 아니라, 경제적 가치의 실현을 위해 기존의 것들의 철거와 새로운 것들의 건설에 강조점을 두는 '개조'가 도시 공간변화를 지배하는 이념이었다고 볼 수 있다.

점차 기존의 '개조'가 가져온 파괴의 문제점을 인식하게 되면서, 2001년 베이징 시정부는 「베이징 구도심 25개 역사문화보호구 보호규획(北京舊城25片歷史文化保護區保護規劃)」을 발표하고 이듬해인 2002년부터 시행에 들어갔다.[9] 이 규획은 25개 보호구를 황성(皇城)14개, 내성(內城) 7개, 외성(外城) 1개로 나누어 상세한 보호규칙을 명문화한 것이

---

9) 이 규획은 베이징시 규획위원회가 제정한 것으로, 25개 역사문화보호구 관련 규획문안, 역사, 현황에 관한 자료를 싣고 있으며, 보호구 내 용지성질 변경, 인구해소, 도로조정, 시정건설 등과 관련하여 구체적인 원칙, 대책, 조치 등을 싣고 있다.

다.[10] 이 규획은 기본적으로, 1990년대 경제적 부가가치 증대를 목적으로 부동산 개발 위주로 진행된 도시공간의 변화가 가져온 문제점들에 대한 인식에 기초하고 있다. 즉 기존 개조는 주민의 의사를 무시하고 대규모 철거와 재개발을 진행하는 방식으로 추진되어서, 주민의 저항은 물론이고 역사문화자원의 파괴라는 심각한 문제를 낳았다는 인식이 정부, 부동산 개발회사, 주민 등 사회의 각계각층에 확산되기 시작한 것이다. 기존의 개조에서 재생으로의 전환이 시작된 것이다.

그래서 1990년대 말부터 부동산 개발을 위한 철거를 할 때도 주민의 재산권과 참여권을 가능한 보장하고, 역사문화적 자원을 보호하는 방향으로 추진된다. 여기서 역사문화적 자원의 보호는 단지 그러한 자원의 가치에 대한 심미적 차원의 존중이 아니라, 그러한 자원이 가진 직간접적인 사회경제적 가치가 매우 크다는 판단에서 비롯된 것이라고 봐야 한다. 예를 들자면, 역사문화적 자원을 철거하고 그 자리에 쇼핑몰을 지어서 얻을 수 있는 단기적 이익이 있겠지만, 장기적으로 볼 때 그러한 자원을 가능한 보호하고 개발하면 그러한 단기적 이익과는 비교할 수 없을 정도로 큰 유무형의 사회경제적 가치를 가져다준다는 판단이 확산된 것이다.

개조에서 재생으로 전환을 이끈 배경으로 또 하나 중요하게 고려해야 할 것은 바로 기층 거버넌스의 변화이다. 즉 단지 무차별적 대규모 철거에 대한 주민들의 저항만이 아니라, 단위체제 해체와 사구건설이라고 하는 중국 도시지역 기층 사회관리체제 변화가 중요한 배경이 되었다는 사실이다. 앞서 보았듯이 1990년대는 중국의 사회와 경제가 급속한 체제전환을 경험하는 시기로서 기존 체제의 핵심요소라고 할 수 있는 국유기

---

10) 황성은 황제의 궁궐인 자금성(紫禁城)을 둘러싼 지역으로 자금성이 필요한 각종 서비스를 제공하는 기능을 가진 건물들이 모여 있는 곳이다. 내성은 외성과 황성 사이에 위치한 성벽으로 청나라 때는 만주족 황실을 지키거나 가까운 관계에 있는 기인(旗人)이 거주하던 곳이다. 외성은 베이징의 가장 외부에 위치한 성벽이다.

업, 단위체제, 복지제도가 집중된 도시공간의 변화는 매우 심대했다. 특히 기층 사회관리체제인 단위체제가 해체되면서 국가는 이를 대체할 기제를 확보해야 했고, 이는 사구건설로 나타났다. 다음 3장에서는 사회관리체제의 변화를 살펴보고, 도시재생과 관련된 거버넌스를 3가지 유형화한다.

III. 사회관리체제 변화와 도시재생 거버넌스 유형

여기서는 중국 도시 기층 사회관리체제가 단위체제에서 '사구(社區)'로 전환되는 과정을 설명하고, 사구건설에서 제기된 '거버넌스'의 의미에 대해 분석한다. 또한 도시재생 거버넌스를 3가지로 나누어서 설명한다.

1. 단위체제 해체와 사구건설

1958년 「중화인민공화국 호구등기 조례(中華人民共和國戶口登記條例)」가 시행되면서 중국의 모든 인민은 농민과 시민으로 나뉘고, 이에 기초하여 농촌에는 인민공사(人民公社), 도시에는 단위체제(單位體制)가 건설되기 시작한다.[11] 국가는 단위 내부에 설치된 공산당조직을 통해서 소속 인원을 정치적으로 지배하였고, 동시에 단위는 소속 인원에게 식량은 물론, 주택, 의료, 교육, 문화 등 일성한 사회경제적 보장을 제공했다. 단위가 제공하는 이러한 사회경제적 보장의 질과 양은 단위 사이에 상호 차이가 존재했으며, 일반적으로 중앙정부가 소유한 중대형 중공업

---

11) 단위는 직장을 의미하는데, 당(黨)·정(政)·군(軍) 등의 '국가기관(國家機關) 단위', 국가가 각종 사업을 하기 위해 설립한 '사업(事業)단위', 국유기업 집체기업 등의 '기업(企業)단위'로 나뉜다.

부문 '중앙기업(中央企業)'과 지방정부가 소유한 경공업 부문 중소형 '지방기업(地方企業)'이 각각 제공하는 사회경제적 보장 사이에는 질과 양에 있어서 큰 차이가 존재했다. 또한 사회주의 시기 중국은 노동자가 자신의 노동력을 자유로이 판매할 수 있는 '노동시장'이 사실상 존재하지 않았다. 기업에서 결원이 발생하면 기업 내부의 인원에 의해서 바로 충원되었고, 기업과 기업 사이의 전직이나, 기업 내부에서 한 부문에서 다른 부문으로의 전환도 매우 힘들었다.

개혁기 들어서 시장이 점차 확산되면서 단위체제는 서서히 해체되기 시작한다. 사회주의 이데올로기가 현실적 정당성을 상실하기 시작했고, 무엇보다도 기존에는 단위 내부에서 상급자에 대한 '충성'을 대가로 지급되던 사회경제적 보장이 이제는 시장에서 화폐로 구매할 수 있는 '상품'이 된 것이다. 따라서 이제 개인은 자신의 경제적 능력에 따라서 원하는 사회경제적 보장을 구매하였다. 또한 국유기업 개혁에 의해서 면직과 실업이 일상화되면서 정치적 지배와 사회경제적 보장 제공을 핵심적인 특징으로 하는 단위체제는 유지될 수 없었고, 특히 1998년의 공유제 주택제도의 전면적 폐지는 단위체제 해체를 가속화시켰다.

문제는 국가의 입장에서 보면 시장이 기존의 계획을 대체하여 사회와 경제를 운용하는 핵심적인 기제가 된 것은 국가 스스로 추진한 개혁의 결과였지만, 그렇다고 해서 인민에 대한 정치적 지배를 완벽하게 포기할 수는 없었기 때문에, 설사 단위체제 정도의 강력한 정치적 지배는 불가능하더라도, 개혁기 변화된 사회정치적 경제적 지형에 맞추어 가능한 정치적 지배를 유지할 수 있는 기제가 필요했다. 그 기제가 바로 '사구(社區)'이다. 국가는 1990년대 급속히 확산된 시장에 의해서 가속된 체제전환에 대응하여 도시 기층사회에 대한 정치적 지배를 가능한 유지하기 위하여 기존의 단위체제를 '사구'라는 새로운 사회관리체제로 대체하기 시작하였다. 이 사구는 '직장'에 기초한 단위와는 달리 바로 '거주지'에 기반하는

것을 특징으로 한다.[12]

사구는 구정부 산하의 말단 행정조직인 가도판사처(街道辦事處), 사구 주민의 "자치"조직인 거민위원회(居民委員會), 주민대표로 구성되는 주민대표대회(居民代表大會), 사구 내 각종 단위 민간조직 업주위원회 물업공사 등의 대표 및 주민들로 구성되는 협상의사위원회(協商議事委員會), 부동산 관리회사인 물업공사(物業公司), 부동산 소유자 모임인 업주위원회(業主委員會), 사구 외부의 시장과 연계하여 각종 서비스를 제공하는 사회조직(社會組織) 등으로 구성된다. 가도판사처에는 당공작위원회(黨工作委員會), 거민위원회에는 당지부(黨支部)가 각각 설치되어 있어서, 공산당원과 같은 핵심인물을 중심으로 사구 내 주민을 정치적으로 동원한다.

이렇게 1990년대 후반 이후 중국 도시사회의 기층 사회관리체제가 '사구' 중심으로 재편되면서, 국가는 사구공간을 매개로 기층사회 및 인민과 만나게 된다. 중요한 것은 앞서 언급한 것처럼, 기존 단위체제처럼 강력한 정치적 지배가 불가능해진 사회정치적 경제적 지형 때문에 생겨난 것이 사구이기 때문에, 사구에서는 과거와 같은 일방적인 정치적 조직과 동원을 특징으로 하는 지배는 불가능하다. 따라서 국가는 기존과 같은 '사회관리(社會管理)'가 아니라 '사회치리(社會治理)'로 방향전환을 시도하고 있다.[13] 사회치리는 곧 '사회 거버넌스(social governance)'의 번역어이다. 사회치리는, 1990년대 후반 이후 과거와 같은 단위체제의 공산당

---

12) 중국 내 사구에 관한 연구는 매우 많은데, 대체로 다섯 분야로 나뉜다. 사구건설의 지역별 모델, 국가-사회 관계, 거버넌스, 사회적 자본, 사구자치가 그것이다. 이 다섯 분야의 구체적인 내용에 대해서는 다음을 참고. 박철현, 「중국 사구모델의 비교분석: 상하이와 선양의 사례」, 『중국학연구』, 69집, 서울: 중국학연구회, 2014.

13) 광둥성의 사례를 통해서 사회관리에서 사회치리로의 방향전환을 분석한 연구는 다음을 참고. 나사기 · 백승욱, 「사회치리(社會治理)'로 방향전환을 모색하는 광둥성의 사회관리 정책」, 『현대중국연구』, 17(2), 서울: 현대중국학회, 2016.

조직을 통한 기층인민에 대한 국가의 지배가 불가능해진 상황에서, 통치에 근본적인 위해를 가하지 않는 범위와 영역에서 국가가 특히 도시 기층사회의 각종 사안에서 사회와 주민의 적극적 참여를 고무하여 문제해결의 효율성을 제고하고 통치행위의 정당성을 확보하기 위하여 창출된 개념이다.

이러한 사회치리, 즉 사회 거버넌스를 도시문제에 적용하면, 1990년대와 그 이전 시기를 지배했던 국가 주도의 일방적 대규모 철거와 철거민 강제이주가 아닌, 좀 더 역사적·문화적·인문적 가치를 고려하는 개발, 곧 '도시재생'을 위해서 도시정부, 부동산 개발회사, 주민 등 다양한 이해관계 당사자들의 이해관계를 조정하는 의사결정구조가 되는 것이다. 이러한 도시재생의 거버넌스는 도시별로, 개발항목별로, 매우 다양한 모습을 가지는데, 베이징 역사문화보호구의 경우 대체로 다음에 설명할 3가지 형태로 유형화된다.

2. 도시재생 거버넌스 유형

(1) 정부주도형

일반적으로 도시재생에 참가하는 주체들은 지방정부, 부동산 개발회사, 주민 등으로 구성된다. 1994년 중앙정부와 지방정부가 세수를 나누는 방법을 중앙정부에게 유리한 방향으로 바꾼 '분세제(分稅制) 개혁'14) 이

---

14) 개혁기 초기인 1980년대 중국은 재정분권화를 적극 추진하여 지방정부는 자신의 관할 범위에서 거둔 세수 중 상당부분을 확보하게 된다. 이에 따른 세수 감소로 국가능력 (state capacity) 감소에 직면한 중앙정부는 1992년 중앙과 지방이 세수를 나누는 방법을 바꾸는 분세제 개혁을 단행하여, 특히 부가가치세의 70%를 중앙정부가 가져가게 된다. 그 결과 급격한 세수감소에 직면한 지방정부는 기존과 달리 경제발전에 정책의 최우선적인 관심을 두게 된다.

후, 중앙정부의 재정수입은 증가하고 지방정부의 재정수입은 감소하였다. 이에 따라 지방정부는 재정수입을 확보하기 위하여 자신이 보유한 국유토지와 각종 인허가권 및 행정권력을 동원하여 부동산개발에 적극적으로 나서기 시작하였다. 역사문화보호구의 재생에 있어서도 지방정부가 중요한 주체가 되었던 것이다.

도시지역 지방정부는 위계에 따라 시정부(市政府), 구정부(區政府), 가도판사처(街道辦事處)로 나뉜다. 베이징 도심의 사례를 보면 시정부가 직접적으로 특정 역사문화보호구의 재생에 나서는 경우는 없고, 구정부나 가도판사처가 도시재생의 주체가 되는 경우가 대부분이다. 부동산 개발회사는 주로 지방정부가 소유하고 있는 국유기업인 경우가 많고, 시공의 직접적인 주체가 된다. 주민은 해당 역사문화보호구에 위치한 건물에서 살고 있는 사람들로서, 해당 부동산의 소유자이거나 임차인이다.

중요한 것은 이렇게 주로 지방정부, 부동산 개발회사, 주민들로 구성된 도시재생 거버넌스에 있어서, 재생을 주도하는 것은 지방정부이기 때문에, 도시재생은 지방정부가 국유기업 부동산 개발회사를 동원하여 시공하는 일종의 '행정행위(行政行爲)'라는 점이다. 이러한 행정행위에 있어서 주민은 사실상 아무런 역할을 하지 못하고, 단지 재생의 '대상'에 불과한 경우가 많다. 재생의 결과 수익이 발생하면 그 대부분이 재생을 주도하는 정부에게 귀속되지만, (수익 발생 가능성이 상대적으로 낮은) 도심의 서민 거주지 노후주택 수리사업의 경우 정부가 기획, 시공, 자금동원은 물론 철거까지 담당해야하기 때문에, 행정행위로서의 도시재생을 주도하는 정부로서도 행정적 경제적 부담이 매우 크다. 이와 달리 수익이 발생하는 경우에는, 이러한 정부주도형 도시재생은 수익창출에 우선적인 관심을 가지기 때문에, 주민의 이해관계나 공공시설의 확충은 무시되는 경우가 다수이다. 따라서 수익을 노린 강제적인 철거가 진행되면 이에 반발하는 기존 주민의 저항이 발생하는데, 결과적으로 일정한 경제적 수익을 거둘 수 있다고 하더라고, 지방정부로서는 이러한 재생과정에서 수반되어 치러야 할 정치적 사회적 비용이 지나치게 큰 것이 현실이다. 따라서 이렇게 행정행위로서 이뤄지는 정부주도형 도시재생 거버넌스는 최근 점차 지양되고 있는 추세이다.

(2) 부동산 개발회사 주도형

이것은 지방정부가 부동산 개발회사에게 도시재생을 '위임'하는 형태이다. 위임의 범위에는 직접적인 시공은 물론이고, 기획 및 자금동원과 철거민의 이주까지 포함되기도 한다. 지방정부는 도시재생에 필요한 행정적 법률적 지원을 제공하는 역할에 그친다. 이런 의미에서 개발회사 주도형 도시재생은 '상업행위(商業行爲)'라고 볼 수 있다. 개발회사 주도형의 문제점은 부동산 개발회사는 시장행위자로서 수익만을 노리고 도시재생을 하기 때문에, 도시재생이 마땅히 담보해야 할 '공공성(公共性)'이 훼손될 가능성이 상존한다는 사실이다.[15]

도시재생을 통해서 수익확보에 큰 관심을 가진다는 측면에서 '정부주도형'과 '개발회사 주도형'은 유사하지만, 양자 사이에는 큰 차이가 있다. 앞서 언급한 1994년 분세제 개혁이후 지방정부가 경제적 발전을 통한 재정수입 확보에 가장 큰 관심을 보여서 '도시 기업가주의(urban entrepreneurialism)'[16]의 성격을 가지게 되는 경우까지 있긴 하지만, 동

---

15) 실제로 개발회사들은 도시재생 과정에서 상업적 이익을 최우선적으로 고려하기 때문에, 고급 아파트나 쇼핑몰을 건설하여 큰 수익을 거두기 위해서 철거를 통해 기존 주민을 몰아내기 때문에 주민들의 저항을 초래하는 경우가 많다.

16) '도시 기업가주의' 혹은 '기업가주의 정부'란 지방 도시정부가 공공행정과 주민복지를 중시하던 기존의 태도와 달리 경제성장에 최우선적인 중점을 두게 되어 도시정부가 마치 기업가처럼 행동하는 것을 가리킨다. 중국 측 연구에 따르면, 중국의 기업가주의 정부는 경제성장에 있어서 질적 측면보다는 GDP와 같은 양적 지표를 중시하며, 시장

시에 지방정부는 국유토지(와 국유자산)에 대한 배타적 소유권에 기초하여 공유경제(公有經濟)를 통해서 공공성을 실현하는 주체라는 대표성을 가지고 있는 것도 사실이다.

지방정부는 상업적 이익만을 최우선시하고 일체의 공공성은 우선적 고려대상에서 제외되는 부동산 개발회사와는 분명 다르기 때문에, 해당 지역 주민의 권리와 공공성의 문제를 일정하게 고려하지 않을 수 없고, 시정부-성(省)정부-중앙정부와 같은 상급정부(上級政府)의 감시와 통제에도 일정하게 복종해야 한다. 이렇게 볼 때, 부동산 개발회사 주도형 도시재생은 공공성 및 주민의 권리가 배제되고 오로지 시장원리만이 지배하는 방식으로 진행되기 때문에 그 폐해가 심각하여 점차 지양되는 추세이다. 따라서 순전히 시장원리에 의해서 지배되어 오로지 상업적 수익만을 추구하는 부동산 개발회사 주도형 도시재생은 현실에는 존재하지 않고, 실제로는 시공과 마케팅과 같이 전문적 노하우를 가진 분야는 부동산 개발회사가 담당하고, 기획 및 자금동원과 각종 인허가 관련 부분은 지방정부가 담당하는 방식으로 '역할분담'이 이뤄지는 것이 현실이다. 또한 기존 주민에게도 일방적인 철거와 형식적인 보상금 지급보다는, 재생이 끝나고 나면 '재건축주택(回遷房)'을 제공하는 방식으로 주민들에게 안정적인 거주를 제공하기도 한다. 물론 이렇게 정부와 개발회사가 역할분담을 하는 도시재생은 개별 사안과 조건에 따라서 매우 다양한 형태가 존재한다.

경제가 지배적인 개혁기에도 계획경제 수단에 상당히 의존하며, 스스로 '성장연합(growth coalition)'의 주도세력이 된다는 점에서 서방의 기업가주의 정부와 차이가 난다. 張京祥·殷潔潔·羅小龍,「轉型期的中國城市發展與地方政府企業化」,『城市問題』, 4期, 北京: 北京市社會科學院, 2006.

(3) 다원주체 참가형

앞서 논의한 정부 주도형과 부동산 개발회사 주도형과 달리, 다원주체 참가형은 도시재생에 참가하는 주체의 숫자부터 증가한다. 최근 베이징 역사문화보호구 도시재생은, 기존의 지방정부와 부동산 개발회사 만이 아니라, 주민, 전문가, 학계, 언론, 자원봉사자까지 도시재생의 주체로 참가하는 방향으로 바뀌고 있다. 이러한 변화의 가장 큰 이유는 기존의 '정부 주도형'과 '부동산 개발회사 주도형' 도시재생이 개발수익 확보에 초점이 맞춰져서 주민의 이해관계를 고려하지 않았을 뿐 아니라, 도시재생을 단순한 물리적 건조환경의 변화와 이를 통한 경제적 가치의 창출과정으로만 인식하여 역사문화보호구가 가진 역사적 문화적 유산을 보호하고 창의적으로 개발하는 '지속가능한 개발'을 할 수 없었기 때문이다. 간단히 말해서 기존의 정부와 개발회사 둘 중 어느 하나가 주도하는 방식의 도시재생은 역사문화보호구의 유산을 창의적이고 지속가능하게 개발하는 데 부적합했다는 인식이 광범위하게 확산되었다는 것이다.

이러한 성찰로부터 제기된 새로운 도시재생 거버넌스가 바로 '다원주체 참가형'이다. 여기서는 지방정부와 부동산 개발회사만이 아니라, 해당 지역의 주민이 단지 철거의 '대상'이 아니라 거주자로서의 권리를 주장할 수 있는 도시재생의 '주체'로서 일정정도 참가한다는 점이 매우 중요하다. 따라서 주민은 도시재생 과정에서 철거가 발생하더라도 정당한 보상금을 지급받고 이주를 하거나, 재생 완료 후 기존 주민을 위해서 무료나 염가로 제공되는 재건축주택에 입주할 수 있게 된다. 또한 주민은 도시재생 관련 조직을 결성하고, 도시재생 주체들로 구성된 의사결정구조에도 적극 참가하여 자신의 의견을 밝히고 이해관계를 주장한다. 아울러 도시재생을 통해서 수익이 발생할 경우 거주자로서의 권리에 기초해서 해당 수익의 일정부분을 지급받을 수도 있다.

그리고 관련 전문가와 학계가 개별적 혹은 집단적으로 도시재생의 주체로 참가한다는 점도 중요하다. 기존에 역사문화보호구는 물리적 건조 환경의 변화와 개발수익을 주된 목표로 하는 도시재생이 이뤄져서 그 역사적 문화적 가치가 훼손되어온 것이 사실이다. 이를 극복하기 위해서는 해당 역사문화보호구의 이러한 가치에 대한 적절한 평가가 필수적인데, '다원주체 참가형'에서는 전문가가 도시재생의 주체로 참가하게 됨으로써 도시재생이 물리적 공간변화만이 아니라 인문적 역사적 문화적 가치를 고려하는 방향으로 이뤄질 수 있게 된 것이다.[17]

언론도 또한 중요한 주체이다. 신문, TV, 인터넷 등 다양한 형식의 언론은 해당 역사문화보호구 도시재생의 기획, 시공 과정을 홍보하고, 재생의 성과에 대해서 사회의 다양한 대중으로부터 보다 객관적인 평가를 받을 수 있는 경로가 된다. 언론이 사회의 대중들과 해당 도시재생을 이어주는 가교역할을 함으로써, 많은 인원과 자원이 동원되고 사회구성원들의 삶에 큰 영향을 미치는 도시재생이 보다 광범위한 사회적 지지와 평가 속에서 진행될 수 있게 되기 때문에, 지방정부 입장에서도 적극적으로 언론을 도시재생의 주체로 참가시킴으로써 하나의 통치행위로서의 도시재생이 대중 속에서 정당성의 기초를 확보할 수 있는 기회가 마련된다.

이상과 같은 세 가지 유형의 도시재생은 '정부 주도형'→'부동산 개발회사 주도형' → '다원주체 참가형'으로 진화했다기보다는 현재 공존하는 것으로 보인다. 물론 앞서 언급했듯이 '다원주체 참가형' 도시재생이 재생에 따르는 사회적 정치적 비용이 가장 적고, 인문적 역사적 문화적 가치

---

17) 전문가의 범위에는 건축학자, 역사학자, 도시계획 전문가만이 아니라 재생과정에서 발생할 수 있는 각종 법률적 문제를 담당하는 법률가, 대중에게 도시재생의 의의를 효과적으로 알리고 사회적 관심과 지지를 유도할 수 있는 홍보전문가, 급격한 변화를 관찰하고 분석하여 기층사회의 안정시킬 방안을 마련하는 사회공작(社會工作: social work) 전문가 등 매우 다양하다.

와 같은 보다 높은 부가가치를 지속적으로 창출한다는 측면에서도 최근 선호되는 듯하다. 하지만 그렇다고 해서 이 유형을 제외하고 '정부 주도형'과 '부동산 개발회사 주도형'이 완전히 사라진 것은 아니고, 약간의 수정을 거쳐서 공존하고 있는 것이 현실이다.

IV. 베이징 역사문화보호구 도시재생 사례 분석

여기서는 먼저 베이징 도심 역사문화보호구를 개괄한 후, 베이징 역사문화보호구 3가지 사례에 대한 실증적 분석을 통해서 개혁기 구정부, 부동산 개발회사, 주민 사이에 구축된 도시재생 거버넌스를 규명한다.

1. 역사문화보호구 개요

베이징 도심의 범위는 명청기 해자(垓子)와 그 유지(遺址) 이내의 도시지역으로, 면적은 62.6km²이다. 1949년 중화인민공화국 건국 이후 베이징 도심의 보호와 재생은 지속적으로 이뤄졌다. 하지만 역사문화유산에 대한 전면적인 보호정책은 문화대혁명이 끝나고 1980년대에 들어서야 비로소 실시되었다. 이후 비교적 완벽한 보호정책체계가 수립되었고, 시정부가 문물보호와 수리, 환경정비, 강과 호수 등 수계(水系)와 성벽의 복원 등에 주력하면서 역사문화보호구가 지정되고 관련 규획이 수립되었다.

그런데 1990년대 도심 노후주택 개조작업이 급속도로 진행되면서, 특정 구역을 불도저로 밀어버리는 방식의 개조는 역사문화자원의 심각한 파괴라는 결과를 초래했다. 이런 방식의 개조는 현지에서 살고 있는 주민들의 이해관계를 전혀 고려하지 않고, 국유토지 소유권자인 해당 지방정부와 부동산 개발회사의 이해관계만을 고려하여 진행되는 경우가 많았다. 개조 후 현지 주민은 철거민으로 전락하여 다른 지역으로 쫓겨나고 새로이 들어선 고급아파트 주거비용을 감당할 수 있는 고소득자가 새로운 주민으로 등장하게 되었다.

토지개발 수익확보에만 집중하는 이런 방식의 개조가 장래 큰 부가가치를 발생시킬 수도 있는 역사문화유산을 파괴할 뿐만 아니라 철거민의 양산을 초래하여 기층사회의 잠재적 불안요소가 된다는 것을 인식하기 시작한 베이징 시정부는 1990년대 초반부터 역사문화보호구를 새로이 지정하고 관련 법규를 정비하는 등 본격적인 역사문화유산 보호와 개발을 위한 준비 작업에 들어간다.

또한 앞서 살펴보았듯이 기존의 물리적 건조환경의 변화에 중점을 두는 개조를 넘어서, 인문적 사회적 역사적 문화적 가치를 포함하는 개조를 의미하는 도시재생 개념이 점차 등장하기 시작한다. 아래에서 분석하는 난뤄구샹(南鑼鼓巷), 바이타스(白塔寺), 양메이주셰졔(楊梅竹斜街)는 역사문화보호구라는 공통점을 가지고 있지만, 재생을 둘러싼 다양한 주체들 사이의 거버넌스 측면에서 상호 차별성을 가지고 있는 점이 중요하다.[18)]

1990년대 초반 베이징시는 역사문화보호구의 보호와 관련하여 다음과 같은 문제들에 직면해있었다. 첫째, 몇몇 보호구의 물리적 쇠퇴는 심각한 상황이었다. 시장기제와 건물소유권 제도의 결함 등 많은 문제들로 몇몇

---

18) 1993년 베이징 시정부는 「베이징 도시 총체규획(1992-2010)」을 발표한다. 1990년부터 2002년까지는 급속한 도심개조의 시기였는데, 개조는 처음에는 여기 저기 분산된 '점(點)'과 작은 지역에서 시작되었으나 나중에는 특정 구역 전체에 대한 개조로 바뀌었고 그 대상지역도 도심 바깥에서 점차 도심 내부의 핵심지역으로 옮겨갔다. 역사문화보호구의 주변지역은 이미 대규모 철거가 이뤄져서 역사문화보호구는 마치 고립된 섬과 같은 존재가 되었다.

보호구는 불법적인 증개축이 만연하고, 건물의 자연노화 및 훼손 현상이 심각할 뿐 아니라, 기초시설도 낡고 주민생활도 열악했다. 일정한 가치를 가진 사합원(四合院)은 적절한 보호가 이뤄지지 않아서 훼손이 점차 심각해지고 있었다.[19] 둘째, 보호구 주민의 인구밀도가 매우 높고, 주민집단의 인구학적 동질성도 매우 약하여, 사회안전관리가 점점 어려워지고 있었다. 베이징 도심 보호구의 거주인구밀도는 일반 도시지역보다 훨씬 높았다. 게다가 일부 보호구가 슬럼화되면서 원주민들은 다른 지역으로 나가고 대량의 유동인구(流動人口)가 유입되었다. 셋째, 자동차가 급속도로 증가하여 보호구의 보호와 재생에 심각한 영향을 주고 있었다. 보호구 내 후통(胡同) 위주의 도로체계로는 이러한 급속한 교통량 증가를 감당할 수 없고, 주차장도 부족하여, 자동차의 영향은 날로 증가하고 있었다.[20] 넷째, 보호구 내 노후건물의 재생수요는 크고, 주민의 생활조건 개선은 미약했다. 베이징 시정부는 지속적으로 노후건물의 수리와 보강을 통해 안전문제를 일부 해결했지만, 낡은 기초시설의 완전한 개선은 여전히 요원하여 주민생활조건의 개선에는 한계가 있었다. 따라서 주민들은 보호구 재생을 여전히 강하게 요구하고 있는 상황이었다.

2002년 베이징 시정부의 공식 최초의 25개 역사문화보호구 비준은 도심 역사문화보호구의 운명에 있어서 하나의 전환점이 되었다. 이를 계기

---

19) 사합원은 중국의 전통적인 주택건축 양식을 가리킨다. 4각의 중정(中庭)을 둘러싸고 사방에 장방형 평면의 건물이 배치되는데 특히 베이징에서 대표적인 형태를 발견할 수 있다. 건조하고 기온이 낮은 북방의 기후에 대응하기 위해서 폐쇄적인 구조가 그 특징인데, 습윤하고 기온이 높은 장강(長江) 이남의 남방에는 동, 서, 북쪽에만 건물이 배치되고 남쪽은 트인 경우가 많다.

20) 후통은 우물을 가리키는 몽골어에서 유래되었다고 전해지는데, 대체로 원(元)나라 때 형성되어 지금까지도 베이징 도심을 중심으로 산재한 좁은 골목길을 가리킨다. 1949년 중화인민공화국 건국 이후 많이 파괴되었고 현재 일부가 남아있어서 주로 서민들이 거주하는 사합원이 밀집해있고 인력거 등을 이용한 관광지로 개발되었다.

로 다양한 역사문화보호 작업이 진행되어, 「베이징 황성보호규획」과 「베이징 제2기 역사문화보호구 보호규획」을 편제했고, 2004년 발표된 「베이징 도시 총체규획(2004-2020)」은 보호구 명단을 확정하고, 제3기 역사문화보호구를 획정하였다. 또한 도심보호 전문가조직이 출범했고, 새로운 역사문화보호의 정책법규가 발표되었다.

최근 사회 각계각층의 역사문화보호구의 보호에 대한 인식이 발전하고, 보호의 기대수준도 높아졌다. 현재 베이징시의 보호구 총 면적은 약 20.6km²으로, 전체 도심 면적의 33%에 달한다. 「베이징 도시 총체규획 (2004-2020)」과 「베이징 도심 통제성 상세규획(北京舊城統制性詳細規劃)」의 요구에 따르면, 도심 보호구 내의 모든 건설작업은 전통적인 분위기를 해치지 않는 방향으로 이뤄져야 한다. 보호구는 점진적인 소규모 순환방식의 보호와 재생 방식을 준수해야 하고, 사합원으로 대표되는 역사문화가치가 높은 현존하는 구(舊) 주택에 대해서는 정원(院子)을 기준으로 보호와 수리를 진행하고, 전통 후통과 골목은 인위적으로 확대하지 않고, 베이징 특유의 "후통-사합원"이라는 거주형태와 공간특징을 보호해야 한다.

2. 난뤄구샹(南鑼鼓巷) : 다원주체 참가형

난뤄구샹은 베이징시 동청구(東城區) 자오다오커우(交道口) 가도에 위치하고, 남쪽으로는 디안먼동다제(地安門東大街), 북쪽으로는 구러우동다제(鼓樓東大街)와 각각 연결되는 총 길이 786m, 폭 6m의 거리이다. 원대(元代)에 형성된 난뤄구샹은 지금도 그 원형을 잘 보존하고 있다. 난뤄구샹은 남북방향으로 형성된 거리를 수직축으로 하여 동서방향의 16개 후통(胡同: 골목)이 '생선뼈 모양(魚骨狀)'으로 나 있는 형태이다. 형성 이후 7백여 년 동안 베이징 도심에서 생선뼈 모양의 형태와 사합원의 원형을 유지하고 있으며, 동시에 넓은 면적과 전체적인 구조를 유지하고 있는 것으로는 난뤄구샹이 유일하다. 이렇게 역사문화보호구로서 매우 큰 가치를 가지고 있는 난뤄구샹의 재생은 사회 각계의 주목을 받아왔고, 2006년 6월 본격적인 재생이 이뤄진 이후 "다원주체 참가형" 도시 재생의 성공적 사례로 거론되면서 국내외로부터 높은 평가를 받아왔다.

(1) 재생과정, 문제점, 재생전략

당초 난뤄구샹의 재생은 역사문화보호구의 인문적 역사적 문화적 자원을 보호하고 발전시키고, 해당 지역 주민의 생활조건을 개선시키고, 문화창의산업을 발전시킨다는 목적을 가지고 추진되었다.[21] 2000년 초반 난뤄구샹은 개발과 보호를 위한 별다른 정책적 방침 없이 무분별하게 상점, 식당, 숙박업소 등이 들어서있었고, 중국 최고의 무대예술 전문대학인 중앙희극학원(中央戲劇學院)을 제외하고는 이렇다 할 문화예술기관도 없었다. 이런 상황에서 역사문화보호구 도시재생의 방향은, 지속가능성을 기조로 하되 해당 지역의 인문적 역사적 문화적 자원을 보호하면서도 충분히 활용하고, 지역 주민의 생활조건을 향상시키면서도 문화창의산업을 발전시키는 쪽으로 정해지게 된다. 사실 2000년 이전 난뤄구샹은 문화창

---

21) 재생의 목적을 뒷받침하는 또 하나의 중요한 관점은 바로 '지속가능한 발전'이었다. 사실 이 시기는 중국 개혁기 이후 발전전략이 초래한, 지역간 격차, 연해와 내륙 간 격차, 도농격차, 계층 격차 등과 같은 문제점들이 본격적으로 폭발하는 시기였다. 당시 후진타오(胡錦濤) 정부도 이러한 문제점을 인식하고 기존과 다른 발전전략을 구상하게 되었고 새로운 지도사상으로서 '과학적 발전관'을 제기하는데, 이 과학적 발전관의 핵심내용 중 하나가 바로 '지속가능한 발전(可持續發展)'이다. 앞서 언급한 것과 같은 여러 가지 '격차'를 이용한 발전은 더 이상 가능하지도 않고 바람직하지도 않다는 것이다. 이렇게 볼 때 도시재생의 방침을 지도하는 공식이념이 '지속가능성'이 된 것도 후진타오 정부시기 이뤄진 거시적인 중국 발전전략의 궤도수정과 직접적인 관련이 있다고 할 수 있다.

의산업이라고 할 만한 것은 거의 없었고, 2003년이 되어서야 비로소 발전하기 시작하여, 이후 증가하기 시작한다.

난뤄구샹의 본격적인 재생을 둘러싼 계획은 2006년에 베이징대학 성시규획설계중심(城市規劃設計中心)이 발표한 「난뤄구샹 보호와 발전규획(南鑼鼓巷保護與發展規劃)(2006-2020)」과 「자오다오커우 사구발전규획(交道口社區發展規劃)(2006-2020)」이 최초라고 할 수 있다.[22] 이 두 규획은 물리적 공간, 발전기제, 자금, 업태(業態) 등의 측면에서 지속가능성의 기초 위에 사구(社區) 주민의 참여를 유도하되, 정부가 주도하지만 주민, 상인, 전문가 등 다양한 주체들이 참가하여, 역사문화 자원을 보호하고, 환경을 정비하여 사구 생활조건을 개선하고, 동시에 관련 문화창의산업의 발전을 꾀하는 것을 중요한 목적으로 한다.[23]

2006년 본격적인 재생에 이뤄지기 전 난뤄구샹은, 주민의 소득수준이 낮고, 거주환경이 낙후하며, 역사문화적 자원의 훼손이 심각하며, 전통산업이 쇠퇴하는 등, 많은 문제점들이 전혀 해결되지 않은 채 방치되어있는 상황이었다. 특히 중요한 것은, 재생을 위한 기초 조사의 결과 이 지역 건물의 귀속관계가 매우 복잡하다는 사실이 밝혀졌다는 점이다. 개혁기 중국은 공식적으로 도시지역의 토지는 국유(國有)인데, 현실적으로는 이

---

22) 이 두 규획은 자오다오커우 가도판사처(街道辦事處)가 정책연구를 위탁하여 나온 결과물로, 그 핵심내용은 역사문화자원을 충분히 발굴하고 이용하는 기초 위에, 정부의 환경정비와 정책지도를 통해서 현지 주민, 외래 경영자, 소비자 등 다양한 주체들이 난뤄구샹의 도시재생에 적극적으로 참여하도록 하고, 이러한 참여를 통해서 주민의 생활조건을 개선하고, 경제와 문화발전을 촉진함으로써 역사문화보호구의 지속적 발전을 실현하는 것이다.

23) 중국 측 연구에 따르면, 위의 두 규획에 기초한 본격적인 재생이 시작된 지 10년이 지난 2016년을 기준으로, 난뤄구샹 문화창의산업 가게의 숫자는 126개로 전체 가게 숫자의 57.3%에 달한다. 呂斌, 「老城區可持續再生的城市設計: 以北京南鑼鼓巷爲例」 (미간행 자료), 2016.

러한 국유토지의 사용권은 특정 기간 동안 각 주체가 보유하고 있으며 해당 토지에 건물이 들어서면 건물에 대해서는 소유권이 인정된다.

그런데 난뤄구샹 지역은 1950년대 건국 초기 '당·정·군' 등의 권력기 관은 물론, 종교기관과 일부 개인들이 소유한 건물들이 집중되어있는 지역 중 하나이다. 이것은 여러 가지 이유가 있지만, 건국 초기 수도를 건설할 때 당시 북경 도심 서쪽 교외에 새로운 수도를 건설하자는 중국 측 방안과 기존의 도심에 새로운 수도를 건설하자는 소련 측 방안 중 후자가 채택되어, 중화인민공화국의 각종 권력기관이 기존 구체제의 공간을 활용할 수밖에 없게 되었고, 난뤄구샹도 그러한 공간 중 하나가 된 것이 가장 큰 이유라고 할 수 있을 것이다.[24]

이상과 같은 문제점을 가진 난뤄구샹의 '지속가능한' 재생에 있어서 다음과 같은 세 가지 전략이 확정되었다. 첫째, 도시설계의 원칙과 방침이다. 무엇보다도 고도 베이징의 풍모와 보호를 기본원칙으로 하고, 주민생활환경을 개선하고, 상업 업태의 품질과 활력을 제고하는 것이다. 이를 위해서 '문화경제학'과 '경제지리학'의 관점에서, '마을 만들기(社區營造)'에 기초한 마을 부흥과 '다원주체 참가형' 재생을 추진한다.

둘째, '도시역사풍모(城市歷史風貌)'의 보호와 수복이다.[25] 도심 사구 재생 도시설계의 물질공간 전략은 도시역사풍모의 '정체성(整體性)'과 '원진성(原眞性)'의 보호인데, 전자는 주변 지역을 하나의 유기적 시스템

---

24) 건국 초기 베이징 행정중심구 건설 관련 논쟁에 대해서는 박경석의 논문을 참조할 수 있다. 박경석은 이 논문에서 건국 초기 수도 행정중심구를 둘러싸고 전개된 소련 측 전문가와 중국 측 량쓰청(梁思成) 천잔샹(陳占祥)의 의견대립이 최종적으로 마오쩌둥이 소련 측 전문가의 의견을 채택하는 것으로 끝나는 과정을, 국민정부시기 일본 점령시기, 건국 이후 1차 5년계획 시기, 문화대혁명 시기 등의 역사적 맥락에서 분석하고 있다. 박경석, 「수도 베이징의 '도심' 정하기: '양진 방안'의 제기와 좌절」, 박철현 엮음, 『도시로 읽는 현대중국 1권. 사회주의 시기』, 서울: 역사비평사, 2017.
25) 영어로는 'historical urban landscape'인데, 한국어로는 '도시역사경관'에 해당한다.

으로 사고하는 것이고, 후자는 장소감(sense of place)을 내포하고 있다.

셋째, 풍모보호와 환경정비이다. 이를 위해서 건물의 소유관계, 품질, 역사가치, 보존상황 등에 따라서, 철거, 일부 보수, 전면 보수, 원상회복 등 네 종류로 나누어 소규모 점진적인 방식으로 진행되었다. 이러한 보호와 정비는 대규모 철거가 정부의 역사문화보호구 작업에 가져오는 어려움이나 주민생활에 초래할 불편 등의 부정적 영향을 피하는 것이 중요했고, 앞서 언급한 인문적, 역사적, 문화적 자원을 보호하면서도 충분히 활용하여 이 지역에 문화창의산업을 육성시키는 것을 중시했다.

좀 더 구체적으로 보면, 역사풍모의 보호를 위한 도시설계 전략은 다시 세 가지 층위로 나뉘는데, 각각 해당 지역 전체, 해당 건물(院落), 입체면이다. 먼저, 해당 지역 전체는 '생선뼈 모양과 8개 후통을 통해 원대 '팔묘원(八畝院)' 형태를 지니고 있는데, 이러한 '후통-사합원' 체제를 바꾸는 것을 금지하고 후통 공간이 불법적으로 점용되는 것을 방지하는 것이다. 다음으로, 해당 건물은 한 건물을 기본 단위로 해서 주변 건축풍모와 소유관계를 상황에 근거해서 차별적인 보호와 보수 조치를 시행하는 것이다. 또한 각종 불법 증개축으로 인해서 사합원 내부가 '잡원(雜院)'이 된 것을 되돌려 전통 사합원의 면모를 회복하였다. 그리고 건물 소유관계에 따라서, 개인 소유는 소유권을 존중하되 정부가 자금을 지원하여 불법 증개축한 부분은 철거하고 보상을 한다. 구정부 소유인 곳은 전통 건축은 원형을 복원시키고 현대 건축은 수리하고 임시 건축은 강제 철거한다. 각종 기관 소속의 건축은 전통 건축과 어울리는 현대건축은 보존하고, 그렇지 않은 것을 철거하며 임시건축은 강제 철거한다. 마지막으로, 입체면은 거리를 따라서 각 평면과 윤곽선을 통제하는 가이드라인을 설정하는 작업이었다. 종합적으로 말하면, 재생원칙은 베이징의 전통 민간주택과 관습에 따르고, 현존하는 거리에 면한 건물들 지붕의 윤곽선을 보호하며, 신설 건물에 대해서는 고도심사를 엄격히 행하고 임시 증개축된 층은 철거하는 방식이었다.

(2) 재생 거버넌스

난뤄구샹의 "성공적인" 도시재생은 앞서 언급한 '다원주체 참가형'이라고 하는 도시재생 거버넌스가 그 원인으로 지목된다. 지방정부와 부동산 개발회사만이 아니라 주민, 전문가, 언론까지 다양한 주체가 참가하여 합리적인 의사결정구조를 만들고 재생을 진행한 결과 성공했다는 것이다. 이러한 난뤄구샹의 '다원주체 참가형' 도시재생과 관련하여 다음과 같은 몇 가지 점에 주목할 필요가 있다.

우선, 앞서 말했듯이, 난뤄구샹 지역은 중국 전체에서 어느 지역보다 복잡한 토지사용권 및 건물소유권 관계가 존재하고 있는 지역이라는 점이 특징이다. 그래서 난뤄구샹에서는 본격적인 도시재생이 시작된 2006년 전까지 도시 재개발의 지배적 방식이었던 '전면적인 강제철거'가 불가능하였다.[26] 문제를 더욱 복잡하게 만드는 것은 하나의 건물(예를 들어, 사합원)을 하나의 가구가 사용하고 있는 것이 아니라 여러 가구 사용하고 있는 '잡원'의 형태가 대부분이었다는 점이다. 과밀한 인구에 비해서 거주공간이 부족하여 하나의 건물을 여러 가구가 나눠서 동시에 사용할 수밖에 없었기 때문이었다. 이러한 상황 때문에 난뤄구샹 도시재생 주체인 '자오다오커우 가도판사처'는 각 건물에 있는 복수의 가구들을 일대일로 대면하여 재생 관련 각종 업무를 처리해야 했다.

난뤄구샹의 이러한 특징과 함께, 그간 지속되어 온 전면적인 강제철거

---

26) 난뤄구샹 일대는 중앙정부와 베이징의 각종 권력기관이 소유한 건물들이 몰려있을 뿐만 아니라, 건국 초기까지 거슬러 올라가는 토지사용권과 건물소유권의 이력이 존재하는 곳이라서, 일반 서민들이나 농민공 거주지와는 달리 '전면적인 강제철거'는 애당초 불가능했던 것이다.

가 경제적 수익은 가져다주었을지 모르지만, 그와 함께 주민의 저항, 정부 신뢰도의 하락, 철거민 양산, 공공성 훼손이라는 그보다 더 큰 사회적 정치적 비용을 치르게 한다는 인식이 점차 '공식(共識)'으로 자리 잡고 있는 것도 중요한 배경이 된다. 따라서 정부로서는 난뤄구샹 재생의 의사 결정구조 참가주체를 다원화하여 사회적·정치적 비용을 최소화시키고 재생의 효과를 최대화하며, 나아가서는 정부 행위의 정당성도 제고하는 데 기여할 수 있는 방안을 마련하고자 했고, 그 결과 기존의 '정부 주도형', '부동산 개발회사 주도형' 도시재생을 넘어서는 '다원주체 참가형' 도시재생을 난뤄구샹 도시재생의 거버넌스로 창출했다고 볼 수 있다.

그리고 재생에 소요되는 자금을 동원하는 방식에도 주목할 필요가 있다. 난뤄구샹 역사문화자원의 보호와 발전에는 막대한 자금이 필요했는데, 자오다오커우 가도판사처는 「난뤄구샹 보호와 발전 규획(2006-2020)」과 「자오다오커우 사구발전규획(2006-2020)」에 의거하여, 상급 정부로부터 역사문화자원의 보호에 필요한 자금을 확보하기 위해 노력하여, 베이징 시정부로부터 3.7억 위안(元)을 지원받았다. 이렇게 거액의 자금을 지원받자 사회 각계의 자금이 움직이기 시작하여 먼저 가도판사처에 연락을 해서 투자하고 싶다는 의사를 밝히는 기업도 생겨났다. 위안양 부동산 회사(遠洋地産公司)는 가도판사처와 직접 계약을 맺고 사구환경 개선에 투자하기도 했다. 이러한 투자방식의 '다원화'로 인해 기존에 투자자금을 개발회사에 일방적으로 의존하여 공공성이 훼손되는 문제를 해결할 수 있었다.

한편 전문가 집단도 '다원주체 참가형' 도시재생에서 불가결한 구성요소였다. 난뤄구샹에서는 베이징대학 도시규획설계중심과 같은 도시계획·도시재생 관련 전문가 집단이 연계되었다. 이 전문가 집단은 '두 규획'과 같은 도시재생의 마스터 플랜을 만들고, 자오다오커우 가도판사처, 주민 대표, 상인 대표, 개발회사가 함께 참여하는 정기회의를 개최하여,

재생 관련 각종 사안을 논의하는 의사결정구조를 만들어 내었다. 사실 난뤄구샹과 같은 역사문화보호구를 제대로 평가하고 재생하기 위해서는 GDP로 표현되는 경제적 성과주의에 집착하는 정부나 개발수익에 몰두하는 개발회사만이 아니라, 이들을 제어하고 보다 '지속가능한 재생'을 위한 구체적인 계획을 제시할 전문가 집단의 존재는 필수적이다.[27)]

다원주체형에서 가장 중요한 것은 무엇보다 지역 주민들이다. 주민들도 예전처럼 일방적인 철거나 보상금지급 대상이 되지 않고, 스스로 조직을 구성하고 재생과 관련된 자신들의 의견을 제시하였다. 난뤄구샹의 주민들은 '개방공간(開放空間)'이란 조직을 만들어서 지역의 발전방향을 토론하고 가도판사처에 토론 결과를 건의하였다. 또 2007년부터는 둥청구 최초의 자전거 소방팀을 만들어서 주민 자치로 난뤄구샹 지역의 소방안전문제를 감시하고, '사구 노인 서로돕기 모임', '유동인구 협회', '영화동호회', '이웃돕기 모임' 등 사구 여러 가지 문제를 해결하는 다양한 자치조직을 만들어서 사구 건설에 참가했다. 그리고 각종 업종에 종사하는 난뤄구샹 상인들도 2005년 오늘날 상회(商會)의 전신인 '중앙희극학원 졸업 동학회'를 만들었는데, 지금 이 상회는 난뤄구샹의 상인 자치조직으로 중요한 역할을 하고 있다. 상회 구성원은 술집, 카페, 찻집, 식당, 숙박, 패션, 공예품, 소극장 등 다양한데, 이들은 성립 이후 정부와 기업 사이의 가교 역할을 하여, 상인을 설득하면서도 상인의 이해관계를 정부 측에 설명하였다. 뿐만 아니라 이들은 평소에도 정부의 공상(工商), 가도, 위생, 공안, 도시관리 등의 부문과 수시로 연계하여 난뤄구샹 상업활동의 질서

---

27) 전문가 집단의 범위는 도시계획 및 도시재생 분야만이 아니라, 다른 분야로 확대되었다. 2009년에는 국가주택과 성향건설부, 베이징대학 도시와 환경학원, 칭화대학(淸華大學) 건축학원, 런민대학(人民大學), 베이징 도시규획설계연구원, 베이징 도시발전연구원, 중국과학원 지리과학과 자원연구소 등 매우 다양한 분야의 전문가들로 이뤄진 '제1회 난뤄구샹 보호와 발전 논단'이 개최되었다.

를 잡고 공공서비스 시설을 보호하는 역할을 하고 있다.[28] 그리고 지역
주민과 상인 단체 이외에 난뤄구샹 도시 재생 거버넌스에는 NGO 단체가
참가한 것도 특히 주목할 만하다. 이들은 주민에게 자치의 경험과 채널을
제공했다.[29]

　난뤄구샹의 이러한 '다원주체 참가형' 도시재생은 기존 '정부 주도형'과
'부동산 개발회사 주도형'이 각각 행정행위와 상업행위이기 때문에 발생
하는 부정적 결과를 피할 수 있는 가능성을 보여주었다. 하지만 이것이
정부, 주민, 상인, 개발회사, 전문가, 언론, NGO 등 재생의 거버넌스에
참가하는 모두에게 동등한 권한을 부여하는 것은 아니다. 국유토지를 소
유하고 있으며, 각종 인허가권과 행정권력을 보유한 지방정부가 가장 강
력한 주체임은 변하지 않는 사실이다.

3. 바이타스(白塔寺): 부동산 개발회사 위탁형

　바이타스 보호구는 북쪽으로는 다차예후통(大茶葉胡同)부터 시작해
서, 남쪽으로는 푸청먼다제(阜成門大街), 서쪽으로는 서이환(西二環),
동쪽으로는 자오덩위루(趙登禹路)까지 각각 이어지는 지역으로 전체 면
적 0.35km²이다. 바이타스 보호구는 두 부분으로 구성되는데, 하나는 중
점보호구(重點保護區)로 전체 면적의 41.46%, 나머지는 건설통제구(建
設控制區)이다. 원대(元代)에 형성된 티베트 불교 겔룩파 사찰인 바이

---

28) 그리고 기업들도 상업적 수익만이 아니라 이 지역의 공공적 가치를 높이기 위해서
　　필요한 각종 공익활동에 나서, 문화여행산업의 발전으로 이어지도록 하고 있다.
29) NGO 단체는 2009년에 '사구찻집대화모임(社區茶館對話會)'을 조직하여 주민과 상
　　인 사이의 대화의 플랫폼을 제공하고, 주민과 상인간의 문제들이 잘 해결될 수 있도록
　　돕고 있다. 또 같은 해 '난뤄구샹 사구공예방(社區工藝坊)'이 결성되어 사구 내의
　　장애인과 저소득층을 위한 자선활동을 조직하고 있기도 하다.

타스 경내에 있는 바이타(白塔)은 중국에 현존하는 가장 크고 오래된 티베트 불교 탑이다. 또한 이 보호구 내에는 바이타스와 루쉰고거(魯迅故居)가 전국중점문물보호단위(全國重點文物保護單位)로 지정되어있고, 6곳의 소규모 사찰과 도교사원, 17곳의 보호가치가 있는 주택 등이 있다. 바이타스 보호구는 원대에 형성된 후통과 사합원의 원형이 잘 유지되어 있고, 베이징 도심의 역사적 풍모를 간직하고 있는 곳이다.

(1) 재생과정, 문제점, 재생전략

베이징은 중국 역사문화도시 중 으뜸이지만 옛 베이징의 역사적 풍모를 간직한 도심 전통건축이 매년 1km² 속도로 사라져가고 있는 현실에 대처하기 위하여, 정부는 역사문화보호구 보호를 위한 각종 정책을 만든다. 1997년 베이징시의 비준 하에 「바이타스 지역 도심 개조공정(白塔寺舊城改造工程)」이 처음으로 시작되었을 때, 이 공정의 목적은 무질서하고 낙후된 지역의 문물을 보호하는 것도 있었지만, 주된 목적은 주택용지와 고급 상업가를 개발하는 것이었다. 따라서 이때는 바이타스의 역사문화자원의 인문적 역사적 문화적 가치에 주목한 '재생'이 아니라, 기존의 낙후된 지역을 '개조'하여 고급 주택가와 상업가를 건설하고 기존 문물들을 보호한다는 데 초점이 맞춰져 있었다.

이후 1999년 「베이징시 중심지역 통제성 상세규획(北京市中心區控制性詳細規劃)」, 2002년 「베이징 구도심 25개 역사문화보호구 보호규획」이 각각 제정되어, 문물과 그 주변 환경의 보호, 전통적인 풍모의 보호, 주민생활 및 사구환경의 개선에 관한 구체적인 조치를 마련한다. 이 「베이징 역사문화도시 보호규획」은 역사문화보호구의 보호와 재생에 있어서 '건물'을 기본 단위로 할 것을 규정하여, 기존 건물과 주변 공간구조의 유지가 관건적인 문제인 바이타스보호구의 보호와 재생에 있어서 중

요한 정책적 근거를 제시하였다.[30]

바이타스 역사문화보호구의 경우, 이 지역 건설통제구 범위 내 전체 건축면적은 152, 546m²인데 그 중 불법 증개축 면적이 절반이고, 총 건축밀도는 75%에 달하며, 단층건물이 391개로, 건축물의 대부분이 '대잡원 (大雜院)'이었다. 이러한 수치는 이 지역 건물의 압도적인 다수가 기존 사합원 건물을 증개축한 것으로, 하나의 건물 내부에 여러 가구가 잡거(雜居)하여 내부 공간이 임의로 구획되어있는 상황을 말해준다. 증개축된 건물도 정식 시공을 거친 것이 아니라 불법으로 조악하게 이뤄져서, 사합원이 가지고 있는 기존 풍모를 해치는 것은 물론이고 안전에도 심각한 문제를 안고 있었다.

그런데 바이타스 역사문화보호구 지역의 기존 주민들이 최근 급증한 유동인구의 저렴한 주거 수요를 겨냥하여, 기존 사합원들을 무차별적으로 개조하여 임대하는 상황이 발생하였다. 이로 인해서 기존 사합원의 역사적 풍모가 훼손되는 것은 물론이고, 유동인구와 기존 주민의 잡거로 인한 이 지역 인구학적 동질성이 약화되고, 이들 사이의 충돌과 모순이 급증하고 있는 현상도 큰 문제로 지적되고 있다.

한편 바이타스 지역의 공간 구조도 베이징의 교통에 장애 요소로 작용하고 있다. 보호구 내 골목들은 대부분 협소하고 만곡(彎曲)되어 있어서 교통정체 문제가 심각하다. 특히 최근 지하철 6호선 개통을 계기로 시청 구(西城區) 차원에서 보호구 일대를 '푸징역사문화거리(阜景歷史文化

---

30) 재생이 시작될 당시 바이타스 보호구는 낡은 단층건물들이 밀집된 지역으로 도로는 좁고 무질서하며 주민 생활조건은 매우 열악하여 원대부터 내려오는 전통적인 풍모는 사라진지 오래였다. 현재에도 이 지역 사합원들은 여러 가구들이 공동사용하면서 임의로 증개축을 하고, 거리 쪽으로 벽을 뚫어서 점포를 여는 등 인문적 역사적 문화적 가치의 훼손이 심각할 뿐만 아니라, 업태도 매우 무질서한 상황이다. 또한 유동인구(流動人口)가 급증하고, 이들을 대상으로 '공공주택(公房)'을 임대하는 현상이 생겨나서 바이타스 보호구의 인구밀도는 도심 다른 지역에 비해서도 매우 높은 상황이다.

街)'로 조성하려는 계획도 차질을 빚고 있다. 또한 이 지역은 베이징 최
대의 금융관련 기관들이 집중되어있는 금융가로 들어가는 도로 인근이기
때문에, 보호구 내의 교통정체 문제를 해결하지 못하면 보호구 자체의 재
생에도 영향을 미치는 것은 물론이고, 금융가의 발전에도 적지 않은 영향
을 미칠 것으로 예측되고 있다.

문화유산의 보호와 계승은 도시계획의 유기적인 구성부분으로 사고되
어야 해당 도시 변화의 각 단계에 따라 적절한 대응이 가능하다. 현재 바
이타스 역사문화보호구 보호와 발전을 위한 계획은 2000년대 초중반 제
정된 것을 기준으로 하고 있어서, 이후 10년이 넘는 시간 동안 있었던 베
이징의 각종 변화에 따른 도시계획의 변화에 제대로 대응하고 있지 못하
다. 이 기간 동안 베이징의 유동인구와 차량 숫자는 더욱 급증하였으며,
'징진지 일체화(京津冀一體化)'31)로 기존 시정부를 통저우(通州)로 이
전하는 작업이 진행되고 있다. 또한 기존의 현(縣)을 모두 폐지하고, 구
(區)로 바꾸는 '철현설구(撤縣設區)'가 2015년 말 완료되어 현재 베이징
행정구역은 모두 구(區)로 재편된 상황이다. 따라서 이렇게 베이징시 전
체 차원의 다양한 변화를 반영하는 새로운 바이타스 역사문화보호구 재
생 계획이 필요한 상황이다.

이러한 베이징 전체의 사회경제적 변화를 배경으로 하여 바이타스 역
사문화보호구를 대상으로 현재까지 진행 중인 재생전략은 다음과 같다.

첫째, 문물보호와 환경정비 조치가 취해져서, 문물의 조사, 등기, 수리
가 진행되었다. 이것은 문물 주변의 환경에 대한 정비작업과 병행되어,

---

31) 징진지(京津冀)는 각각 베이징, 톈진(天津), 허베이(河北)을 가리키는 약칭인데, 징
   진지 일체화는 이들 세 지역을 사회경제적으로 통합하는 거대수도권 건설계획이다.
   징진지 일체화는 기본적으로 과밀화된 베이징에서 수도기능을 제외한 다른 기능을
   베이징 바깥의 톈진과 허베이로 분산하고 이들 지역 사이의 교통, 통신, 물류, 생산
   등을 긴밀히 연결하여 사회경제적 통합을 강화하려는 프로젝트이다.

주변 불법 증개축 건물과 고도제한 위반 건물의 철거를 통해서 바이타스의 원래 풍모를 드러내는 조치가 집중적으로 이뤄지고 있다. 또한 바이타스가 가진 전통적 종교기능을 회복시키기 위해서 묘회(廟會)가 추진되고 있다. 묘회는 티베트 불교 사찰인 바이타스의 전통적 제례(祭禮)를 부활시키는 것은 물론, 제례와 관련된 각종 문화활동과 상업활동을 촉진하여 바이타스 역사문화보호구의 활력을 살리는 데 역점을 두고 있다.

둘째, 바이타스 역사문화보호구를 중점보호구와 건설통제구로 나누어서, 전자는 "보호와 복원을 위주로 하고, 부분적인 수리를 보조로 하는" 원칙을 적용하고, 후자는 "강력한 통제를 전제로 수리개조를 허용하는" 원칙을 적용한 재생이 이뤄지고 있다. 전자는 바이타스를 비롯한 문물이 집중된 지역으로 보호를 위주로 해서 문화적인 분위기와 건축형태를 엄격히 보호해야 하고, 후자는 문물이 상대적으로 적은 지역으로 주민 생활조건이 매우 열악한 지역이기 때문에 수리와 개조를 위주로 진행되는 것이다.

셋째, 용지 공간조정이 중요한 재생 내용 중 하나이다. 특히 바이타스 역사문화보호구가 금융가 북쪽의 연장선에 놓여있기 때문에, 기존 보호구의 일부지역을 금융가 기초시설인 소프트웨어 개발과 각종 서비스 시설로 개발할 의도로 용지조정을 시행 중이다. 또한 보호구 내 낙후한 위험 건물을 철거하고, 해당 용지를 불교선원, 불교학교, 불교박물관 용도로 바꾸어 이 일대를 '불교문화원'으로 개발하여 관광과 레저를 위한 중심지로 만든다는 계획이다.

넷째, 상대적으로 협소한 보호구 전체 면적으로 인한 교통정체, 개발공간 부족 등의 문제를 해결하고, 전기, 가스, 수도, 인터넷망 등 현대적 도시생활에 필수적인 기초시설의 부족으로 기존 주민들이 겪는 어려움을 해결하기 위해서, 지하공간을 적극적으로 개발하는 방안을 모색 중이다.

(2) 재생 거버넌스

이미 2006년부터 새로운 마스터 플랜에 의거한 재생이 이뤄졌고 현재 재생이 완료되어, 역사문화보호구 재생의 성공적 사례로 거론될 뿐 아니라 국내외에서 각종 수상까지 한 난뤄구샹과 비교할 때, 바이타스 역사문화보호구는 '개조'가 아닌 '재생'이 본격적으로 시작된 지 얼마 되지 않았고 초기 조건도 많이 다르다. 이에 따라서 도시재생 거버넌스도 난뤄구샹과는 차이를 보이고 있다.

앞서 분석한 난뤄구샹 재생 거버넌스에서 문제가 된 것은, 역사문화자원의 훼손과 전통적인 풍모 상실, 무질서한 불법 증개축 건물, 열악한 주민생활조건, 문화창의산업의 발전 등이다. 이에 비해 바이타스 역사문화보호구는 역시 동일한 문제점들이 존재하지만, 본격적인 재생 전부터 일정한 수준의 상업발전이 존재했던 난뤄구샹에 비해서, 이렇다 할 상업발전은 없었고 주로 영세 업종과 점포 위주로 관광객을 상대하고 있는 수준에 불과했다. 따라서 기존의 무질서한 상업발전을 '문화창의산업'으로 전환시키는 것을 중심으로 사고했던 난뤄구샹 지역과 달리, 바이타스 지역은 일정 수준 이상으로 상업발전을 가능하게 해서 주민의 소득수준을 제고하고 관광객을 증가시킴으로서 지역 전체의 활기를 되살리는 것이 중요한 목표로 설정되었다.

또 난뤄구샹과 비교해서, 바이타스는 저렴한 주거가 필요한 유동인구에게 열악한 조건의 주택을 임대하여 이 지역에는 저렴한 거주지 때문에 몰려든 농민공을 위주로 하는 유동인구 비중이 매우 높고, 이로 인해서 인구밀도도 매우 높다는 점이 큰 특징이다. 이로 인해서 바이타스 역사문화보호구 재생을 위한 거버넌스를 구축하는 데 있어서도, 유동인구를 포함하는 기존의 주민과 해당 주택의 철거가 매우 중요한 문제로 대두되었다.

이러한 조건의 차이로 인해 바이타스 역사문화보호구는 '부동산 개발
회사 위탁형' 재생이 진행되고 있는 것으로 판단된다.[32] 난뤄구샹과 비교
해서도 협소한 면적, 열악한 사합원의 보존상황, 높은 유동인구 비중, 저
소득층과 영세상인 위주의 주민, 열악한 생활조건 등의 문제 등으로 바이
타스 역사문화보호구는 지방정부가 부동산 개발회사에 이 지역의 재생에
관련하여 핵심적인 사안인 철거와 이주의 문제를 '위탁'하여 해결하고 있
는 것으로 보인다.[33]

바이타스 역사문화보호구의 재생 거버넌스로 '정부 주도형', '부동산 개
발회사 주도형', '다원 주체 참가형' 중 어디에도 해당되는 않는 '부동산
개발회사 위탁형'이 채택된 것은 다음과 같은 요인으로 분석할 수 있다.
무엇보다도 이 지역은 '지나친 상업발전'이 문제가 되는 것이 아니라, 오
히려 '일정수준의 상업발전도 없는 것'이 문제가 될 정도로 열악한 생활
조건을 가진 저소득층과 유동인구 밀집지역이다. 따라서 지방정부인 시
청구 정부 입장에서는 기존의 저소득층 주민과 유동인구에게 적절한 보
상금을 지급하고 다른 곳으로 이주하게 하고, 이 지역을 바로 남쪽에 있
는 중국 최대의 금융가와 이어지는 '불교문화원'을 컨셉트로 하는 고품격
전통문화중심지로 전환시키는 것이 이 지역 재생의 핵심 목표가 된다. 이
를 위해서는 현존 주민의 기본적인 생활조건은 개선하되, 장기적으로는

---

32) 아직 도시재생 사업이 진행 중이기 때문에 거버넌스의 형태가 전개 과정에 따라 달라
    질 가능성도 있다.

33) 현재 바이타스 역사문화보호구 내에는 「바이타스 항목 등퇴 접대센터(白塔寺項目騰
    退接對中心)」가 설치되어있는데, 여기서 '등퇴(騰退)'는 다양한 공익적 목적으로 기
    존 주민이 건물을 비우고 이주하는 것을 의미한다. 「바이타스 항목 등퇴 접대센터」는
    기존 주민이 사용하던 건물을 철거하기 위해서, 이 지역 지방정부인 시청구 정부와
    지역 주민이 관련 상담을 진행하는 사무실이다. 중요한 것은 이러한 사무실은 이
    지역 국유토지의 소유자인 시청구 정부가 설립했지만 실제로 이 지역 등퇴를 위해
    주민과 상담하고 이주를 위한 보상금을 지급하는 것은 개발회사라는 점이다.

고급 주택가와 쇼핑몰을 갖춘 베이징 불교문화 관광레저 중심지로 전환
시키기 위해 정부기관보다는 부동산 개발회사가 등퇴와 재생을 주도하는
것이 유리하기 때문이다. 중요한 것은 2016년 10월 개최된「베이징 국제
디자인 주간」에서도 바이타스 재생계획에 관한 중국 국내외의 제안이 쏟
아졌을 정도로, 바이타스 역사문화보호구 재생은 여전히 '진행 중'이라는
점이다. 따라서 정부가 재생과 관련된 주요 역할을 부동산 개발회사에게
위탁하는 '부동산 개발회사 위탁형'의 도시재생이 바이타스 재생에서 유
지될지 여부는 지켜봐야 할 것이다.

4. 양메이주셰졔(楊梅竹斜街): 부동산 개발회사 주도형

양메이주셰졔는 길이 496m로 동쪽으로는 메이스졔(煤市街)로 이어지
고, 서쪽으로는 옌서우졔(延壽街)로 이어지는 동북방향에서 서남방향으
로 난 거리이다. 원래 이 지역에는 물길이 나 있어서 이를 메우고 건물을
짓기 시작했는데, 오늘날과 같은 거리가 형성된 것은 명나라 때부터라 한
다. 청대에 이르면 인근 상업가인 다자란(大柵欄) 지역과 더불어 양메이
주셰졔도 발달하기 시작했다. 민국 시기 양메이주셰졔는 서점과 찻집이
많이 들어서 이를 찾는 문인묵객(文人墨客)과 유명인사가 몰려들면서
한때 베이징을 대표하는 문화-상업 거리로 부상한 적도 있었다. 하지만
근현대 시기 주변에 서방식 건축물이 무질서하게 들어섰을 뿐만 아니라,
주거생활조건도 열악해졌고 또 주민들도 저소득층·노령층으로 구성되
어 있었다. 그래서 명대까지로 거슬러 올라가는 역사를 가지고 있는 양메
이주셰졔 역사문화보호구의 보호와 발전은 중국의 고도이자 수도인 베이
징의 역사적 풍모를 회복하기 위해서는 물론이고, 현지 주민의 생활조건
개선과 소득향상을 위해서도 매우 중요한 문제였다.

(1) 재생과정, 문제점, 재생전략

2009년 베이징시 시청구 정부는 '다자란' 지역에 대한 재생사업계획을 수립하고, 2011년부터 이 계획을 실시하고 있다. 특징적인 것은 시청구 정부가 '베이징 다자란 투자 유한책임공사(北京大柵欄投資有限責任公司)'[34]와 계약을 맺어서 이 기업으로 하여금 양메이주셰졔의 문물 보호와 개발 작업을 직접 담당하도록 했다는 점이다. 또 '다자란 크로스오버 센터(大柵欄跨界中心)'라고 하는 일종의 플랫폼을 만들어서 베이징 도심 지역의 지속가능한 재생에 관해서 관심을 가지고 있는 기구, 단체, 개인들이 자유로이 참가하여, 다자란 재생과 관련된 아이디어와 지식을 교류하도록 유도하고 있다는 점도 특징으로 들 수 있다.

2011년 시작된 다자란 재생사업은 시점시범단계(2011-2014), 사구건설단계(2014-2016), 경험확산단계(2016-2020)의 세 단계로 설정되었다. 첫 단계는 다자란 지역 전체에서 몇 곳의 '시점(試點)'을 설치하여 역사문화보호구 재생과 관련된 다양한 실험을 하는 단계이다. 양메이주셰졔는 그 시점으로 선정되어서 재생 실험을 끝냈고, 현재 두 번째 단계인 사구건설단계도 끝냈다. 이 사구건설단계는 역사문화보호구 도시재생을 단지 문물의 보호나 회복이 아니라 해당 지역 주민과 유동인구로 구성된 사구를 건설하는 작업이 핵심내용이다.[35] 양메이주셰졔는 현재 세 번째 단계인 경험확산단계의 1년차를 끝낸 상태이다. 본래 이 단계는 첫 단계와 두 번째 단계에서 축적한 역사문화보호구 재생 관련 노하우를 다른 지역에도

---

34) '베이징다자란투자유한책임공사'는 국유 부동산 개발회사로 원래는 쉬안우구(宣武區)정부가 설립했는데, 지금은 광안지주회사(廣安控股)의 자회사이다.

35) 양메이주셰졔는 국내외 관광객과 유동인구로 넘치는 다자란 지역에서 장단기 숙박을 목적으로 찾아오는 외부인이 상당 부분 있는데, 이들과 기존 주민들 사이의 동질감과 유대감 강화를 목적으로 하는 사구를 건설함으로써, 치안위해요소와 범죄의 가능성을 최소화하고 두 집단 사이의 충돌과 갈등을 방지하겠다는 것을 말한다.

전파하는 것을 목적으로 설정되었다.

도시재생 시작 직전인 2011년 당시 양메이주셰졔는 불법 증개축 건물의 무단 도로점용 문제가 심각한 수준에 있었다. 이에 따라 소방문제가 심각하고 공공시설 건설과 거리 주변의 발전에도 영향을 미치고 있었다. 공공시설도 크게 부족하여 거리는 매우 좁고 복잡한데, 건물 실내가 좁아서 많은 주민들이 개인 물건을 거리에 내 놓고 심지어는 휴식을 취하기 위한 침대를 내 놓는 경우도 있어서 사람의 보행은 물론 자동차 통행에도 악영향을 주고 있었다. 그리고 건물 노화와 파손이 심각하여 거리 전체의 '풍모'는 전혀 일관되거나 보호받지 못하고 있었다. 건물의 외면은 오랜 세월 동안 마모되거나 훼손되어 역사문화자원의 가치를 복원하고 수리를 진행하는 것이 시급한 상황이었다.

양메이주셰졔의 특징 중 하나는 베이징 최대의 관광지이자 상업가인 '다자란' 지역과 이어져 있었던 탓에 숙박과 관광을 목적으로 찾아오는 유동인구가 많았다는 점이다. 그런데 이들과 기존 주민들과의 사이에 충돌과 갈등이 종종 발생하여, 기층사회의 불안정성이 증가하는 하나의 요인이 되었다.

이렇게 다자란과 연결되어 있을 뿐만 아니라 그 자체로 오랜 역사적 장소라는 사실 때문에 양메이주셰졔에는 관광객들이 찾아오기도 했지만, 지역의 역사문화적 가치를 체현한 고급스런 상품과 가게는 거의 없다시피 했다. 관광객들을 상대로 조악한 품질의 상품을 판매하는 영세상인들만 있을 뿐이었다. 또한 주민들의 소득이 낮아서, 이 지역에 인문적 역사적 문화적 가치를 상품화하는 수단을 통해서 주민들이 자신들의 거주 지역에서의 활동을 통해서 소득수준을 높이는 방안을 창출할 필요가 있었다.

이상과 같은 문제점을 해결하기 위한 재생전략으로 양메이주셰졔 역사문화보호구는 먼저, 공간구조와 분포를 전환했다. 공간의 역사와 현황을

조사한 후, 건물의 등급을 정하고 전체 건물의 재생규칙을 제정하며 이에
따라 모든 건물들은 재생을 위한 등급과 재생의 정도가 세밀하게 정한다.
이 경우 기존 풍모를 유지하고 '건물'을 기본 단위로 한다는 원칙을 견지
하였다. 그 다음으로는 거리경관을 재설계하였다. 이에 따라 기존의 공공
기초시설, 통신, 전기선, 가스관, 수도관 등의 네트워크를 개조하고, 현지
의 지역문화를 반영하는 방식으로 공간을 재생하고, 녹화시설을 증가시
켰다. 거리경관 재설계 과정은 현지 주민과의 의사소통을 통해서 진행되
었다. 공간과 경관을 조사하고 설계한 후에는 개별 건물들의 재생방식을
설정하였다. 양메이주세계에는 역사적 문화적 가치를 가진 단일 건물들
—유명인의 고거(故居), 회관(會館), 상점(商店), 서국(書局), 산업공회
(産業公會) 등이 유난히 많은데, 이들 건물들이 성립된 연대가 모두 다
르고 그 풍격도 상당히 다르기 때문에, 자칫 산만하고 복잡하다는 인식을
줄 수가 있다. 이에 따라 건물들의 종류를 문물보호 대상 건물[36], 역사건
물[37], 역사적 건축이 아닌 건물[38] 등으로 세분하여 그에 따른 재생방식
을 확정했다.[39]

---

36) 청운각(靑雲閣), 세계서국(世界書局), 유서회관(酉西會館) 등의 문물보호 대상 건
물의 경우, 건물이 차지하는 공간은 보호를 기본으로 하고 수리를 보조로 하며, 그
건물의 기능은 현재 사용하고 있는 기능을 위주로 하되, 현재 기능을 다른 것으로
전환할 경우에도 전환 즉시 주변 다른 산업과 문제없이 조화를 이룰 경우에는 허용하
고 있다.
37) 하함회관(和含會館)과 같은 역사건물의 경우, 건물이 차지하는 공간은 역사적 기억
을 보존하는 것을 위주로 하되, 다른 건축 스케일, 형태, 구성요소 등 측면에서 새로운
역사적 요소를 추가하는 것은 허용하였다. 또 그 건물의 기능도 역사문화를 이용하여
새로운 업태를 선택하는 것도 허용한다.
38) Red Music, Soloist Coffee와 같은 건물은 보존 상태에 따라 전면 철거 후 재건축,
혹은 부분 철거 후 재생 등의 방식을 취하고 있다.
39) 段文·魏祥莉·余丹丹, 「文化創意引導下的歷史文化街區保護更新: 以北京
楊梅竹斜街爲例」, 北京: 中國城市規劃年會, 2015; 王天一·李壯·李偉·甄一

(2) 재생 거버넌스

양메이주셰졔 역사문화보호구에서는 '베이징 다자란 투자 유한책임공사'(이하, '다자란투자공사'로 약칭)가 개발회사로서 실질적인 재생을 주도했다는 점이 중요하다. 이 기업은 다자란 개발과 관련하여, 부동산 개발, 투자유치, 공공서비스제공 등 도심 개발과 재생에서 전문성을 가진 다양한 기업들을 산하에 거느리고 있다. 이 회사가 주도하는 도시재생은 정부에 비해서 융통성이 있는 편이다. 경제적인 측면에서 보면 투자자금 조달방법에서 융통성이 있어서 각종 펀드나 공익조직 등에서 조달하기도 한다. 또한 전체적인 공정에 대한 장악력, 추진력, 효율성, 피드백 등에 있어서 정부보다 좋은 결과를 보여줄 뿐만 아니라, 사회 각계의 전문가 및 학계와 연계하여 재생과 관련된 전문적 문제에 대해서 학술적 토론과 교류를 수행할 수 있는 능력을 가지고 있는 것으로 보인다.

다자란투자공사는 자금, 정책, 이론 등의 측면에서 강점을 가지고 있고, 도심 재생에 대해서는 장기적인 계획과 명확한 위상을 가질 수 있다는 측면에서, 일부에서 이뤄지는 '주민 주도형 도시재생'에 비해서도 강점을 가지고 있다. 전체적으로 보아서 다자란투자공사가 주도하는 재생은 정부 주도형이나 주민 주도형 재생에 비해서, 재생과 관련된 관리감독, 자금조달, 시공속도 등에 있어서 과도하게 엄격하거나 과도하게 허술하지 않고, 기업으로서의 강점을 살려서 보다 거시적인 관점에서 적절한 지도와 조절을 할 수 있다는 강점이 있다. 또한 재생을 상업적 목적이 아니라 공익적 목적을 위해 진행할 수 있고, 사회적 자원을 동원하거나 피드백에 제시하는 데도 훨씬 더 효율적이다.[40]

男·臧緯, 「楊梅竹斜街的前生今世」, 『北京規劃建設』, 6期, 北京: 北京城市規劃設計研究院, 2014.

40) 하지만 이와 함께 약점도 있는 것이 사실이다. 즉 도심이라는 지역적 특수성으로

양메이주셰졔 역사문화보호구 재생의 또 다른 특징은, '다자란 크로스 오버센터'의 존재이다. 이 센터는 양메이주셰졔 재생의 핵심이라고 할 수 있을 정도로, 다른 역사문화보호구 재생의 사례와 차별성을 가지는 부분이다. 이러한 센터의 존재는 재생에 대한 지방정부의 태도변화를 보여준다. 재생을 '행정행위'로 보고 자신만의 판단에 의해서 불도저식으로 추진하는 태도를 벗어나서, 사회각계의 의견을 경청하고 반영하기 위한 플랫폼을 스스로 만드는 방향으로 정부태도에서 커다란 변화가 일어난 것이다. 이 센터에는 학자, 문화인, 전문가, 예술가, 개인, 조직 등 다양한 방면의 인사들이 참가하여, 재생에 관한 일종의 '브레인' 역할을 하고 재생에 필요한, 지적, 경제적, 문화적, 기술적 자원을 제공하는 것이다.

양메이주셰졔가 다른 지역과 구별되는 또 다른 특징은 전문가 집단이 참여하여 '마을 만들기'를 하고 있다는 점이다. 다자란투자공사는 칭화대학 사회학과 교수, 연구자, 대학원생 등의 전문가들을 초청하여, 이 지역의 재생과 관련된 학술연구를 하도록 하고 있다. 2014년 초부터 이들 전문가들은 주민과 유동인구를 대상으로 구술사, 사회적 네트워크, 전통의 계승, 사회조직과 정부의 관계 등에 대한 학술연구를 통해 양메이주셰졔의 마을 만들기를 조직하고 있다. 개혁기 들어서 베이징 도심 거주지역에서 인구학적 동질성이 급격히 약화되는 상황에서, 이러한 전문가 집단의 학술연구를 통한 마을 만들기는 재생과 관련된 각종 문제를 해결하는 데 매우 중요한 역할을 한다.[41]

이상과 같이 양메이주셰졔 역사문화보호구의 '부동산 개발회사 수도형'

인해서 복잡한 소유권 관계를 해결하기 위한 행정수속의 사회적 경제적 비용이 크고, 각 층위 정부 부문 내부의 서로 다른 기관 사이의 협조부족으로 발생하는 문제점들 중에는 '기업'으로서는 해결할 수 없는 것들이 많다.

41) 다원주제형 거버넌스와 마찬가지로 여기서도 주민 참여가 중요한 과정으로 다뤄지고 있다.

재생 거버넌스는 앞서 분석한 원론적인 의미에서 '부동산 개발회사 위탁형' 재생 거버넌스와는 많이 다르다. 즉 후자가 상업적 개발수익만을 추구하고 공공시설의 확충이나 주민 생활조건 개선 및 거주권의 보장과 같은 공공성 확보에는 무관심한 것에 비해서, 양메이주셰체 재생 방식은 오히려 공공성과 효율성을 동시에 확보하는 데 성공한 듯하다. 이것은 무엇보다도 재생을 주도한 베이징 다자란 투자 유한책임공사가 국유기업으로 지방정부인 시청구 정부가 일정한 범위 내에서 영향력을 행사하여 역사문화보호구의 재생이 지나치게 상업적 수익만을 추구하는 방향으로 흐르지 않게 차단할 수 있었던 것이 주요한 원인이다. 다른 역사문화보호구 도시재생에서 보이지 않던, 사회학자, 도시계획가, 예술가 등 전문가 집단의 적극적 개입, 사회각계가 참가하는 플랫폼의 설립 등도 '부동산 개발회사 주도형'이 개발수익 확보와 공공성 무시 일변도로 변질되지 않도록 제어하는 역할을 한 것으로 보인다.

V. 기층 거버넌스의 변화와 도시재생

본 연구는, 장기적인 체제전환 과정에 있는 중국에서 1990년대 말 이후 도시 기층 사회관리체제가 단위체제에서 사구로 바뀌는 것을 배경으로, 기존과 같은 사회에 대한 국가의 일방적인 정치적 조직과 동원이 불가능해진 상황에서 기층사회의 각종 문제해결에 있어서 국가가 사회와 주민의 참여를 적극적으로 고무하기 위해서 '사회 거버넌스' 개념을 제기하고 사구에서 이를 실현하기 위해서 노력하고 있다는 전제 속에서, 베이징 도심 역사문화보호구 도시재생의 거버넌스를 분석하였다. 중요한 것은, 이렇게 주민의 의견에 귀 기울이고 가능한 기존 자원의 파괴를 지향하는 도시재생은 1990년대 말부터 시작된 도시 사회관리체제의 변화를 거시적 배경으로 하고 있다는 점이다. 즉 국가 더 이상 일방적으로 사회를 지배할 수 없게 되어버린 상황에서, 통치에 위해가 가지 않는 범위와 영역에서 그리고 통치정당성의 확보를 위해서, 국가는 도시 기층사회의 다양한 의제들에 주민의 참여를 적극적으로 고무하기 시작한 것이다.

이렇게 보면 막대한 사회정치적 경제적 이해관계의 변화를 초래하는 도시공간의 변화는 국가(=도시정부)가 일방적으로 추진할 수 없게 되고, 어떤 형식과 내용으로든 주민과 부동산 개발회사까지 포함하는 거버넌스를 구축하고 이 거버넌스를 통해서 도시재생이 추진된다.

베이징의 세 가지 도시 거버넌스 사례를 통해 본 연구가 찾아낸 비교상의 특징은 다음과 같다.

첫째, 같은 시청구의 바이타스와 양메이주셰계는 '부동산 개발회사 위탁형'과 '부동산 개발회사 주도형'으로 서로 다르다는 점이다. 거버넌스 형식만 보면 후자가 전자보다 구정부의 관리감독이 상대적으로 소홀하여 '공공성' 훼손이 더욱 심각할 것 같지만, 현지조사 결과 양메이주셰계의 부동산 개발회사는 구정부가 직접 설립한 국유기업이기 때문에 형식적인 개발회사 주도형과는 달리 실제적으로는 칭화대학 사회학과와의 '마을 만들기' 작업 등을 통해서 도시재생 과정이 초래할 수 있는 충돌이나 갈등의 문제를 해결하기 위해서 노력하고 있다는 점이다.

둘째, 일정하게 재생이 완료된 양메이주셰계와 달리 아직까지 기존 주민과 철거와 관련된 협의를 진행하고 있는 바이타스의 경우는 '위탁형'이라고는 하지만, 부동산 개발회사가 '철거'라고 하는 정치적 폭발력이 매우 강한 영역을 직접 담당하고 있으며 정작 해당 구정부는 '위탁'이라는 명목으로 한발 뒤로 물러나있는 듯하다. 현재 진행 중이기 때문에 명확하게 판단하기 어렵지만, 앞서 분석한 대로 남쪽에 위치한 중국 최대의 금융가와 이어지는 고급관광레저 위주의 '불교문화원' 개발이 목표일 경우, 기존 주민에게 "적절한" 보상금을 지급하는 철거가 필수적인데 이 과정에서 발생한 충돌과 갈등을 구정부가 직접 담당하지 않기 위해서, 재생만이 아니라 정치적 부담도 개발회사에 '위탁'했다고 볼 수 있다. 즉 정치적 부담의 '외주화'인 것이다.

셋째, 난뤄구샹의 재생이 다원주체 참가형으로 진행된 것은 앞서 분석한 것과 같이 해당 지역이 가진 정치적 특수성이 강하게 작용했다. 즉 당, 정, 군과 같은 권력기관 및 각종 종교단체가 1950년대 건국초기부터 이 지역에 자리 잡았기 때문에, 중국 정치체제의 특성상 구정부 층위에서 임의적인 철거나 개발은 원천적으로 불가능했던 것이다. 이와함께 개혁기 들어서 베이징에서 존재했던 부정적 긍정적 도시재생의 경험에 대한 반성적 사고도 작용했기 때문에, 결과적으로 다른 역사문화보호구 도시재생의 모범사례가 될 정도로 "성공적"이었을 것이다.

본 연구는 체제전환을 배경으로 구정부 층위에 분석의 초점을 맞추어서 베이징 역사문화보호구 도시재생 거버넌스에 대한 학술적 분석을 했다는 의의도 있지만, 다음과 같은 한계도 있다. 도시재생의 주체가 구정부 층위로 내려온 것이 지닌 정치경제적 의미나 구정부 사이 그리고 구정부 내부에 서로 다른 재생 거버넌스가 존재하는 이유를 제대로 분석하지 못했고, 도시재생을 둘러싼 시정부와 구정부 사이의 관계의 문제를 분석하지 못했으며, 상대적으로 많은 도시재생의 경험을 가진 '수도' 베이징의 사례이기 때문에 그만큼의 경험이 없거나 역사문화 자원이 부족한 지방도시의 재생의 문제를 설명하기에 한계를 지닌다는 점이다. 무엇보다 최근 문제가 되고 있는 '저단인구(低端人口)' 강제축출에서 보이는 것처럼 베이징 시정부에 의해 자행되는 1990년대식 폭력적인 철거와 본 연구에서 분석한 상대적으로 비폭력적인 재생이 공존하고 있는 현실을 설명하기 위해서는 좀 더 많은 연구가 필요할 것으로 보인다.

| 참고문헌 |

김혜진, 「상하이의 산업유산을 통한 문화적 도시재생 전략 연구: M50 창의산업
　　원구를 중심으로」, 『중국학연구』, 65, 서울: 중국학연구회, 2013.

나사기·백승욱, 「사회치리(社會治理)'로 방향전환을 모색하는 광둥성의 사회
　　관리 정책」, 『현대중국연구』, 17(2), 서울: 현대중국학회, 2016.

박경석, 「수도 베이징의 '도심' 정하기: '양진 방안'의 제기와 좌절」, 박철현 엮음,
　　『도시로 읽는 현대중국 1권. 사회주의 시기』, 서울: 역사비평사, 2017.

박철현, 「중국 사구모델의 비교분석: 상하이와 선양의 사례」, 『중국학연구』,
　　69집, 서울: 중국학연구회, 2014.

장유경·오광석·유재우, 「상하이(上海) 톈즈팡(田子坊)의 형성과 공간변용 연
　　구」, 『대한건축학회논문집 계획계』, 29(2), 서울: 대한건축학회, 2013.

조명래, 「문화적 도시재생과 공공성의 회복」, 『공간과 사회』, 21(3), 서울: 한국
　　공간환경학회, 2011.

한지은, 「탈식민주의도시 상하이에서 장소기억의 경합」, 『문화역사지리』, 20(2),
　　서울: 한국문화역사지리학회, 2008.

段文·魏祥莉·余丹丹, 「文化創意引導下的歷史文化街區保護更新: 以北
　　京楊梅竹斜街爲例」, 北京: 中國城市規劃年會, 2015.

呂斌, 「老城區可持續再生的城市設計: 以北京南鑼鼓巷爲例」 (미간행 자료),
　　2016.

劉剛, 「城市史新中的上海城市遺産及其保護」, 『中國文化遺産』, 第3期, 北
　　京: 國家文物局, 2011.

嚴若谷·周素紅·閆小培, 「城市更新之研究」 『地理科學進展』, 第8期, 北
　　京: 中國科學院地理與資源所, 2011.

王紀武, 「地域城市更新的文化檢討: 以重慶洪崖洞街區爲例」, 『建築學報』,
　　05期, 北京: 中國建築學會, 2007.

王天一·李壯·李偉·甄一男·臧緯, 「楊梅竹斜街的前生今世」, 『北京規
　　劃建設』, 6期, 北京: 北京城市規劃設計研究院, 2014.

姚治國·趙黎明·王滿銀·楊振華, 「白塔寺保護區綜合整治與更新研究」,
　　『城市發展研究』, 9期, 北京: 中國城市科學研究會, 2012.

張京祥·殷潔潔·羅小龍, 「轉型期的中國城市發展與地方政府企業化」, 『城
　　市問題』, 4期, 北京: 北京市社會科學院, 2006.

胡力駿, 「基於歷史文化價値的城市更新研究: 以上海以上海虹口港城市更
　　新爲例」, 『上海城市規劃』, 1期, 上海: 上海市城市規劃設計研究院,
　　2013.

일대일로 구상에서의 중국 동북
:한국의 협력 평가와 시사점

● 김준영 · 이현태 ●

Ⅰ. 서론

2013년 9월 카자흐스탄 방문에서 시진핑 주석이 일대일로(一帶一路) 구상을 최초 제시한 후, 중국 정부가 관련 정책들을 시행하면서 적극적으로 추진한 지 이미 4년이 넘었다. 일대일로 구상은 중국을 중심으로 아시아와 유럽을 하나의 경제권으로 묶는 초광역개발 구상으로서, "육상 실크로드 경제벨트"인 '일대(一帶)'와 "21세기 해상실크로드"인 '일로(一路)'로 구성되어 있다. 2015년 3월 중국 정부는 '일대일로 공동건설 추진을 위한 청사진과 행동(推動共建絲綢之路經濟帶和21世紀海上絲綢之路的願景與行動)'이라는 가이드라인을 제시한 후 구체적인 정책들을 연이어 발표해 왔다. 또한 2017년 5월 베이징에서 일대일로국제협력고위급포럼("一帶一路"國際合作高峰論壇)(이하 '포럼')을 열고 세계 29개국 정상과 국제기구 수장들을 초대하는 등 일대일로 구상을 글로벌 차원으로 확대하고자 노력해 왔다[1]. 아울러 2017년 10월 제19차 중국공산당

---

* 이 글은 「일대일로 구상에서의 중국 동북-한국의 협력 평가와 시사점」, 『현대중국연구』제19권 3호(2017)를 수정, 보완한 것이다.

** 중국 인민대 재정금융학원 금융학 박사과정, 대외경제정책연구원 중국팀 부연구위원

1) 2016년 하반기부터 일대일로의 영문 이름이 기존의 One Belt, One Road(OBOR)에서

전국대표대회 보고에서 시주석은 일대일로 구상을 지속적으로 추진할 것임을 재차 천명하면서 구상 실현에 대한 강한 의지를 보여주었다.

〈그림 1〉 일대일로 구상의 주요 노선

자료: 中國一帶一路網 정부 공식 사이트: (https://www.yidaiyilu.gov.cn/zchj/tjzc/316.htm) 참고하여 저자 부분 편집
(검색일: 2017.11.15)

일대일로 구상은 동남아, 남아시아, 중앙아시아 등 중국 주변지역은 물론, 중동, 아프리카, 유럽, 태평양 지역까지 포함한다. 구체적으로 육상 실크로드는 중국-중앙아시아-러시아-유럽, 중국-중앙아시아-서아시아-페르시아만-지중해로 이어지고, 해양 실크로드는 중국 연해-남해-동남아 해역-인도양-유럽, 중국 연해-남해-남태평양으로 형성

─────────────────────

Belt and Road Initiative로 변경되어 지칭되고 있다. 최근에는 일대일로에 북극항로를 '일도(一道)'의 개념을 추가하여, '일대일로일도(一帶一路一道)'로 지칭하려는 시도도 이어지고 있다. 이는 일대일로 구상을 포괄적인 협력의 개방형 플랫폼으로 진일보시키겠다는 중국의 의지가 반영된 것으로 생각된다.

되어 있다(그림 1 참고).[2] 일대일로 구상 추진 4년을 경과한 지금, 파키스탄 등 일부 지역들에서 관련 사업이 비교적 활발하게 진행되고 있다.[3]

한국도 일대일로 구상에 참여하기 위해 노력해 왔다. 2015-16년 한국 정부와 중국 정부는 각기 추진하던 유라시아 이니셔티브와 일대일로 구상을 접목하는데 공감하고, 이를 위해 중국 동북지역(이하 '동북')을 중심으로 양국의 협력을 강화해 나가자는 의견을 교환하기도 했다.[4] 또한, 한국은 중국과의 정부 부처간 회의, 각종 학술 세미나 및 박람회 등에서 일대일로 협력 방안에 대해 계속 논의를 진행하였다. 민간에서는 일대일로 인프라 건설 수주, 물류 교통망 활용, 금융 프로젝트 협력, 산업 단지 협력 등 여러 분야에 대한 장밋빛 참여 전망들이 나오기도 했다.

그러나 이런 노력에도 불구하고 현재까지 일대일로 구상에서 한국이 거둔 실질적인 성과는 거의 없다는 평가다. 일대일로 구상과 연관된 아시아인프라투자은행(Asian Infrastructure Investment Bank, 이하 AIIB)에 주요국으로 참여한 것이 그나마 성과로 간주되고 있다. 따라서 일대일로 구상에서 한국이 소외되고 있다는 우려의 목소리까지 대두되고 있다.[5]

2) 일대일로 구상은 협력범위와 사업대상지역 등에 제한을 두지 않고, 개방협력의 원칙을 강조하면서, 지역적 범위를 한정하지 않는다고 지적하였다. 일반적으로 64개 일대일로 연선국가들이 거론되고 있으나, 궁극적으로는 일대일로 구상에 모든 국가가 참여할 수 있음을 의미한다. 이승신·이현태·현상백·나수엽·김영선·조고운·오윤미, 「중국의 일대일로 전략 평가와 한국의 대응방안」, 『대외경제정책연구원(KIEP)연구보고서』, 2017, 38쪽.
3) 파키스탄 사업 관련 내용은 이정미·신세린, 「파키스탄·중국 경제회랑 사업 추진 현황과 과제」, 대외경제정책연구원, 2017 참고.
4) 제14차 한중 경제장관회의 주요내용. http://www.mosf.go.kr/nw/nes/detailNesDtaView.do? searchBbsId1=MOSFBBS_00000000028&searchNttId1=MOSF_000000000003867&menuNo=4010100(검색일: 2017.11.9).
5) 최필수, 「중국의 일대일로는 우리에게 그림의 떡인가」, 중앙일보, 2017.9.19. http://news.joins.com/article/21947817(검색일: 2017.11.9)

또한, 한국 정부의 신북방정책이 새롭게 추진되면서 새로이 조직된 북방경제협력위원회가 신북방정책과 일대일로와의 연계점을 찾기 위해 부심하고 있다는 점에서 그간 일대일로 협력성과 부족 문제에 대한 보다 심도 있는 고민이 필요하다고 할 수 있다. 특히, 한국 정부가 정책 연계의 핵심 공간을 중국 동북으로 판단하고 있는 가운데[6], 일대일로 구상의 중국 동북에서 추진 상황과 한국과의 협력 동향에 대해 파악하는 것이 시급한 과제라 할 수 있다.

본고는 한국의 일대일로 구상 참여가 미진한 현 상황에 대해 분석해 볼 것이다. 특히 일대일로 구상이 6대 경제회랑을 중심으로 중국 각 지역과 이에 인접한 일대일로 연선국가들을 연결하는 방식으로 진행되고 있기에, 지리적으로 가까운 중국 동북-한국 간의 일대일로 협력 상황을 평가하고 시사점을 도출한다. 우선 2장에서는 동북의 일대일로 정책을 정리하고 이 지역 일대일로 협력에 대한 중국 정부의 공식 평가를 살펴본다. 3장에서는 동북과 한국의 일대일로 협력을 오통(五通) 수준을 기준으로 평가한다. 이어서 동북-한국의 일대일로 협력을 어렵게 만드는 경제적, 정치적 제약 요인들을 분석 정리한다. 마지막 4장은 결론으로 본문을 요약하고 향후 전망과 시사점을 제시한다.

II. 중국 동북의 일대일로 구상 추진 평가

1. 정책 추진 현황: 동북지역을 중심으로

중국 정부가 2015년 3월 제시한 가이드라인은 특정 주체, 지역, 프로젝

---

6) 한국 북방경제위원회 배한진 국장 발표자료, 「한국 신북방정책과 중국一帶一路의 연계방안」, 베이징 일대일로 건설과 한·중 협력 포럼, 2017.11.30.

트 간에 상호 네트워크 및 소통을 의미하는 '상호연계성(互聯互通)' 강화
라는 기조 하에 5대 중점 부문, 즉 ①정책소통(政策溝通), ②인프라연통
(設施聯通), ③무역창통(貿易暢通), ④자금융통(資金融通), ⑤민심상
통(民心相通), 소위, '오통(五通)' 전략과 이에 따른 세부정책을 포함하
고 있다. 가이드라인이 발표된 후 국무원, 외교부, 상무부 등 주요 부처에
서는 오통 실현을 위한 관련 정책을 계속 고안해서 시행하고 있다. 중국
내 성시(省市) 등 지방 정부에서도 일대일로 구상에서의 역할을 각자 설
정하고, 관련 세부 정책을 내 놓고 있다. 예를 들어, 서북 지역은 중앙아
시아, 유럽으로 나아가기 위한 기착지이자 육상 실크로드의 교통 허브로
발전하는 것을 목표하고 있다. 반면, 서남 지역은 동남아와의 지리적 인
접성을 적극 활용하여, 동남아, 남아시아 등으로 가는 일대일로 회랑의
중심지 역할을 담당하고자 하였다.[7]

한국과 인접한 동북은 일대일로 구상에서 중몽러 경제회랑 등을 통해
유라시아 대륙으로 북향(北向)하는 출발점으로서의 역할이 강조되고 있
다(〈표 1〉 참고). 북쪽의 러시아, 몽골 등 주변국과의 오통을 강화해가면
서 대외개방을 확대하는 것이 주요 목표이다. 따라서 일단 철도, 도로 등
초국경 교통 인프라 시설에 대한 지속적인 정비가 강조되고 있다. 다만,
과거처럼 정부 재정에 과도하게 의존하기보다는[8], 민간이 일부 참여하는
민관협력(Public-Private Partnership, 이하 PPP) 등 다양한 재원조달 방안
이 논의되고 있다.

---

7) 중국 중앙정부 및 지방정부의 일대일로 추진계획에 대한 상세한 소개는 이승신 외,
「중국의 일대일로 전략 평가와 한국의 대응방안」, 대외경제정책연구원(KIEP), 연구보
고서, 2017을 참고할 것.

8) 중국 동북지역의 초국경 인프라 구축을 위해 활용된 재원조달방식에 대한 연구는
최장호·이보람·김준영·張慧智·朴英愛,·崔明旭, 「동북아 초국경 인프라 개발
과 재원조달: 중국 동북지역을 중심으로」, KIEP, 연구보고서, 2016을 참고할 것.

〈표 1〉 중국 동북지역 지방정부 일대일로 추진 계획

지역	오통	주요 정책
동북	주요 목표	- 헤이룽장, 지린, 극동 러시아지역의 연계운송 협력을 통해 베이징-모스크바 유라시아 고속 운수회랑 구축과 북쪽으로의(向北) 개방창구 건설 추진
지린 (吉林)	정책 소통	- 동북아지역 개방협력을 확대하고 지린성을 중-몽-러 경제회랑의 육·해상 연계운송과 동 북아 개방의 핵심지로 조성(2)
	인프라 연통	- 중국-몽골-러시아 경제회랑 및 해륙복합운송 거점으로 조성(1, 2) - 훈춘-러시아 블라디보스토크 육로통로 건설 추진, 중국-러시아 변경 철도, 도로, 출입국관 리소 건설 추진(1) - 창춘-만주리-유럽을 연결하는 국제철로화물운송열차 안정적 운영(2) - 구미, 북해 항공노선 개척, 세계 각국의 정기노선 및 전세 항공 노선 증설(1, 2)
	무역 창통	- 통관일체화 개혁을 통해 일대일로를 북쪽으로 개방창구 조성(2) - 중-러 화물운송전세기, 지린-서울 간 화물운송 전세기 개통 추진(2)
	자금 융통	- 초국경 금융리스를 통해 지린성 기업의 해외시장진출 지원(2) - 해외선진설비 및 첨단설비 수입 확대, 기술장비품질 제고(2)
	민심 상통	- 주변국과 문화, 교육, 관광, 체육 분야에서 개방협력과 인문교류 추진(1, 2) - 동북아 박람회 집중 육성(1)
랴오닝 (辽宁)	정책 소통	- 동북아 협력 추진의 중점 지역으로서의 역할 수행
	인프라 연통	- 중·몽·러 경제회랑 건설 중심으로, 북방으로 관문 역할 담당(1, 2) - 아시아-유럽을 연결하는 국제 종합 교통운수 통로(다롄-만저우리(满洲里)-유럽을 연결하 는 "요만구(辽满欧)"종합교통운수대통로 구축)(1, 2)
	무역 창통	- 다롄 자유무역시험구 설립 추진(1)/상하이 자유무역시험구 경험 활용) - 항구 통관 편리화 촉진: 전자항구 및 국제무역 단일창구 건설(1) - 일대일로 연선국가에 장비제조업과 철강 상품 수출(1, 2)
	민심 상통	- 교육의 대외개방 확대(중외합작 학교 경영, 해외 유학 등)(1)
헤이룽장 (黑龙江)	정책 소통	- 접경국과 경제무역 및 투자협력 개척, 對러시아 중점 개방 등 정책방향 제시(1) - 신흥장비제조 분야의 대외협력을 통한 장비, 기술, 서비스 수출의 강화(1)
	인프라 연통	- 하얼빈-러시아-한국-일본의 육해공 복합운송 통로 기능 제고와 상시화 추진(1) - 하얼빈국제공항의 對극동 러시아지역 대문 역할강화, 동북아 국제항로 추가 개설(1, 2)
	무역 창통	- 하얼빈종합보세구, 임항경제단지 건설 가속화(1) - 통관편리화 수준 제고(1회 신고, 1회 검사, 1회 통과의 통관모델 구축)(2) - 헤이룽장성 통상구는 對러시아 통상구와 정보협력 메커니즘 구축(2) - 러시아와 초국경산업특정발전계획 제정, 중-러 기업을 중심으로 산업협력 독려(2) - 중-러 쌍방향 무역 및 가공기지 건설, 항공우주산업 협력 확대(2)
	자금 융통	- 하얼빈에 러시아 및 동북아 지역을 겨냥한 금융서비스센터 설립, 국경강전자상거래의 결제 플랫폼 등 대형금융기관의 對러시아 종합 서비스기능 강화(2) - 루불화 사용범위 시범지역 확대, 쑤이펀허와 푸위안(抚远), 헤이허 등 통상구에 對러시아 무 역결산센터 설립. 초국경 위안화 사용 촉진(2)
	민심 상통	- 중국-러시아 문화센터 상호설치와 상시 문화교류 등 문화프로젝트 실시(1) - 중-러 초국경 자가용 관광 확대(하얼빈, 무단장 공항 72시간 비자면제)(2) - 헤이룽장-러시아간 대학협력 강화, 교육, 문화, 과학기술분야 인재 육성(1, 2)

주 1: (1)은 지방정부별 13.5 규획 문건, (2)는 지방별 일대일로 관련 문건 주요 내용임.
주 2: 랴오닝성의 자금융통 분야 관련 분야는 자료부족으로 삽입 제외함.
자료: 이승신(2017), p.55, p.74, p.103 종합하여 저자 작성

또한 동북의 추진계획에는 러시아와 경제협력 논의가 많이 포함되어 있다. 특히 극동 러시아와 동북의 변경 지역을 중심으로 한 경제협력 논의가 많이 이루어지고 있는데, 이는 러시아도 푸틴 대통령의 신동방정책에 힘입어 적극적으로 극동 러시아를 개발하려고 시도하고 있기 때문이다. 다만, 협력의 공감대에 비해서는 실질적인 협력 성과가 아직 많지 않다. 그럼에도 불구하고, 일대일로 구상과 신동방정책이 연계되는 공간으로서, 동북과 극동 러시아의 협력은 이후에도 계속 추진될 것으로 예상된다.

2. 중국의 일대일로 추진 평가와 동북 지역

중국 정부는 현재까지 일대일로 구상이 성공적으로 추진되었다고 평가하고 있다. 2017년 5월 시주석은 일대일로 포럼에서 100여 개의 국가 및 국제기구가 중국의 일대일로 구상에 참여하고 있고 UN 안보리 및 총회에서 논의할 정도로 위상이 제고되는 등 좋은 성과를 거두고 있다고 강조하였다.[9] 이런 평가에 걸맞게 2017년 1분기 중국과 일대일로 연선국가 간 수출입 총액도 동기대비 26.2% 증가한 1조 6, 600억 위안을 기록하며 중국 전체 무역액의 26.7%를 차지하였다.

중국 정부의 자세한 평가는 국가신식중심 일대일로 빅데이터센터의 연구 결과를 통해 확인할 수 있다.[10] 이 연구는 일대일로건설공작영도소조

---

[9] KIEP 북경사무소, 「2017 '일대일로' 국제협력 고위급포럼의 주요 내용 및 평가」, 2017 참고.

[10] 이 밖에 일대일로 구상의 추진성과를 평가한 보고서로는 중국 인민대학교의 일대일로 건설추진과제팀이 2016년 하반기 발표한 3년간의 일대일로 구축 상황에 대한 연구(中國人民大學, 2016), 중국사회과학원의 연구(一帶一路藍批書, 2016), 베이징대학(北京大學"一帶一路"五通指數硏究課題組, 2016)의 연구 등이 있다. 이들의 공통적인 특징은 일대일로 구상의 평가를 오통(五通)을 중심으로 수행했다는 점이다. 한국에서는 대외경제정책연구원 중국팀의 일대일로 추진 성과 평가 연구(이승신 외, 「중국의 일대일로 전략 평가와 한국의 대응방안」, 대외경제정책연구원(KIEP), 연구보

(一帶一路建設工作領導小組)가 주관한 것으로 정부의 공식 입장에 가깝다고 볼 수 있다. 이 연구에서는 일대일로 구상성과에 대한 종합적 평가체계를 수립하고 오통의 국가별·대외지역별·국내지역별 협력 정도 및 참여도를 평가했다(中國國家信息中心"一帶一路"大數据中心, 2016, 2017, 〈표 2〉 참고)

〈표 2〉 국가신식중심의 오통 평가체계(2016, 2017)

오통	1. 정책소통	2. 인프라연통	3. 무역창통	4. 자금융통	5. 민심상통
세부평가 항목	(1) 정치신뢰 (2) 쌍방문건교환	(1) 교통인프라 (2) 통신인프라 (3) 에너지인프라	(1) 무역합작 (2) 투자합작	(1) 금융협력 (2) 금융지원	(1) 여행·문화 (2) 인재교류 (3) 쌍방합작

자료: 中國國家信息中心(2017), p.5.

〈표 2〉의 오통 평가체계를 보면, 중국이 일대일로 구상을 통해 궁극적으로 추진하려는 목표를 알 수 있다. 무역, 인프라 등 비단 경제적인 측면뿐만 아니라 정책, 민심까지 전방위적인 국제협력을 추구한다. 중국의 관점에서 보면, 특정국가의 일대일로 참여 정도는 관련 인프라 사업 등에 그 국가의 건설기업이나 금융기관 등이 얼마나 들어갔는지 등으로 측정되지 않는다. 오히려 국가 대 국가로서의 상호 협력 관계가 얼마나 포괄적으로 심화되었는지 여부가 중요하다.

이런 기준에서 국가별 일대일로 협력 수준을 보면 러시아, 파키스탄, 카자흐스탄 등 중국과 우호적인 협력 관계에 있는 주변국들이 높았다〈표 3, 4〉 참고). 러시아는 중국의 '포괄적(전면적) 전략적 협력 동반자(全面戰略協作夥伴關系)'로서 일대일로 구상에 대해서 적극 참여하고 있다.[11] 또한, 에너지, 우주항공, 군수산업 등 러시아가 강점이 있는 산업과

고서, 2017)를 비롯해, 해양수산개발원, 교통연구원, 성균중국연구소 등 각 기관에서 수행하였다.

〈표 3〉 일대일로 연선 국가별 협력 순위

순위	국가	총점	순위	국가	총점
1	러시아	89.80	11	터키	64.96
2	파키스탄	78.31	12	라오스	64.81
3	카자흐스탄	75.92	13	인도	64.71
4	태국	74.74	14	키르기스스탄	64.71
5	베트남	72.21	15	폴란드	64.20
6	싱가폴	71.69	16	미얀마	60.99
7	말레이시아	70.91	17	헝가리	57.68
8	인도네시아	70.70	18	UAE	57.13
9	캄보디아	70.17	19	이집트	56.21
10	몽골	68.34	20	사우디아라비아	53.74

주: 21위 이하는 생략함.
자료: 中國國家信息中心(2017), p.6.

〈표 4〉 일대일로 오통(五通) 분야별 주요 협력국 순위(민심상통 제외)

순위	정책소통		인프라연통		무역창통		자금융통	
	국가	총점	국가	총점	국가	총점	국가	총점
1	파키스탄	19.0	러시아	17.7	러시아	17.4	러시아	20.0
2	몽골	17.5	카자흐스탄	15.9	인도네시아	17.1	태국	20.0
3	러시아	17.5	몽골	13.8	말레이시아	16.3	말레이시아	20.0
4	캄보디아	17.0	미얀마	13.7	태국	15.8	싱가폴	20.0
5	라오스	17.0	베트남	13.6	인도	14.7	인도네시아	20.0

주: 정책소통 평가지표의 세부항목은 정치적 상호신뢰(政治互信)와 양자문건(雙邊文件)의 두 부문인데, 정치적 상호신뢰
　　부문에서 러시아는 9.50의 높은 점수로 1위를 기록하고 있다.
자료: 中國國家信息中心(2017), p.13.

중국의 풍부한 자금 투자 능력이 결합되어 공동이익을 창출할 수 있다는
점이 주요 협력 배경이다. 실제적으로 중국은 러시아에 자금을 투자하고
러시아는 에너지(천연가스 등)를 중국으로 수출하는 형태로 이루어지고

11) 푸틴 인터뷰, 신화망, 2016.6.23.(검색일: 2017.11.9) http://news.xinhuanet.com/world/
　　2016-06/23/c_1119099713.htm.

있다. 그리고 파키스탄, 카자흐스탄은 전부터 중국과 양자 무역투자협력이 활발한 국가들이었는데, 지금은 일대일로 구상 참여를 통해 중국의 대외 진출 관문으로서의 협력을 강화하고 있다. 이들 국가들은 주로 중국자본을 통한 인프라 건설 등으로 경제적 이익을 추구하려하고 중국은 이들 국가를 통해 일대일로 거점 확보, 에너지 운송로 구축 등 경제적인 이익과 지정학적 이익을 동시에 추구하려 한다.

〈그림 2〉는 대외 지역들의 일대일로 구상 참여도를 평가한 것이다. 성과가 가장 큰 지역은 동북아 지역이고, 동남아, 중앙아시아, 남아시아, 서아시아 · 북아프리카, 중동 · 동유럽이 뒤를 잇고 있다. 동북아 지역은 모든 오통 영역에서 가장 높은 점수를 획득하였는데, 특히 인프라 연통은 다른 지역들의 2배에 가까운 점수를 받았다.

〈그림 2〉 대외 지역별 일대일로 성과 평가

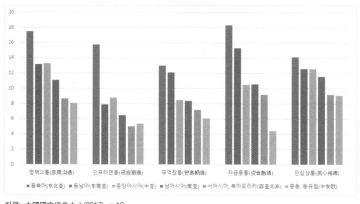

자료: 中國國家信息中心(2017), p.10.

또한 이 연구는 중국 전역을 화동, 화남, 동북, 화복, 중부, 서북, 서남으로 나누어 지역별 일대일로 참여도를 측정하였다. 화동, 화남이 각각 75.61, 71.45로 다른 지역을 압도하고 있는 가운데, 동북지역도 60.35으로 화북, 중부, 서북, 서남보다 높은 수준을 기록했다(〈그림 3〉 참고). 동북지역은 정책소통 분야의 세부 항목인 정책문건(雙邊文件)의 상호 교환, 민심상통 분야의 세부항목인 교육협력(敎育合作), 그리고 인프라 분야의 세부항목인 교통인프라에서 비교적 높은 점수를 기록하였다.

〈그림 3〉 중국 지역별 일대일로 참여 수준

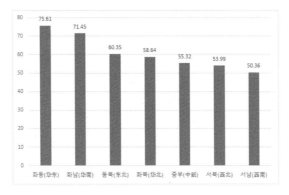

주: 화동(華東)은 상하이, 저장, 장쑤, 산동 4개성, 화남(華南)은 광동, 광시, 푸젠, 하이난 4개성, 동북(東北)은 랴오닝, 지린, 헤이룽장 3개성, 화북(華北)은 베이징, 텐진, 화베이, 네이멍구 4개성시, 중부(中部)는 허난, 후베이, 후난, 장시, 안후이, 산시 6개성, 서북(西北)은 산시, 간쑤, 칭하이, 닝샤, 신장 5개성 성, 서남(西南)은 충칭, 쓰촨, 구이저우, 윈난, 시장 5개성.
자료: 中國國家信息中心(2017), p.35.

Ⅲ. 동북과 한국의 일대일로 협력과 제약 요인

1. 동북−한국의 일대일로 협력 평가

중국 정부는 일대일로 구상이 동북아 지역에서 가장 실현되고 있고 중국 내 동북아 중심지인 동북지역도 상대적으로 일대일로 구상에 활발히 참여하고 있다고 평가하고 있다. 그러나 동북아 지역이 높은 점수를 받을 수 있었던 이유는 동북아를 러시아와 몽골 2개국으로만 규정했기 때문이다(〈표 5〉 참고)[12]. 그러나 일반적으로 동북아는 몽골, 러시아, 남북한, 일본까지 포함하는 지역을 의미한다.[13] 한국은 그간 일대일로 구상에 대한 참여 의지와 관심을 끊임없이 표명해 왔음에도 불구하고, 일대일로 구상의 연선 국가에 포함되어 있지 않았기에,[14] 중국 정부의 공식평가에도 한국과의 협력 수준 평가가 존재하지 않는다.

〈표 5〉 일대일로 연선국가 주요 지역별 분류

지역	일대일로 연선국가(총 64개국)
중앙아(5)	카자흐스탄, 투르크메니스탄, 키르기르스탄, 우즈베키스탄, 타지키스탄
동남아(11)	인도네시아, 말레이시아, 필리핀, 싱가포르, 태국, 브루나이, 베트남, 라오스, 미얀마, 캄보디아, 동티모르
동북아(2)	몽골, 러시아
남아시아(7)	인도, 파키스탄, 방글라데시, 스리랑카, 네팔, 몰디브, 부탄
서아시아 및 북아프리카 (20)	이란, 터키, 사우디아라비아, 아랍에미리트, 오만, 아프가니스탄, 이스라엘, 이집트, 쿠웨이트, 이라크, 카타르, 요르단, 레바논, 바레인, 예멘, 시리아, 팔레스타인, 아르메니아, 아제르바이잔, 그루지야
중동 및 유럽(19)	폴란드, 루마니아, 체코, 슬로바키아, 불가리아, 헝가리, 우크라이나, 벨로루시, 라트비아, 리투아니아, 슬로베니아, 몰도바, 에스토니아, 크로아티아, 알바니아, 세르비아, 마케도니아, 보스니아, 몬테네그로

자료: 中國國家信息中心(2017), p.4 참고하여 작성.

12) 이러한 분류법은 일대일로 구상의 국가별, 지역별 성과를 입체적으로 평가하기 어렵다는 단점을 갖고 있다. 특히, 러시아의 광범위한 국토의 크기를 고려할 경우, 서부 혹은 중부 지역에서의 협력을 러시아가 동북아에 분류되어 있다는 이유만으로 이를 동북아 협력 성과로 집계하는 문제가 발생할 수 있다. 실제 중국 동북과 러시아 극동의 협력성과는 크지 않은 편이고, 일대일로 구상 이전부터 추진되어오던 사업들도 다수 있다. 따라서 중국 동북과 러시아, 몽골의 일대일로 성과에 대한 정밀한 연구는 후속과제라 할 수 있다.

13) 동북아 경제협력에 대한 포괄적 연구인 원동욱·강승호·이홍규·김창도, 「중국의 동북지역 개발과 신북방 경제협력의 여건」, KIEP, 연구보고서, 2013에서도 일본, 한국, 북한, 몽골, 러시아를 동북아 5개국으로 분류하고 분석했다. 이밖에 동북아 지역 규정에 대해서는 아래 인터넷 자료 참고. https://en.wikipedia.org/wiki/Northeast_Asia (검색일: 2017.11.15)

14) 국가신식중심은 이에 대한 확실한 이유를 제시하지 않았다. 다만 중국 사회과학원의 일대일로 연구자는 필자와의 면담 중 대상국에 한국이 없는 이유가 관련 사업을 한국과 진행한 바가 없기 때문이라고 대답하였다. 그러나 일대일로 구상이 주로 서향(西向)하기에 한국과의 특별한 협력 가능성이 없다고 판단해서 제외시켰을 가능성도 있다.

따라서 우리는 이런 공백을 메울 필요가 있다. 한국의 일대일로 구상 협력 정도를 평가하고 향후 대응방안을 모색할 필요가 있다. 특히 본고는 중국 동북과 한국 간의 협력 상황을 집중 분석하는데, 그 이유는 앞서 밝힌 바와 같이 한국 정부의 신북방정책과 중국의 일대일로 구상의 핵심 연계지역으로 한국에게 지리적으로 인접한 동북이 지목되고 있기 때문이다. 다른 중국의 각 성들도 각각 중앙아시아, 동남아시아, 남아시아 등과 접하면서 그 지역들의 일대일로 구상 실현을 견인하는 역할을 하고 있다. 특히 실제 오통의 관점에서 볼 때 한국이 얼마나 동북과 일대일로 국제 협력을 하고 있는지, 향후 발전 전망은 어떠한지 평가한다. 우선 동북이 중국에서 차지하는 경제 규모, 인구수 비중(2016년 기준 각각 약 7%, 8%)을 기준으로 다른 지역과 비교할 때 한국과의 교류 수준이 상대적으로 어떤지 살펴본다. 또한 2014년 일대일로 구상이 본격 시행된 이후 동북-한국의 협력 수준에 변화가 있었는지도 함께 확인한다.

(1) 무역창통

동북-한국의 무역, 투자가 활발하고 일대일로 구상 시행과 함께 증가하고 있다면 오통의 '무역창통' 상황을 긍정 평가할 수 있을 것이다. 〉그림 3〉에서 보듯이 한·동북 무역은 2000년(33.1억 달러)에서 2016년(105.7억 달러)로 연평균 7.5%씩 성장하였다. 다만 동기간 한·중 무역이 연평균 13.3% 성장(345.0억 달러에서 2, 545.1억 달러로 7.4배 성장)한 것에 비하면 성장률이 크게 낮다. 따라서 한국의 전체 대중 무역에서 동북이 차지하는 비중은 2000년 9.6%에서 2010년대 4%대로 감소했다. 동북의 중국내 인구·GDP 비중인 8%의 절반이다(〈그림 4〉 참고).

일대일로 구상이 본격 시작된 2013년 이후에도 이런 상황에는 큰 변화가 없다. 한국-동북의 무역은 2014년 121.7억 달러로 정점을 찍은 후

2016년 105.7억 달러까지 감소했다. 대한국 무역의 대부분을 차지하는 라오닝성의 지역내총생산(GRDP) 성장률이 2012년 9.5%, 2014년 5.8%, 2016년 2.5%로 하락한 것이 주요 원인으로 생각된다(〈그림 3〉 참고). 이런 한국—동북 무역 수준과 추이로 볼 때, 양자의 무역 협력이 2010년대 이후 계속 침체되어 있다고 평가할 수 있다.

〈그림 3〉 한국—동북 무역 추이   〈그림 4〉 한국—동북 무역 비중 추이

(단위: 억 달러)

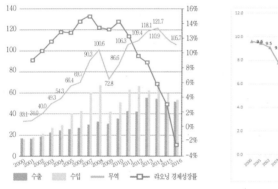

자료: 한국무역협회 무역통계 홈페이지(http://stat.kita.net, 검색일: 2017.7.20) 이용, 저자 정리.

〈그림 5〉는 한국이 동북지역에 2007년 이후 얼마나 투자했는지 보여 준다. 한국의 대동북 직접투자는 2007년 5.9억 달러에서 2016년 1억 달러로 급감하였다. 동기간 대중국 투자도 56.8억 달러에서 33.0억 달러로 줄어들었지만 동북의 상대적인 하락이 더 커서 대중 투자에서 차지하는 비중이 10.5%에서 3.2%로 떨어졌다. 이런 상황은 2013년 일대일로 구상 출범 이후에도 변화가 없다. 동북이 중국 다른 지역에 비해 투자처로서의 매력이 별로 없다는 증거다. 2010년대에 대동북 투자는 대동북 무역과 마찬가지로 심각한 침체기에 빠져 있다고 판단할 수 있다.

〈그림 5〉 한국의 동북3성 직접투자 추이

(단위: 백만 달러)

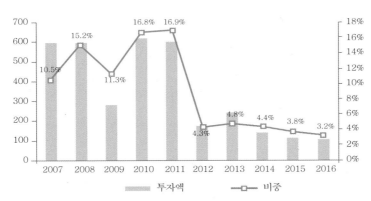

자료: 수출입은행 해외투자통계(stats.koreawexim.go.kr, 검색일: 2017.7.20) 이용, 저자 정리.

(2) 인프라연통

인프라연통의 핵심은 교통 인프라이다. 한국과 동북은 북한으로 인해 육로가 막혀 있기 때문에, 항공과 해상 운송을 통해 여객과 화물을 운반 해야 한다. 항공은 한국에서 창춘, 다롄, 하얼빈, 선양, 옌지로 가는 정기 노선이 개설되어 있다. 연도별 운항편수를 보면 2011년 1,489편에서 2016 년 5,154편로 크게 늘어난다(〈표 6〉 참고). 전체 중국과의 운항편수도 늘 었지만 동북행 운항편수의 상대적인 증가가 더 커서, 동북의 비중이 동기 간 8.8%에서 11.9%로 올라갔다. 동북의 인구, 경제규모 비중인 7~8%를 상회하는 수치이다.

한중 해상 노선은 총 14개사가 16개 항로를 통해 16척의 선박을 운용 하고 있는데, 그 중 동북에는 3개 항로(인천-다롄, 단둥, 잉커우)가 개설 되어 있다.[15] 한중 운항횟수는 주 43회인데, 동북은 8회로 전체의 18.6% 를 차지한다. 한중 해상 노선은 서해 건너 허베이, 산둥, 동북(랴오닝성)

3개 지역으로만 운영되고 있는데, 동북은 산동성에 이어 두 번째로 운항 비중이 크다(〈표 7〉 참고).

〈표 8〉은 동북-한국의 항공·해상 여객수송 실적을 보여준다. 2016년 기준 항공 승객 기준으로 동북은 중국 전체의 10.5%, 해상 승객 기준으로 19.4%를 차지하고 있다. 〈표 6, 7〉의 항공 운항 편수, 선박 운항 횟수 비중이 실제 여객 수송에 그대로 반영되었다고 볼 수 있다.

종합하면 인프라 연통 측면에서 동북-한국의 협력은 비교적 활발하다고 볼 수 있다. 동북의 주요 도시들에 교통 노선이 개설되어 있으며 이용 수준도 높은 수준을 유지하고 있다. 한국-동북의 무역, 투자가 급감하고

〈표 6〉 한국 - 동북 항공 운항 추이

구분		2011	2012	2013	2014	2015	2016
운항편수	중국	16,889	22,052	27,689	35,481	36,561	43,226
	동북	1,489	1,848	2,565	3,673	4,714	5,154
	비중	8.8%	8.4%	9.3%	10.4%	12.9%	11.9%

자료: 한국공항공사(http://www.airport.co.kr, 검색일: 2017.11.25) 자료 이용하여 저자 계산.

〈표 7〉 해상 여객 수송 실적

항로		사업자	선명	국제 총톤수	수송능력		운항 횟수
					여객	화물	
중국전체		14개사	16척	320,926	9,911명	3,929TEU	주43회
동북	인천-단동	단동국제항운	동방명주VI	16,537	800명	160TEU	주3회
	인천-대련	대인훼리(주)	비룡	14,614	510명	145TEU	주3회
	인천-영구	범영훼리(주)	자정향	12,304	394명	228TEU	주2회
동북비중		21.4%	18.5%	13.5%	17.2%	13.6%	18.6%

자료: 해양수산부 홈페이지(http://www.mof.go.kr, 검색일: 2017.11.25) 자료 이용, 저자 정리.

---

15) 해양수산부 홈페이지(http://www.mof.go.kr, 검색일: 2017.11.25) 자료 이용, 저자 정리.

〈표 8〉 동북 - 한국 항공·해상 여객 수송 실적

(단위: 천명)

구 분		2011	2012	2013	2014	2015	2016
항공	중국	2,142	2,924	3,722	5,142	5,130	6,313
	동북	171	225	328	495	591	661
	비중	8.0%	7.7%	8.8%	9.6%	11.5%	10.5%
해상	중국	1,708	1,661	1,506	1,594	1,441	1,524
	동북	292	288	313	334	255	295
	비중	17.1%	17.3%	20.8%	21.0%	17.7%	19.4%
전체	중국	3,850	4,585	5,228	6,736	6,571	7,837
	동북	463	513	641	829	846	956
	비중	12.0%	11.2%	12.3%	12.3%	12.9%	12.2%

자료: 해양수산부 홈페이지(http://www.mof.go.kr, 검색일: 2017.11.25.) 및
국가통계포털(http://kosis.kr/index/index.jsp, 검색일: 2017.11.25) 자료 이용하여 저자 계산.

있는 상황에서도 두 지역 간 교통 인프라 교류가 활발한 이유는 인적 교류의 증가로 인한 교통 수요 증가 때문으로 보인다. 예를 들어, 2010년 한국 체류 중국 동포의 수는 415,004명이었는데 2016년에는 652,028명으로 매년 꾸준히 증가했다.[16] 또한 꾸준히 늘어나고 있는 백두산 관광객도 교통 교류 증가에 영향을 미쳤을 것이다.[17] 다만 항상 북한 지역을 우회해서 동북에 접근해야 하고 북한과 러시아에 가로막혀 동해에서 접근하는 통로가 없다는 제한이 있다. 향후 남북관계가 개선되고 두만강 유역개발이 진행된다면 동북－한국 교통 인프라도 상당히 개선될 것이다.

(3) 정책소통

정책소통은 중앙 정부 간 협력 강화와 거시정책 교류체계를 마련하는 것이므로, 중국의 한 지방인 동북과 한국 사이의 소통 정도를 측정하기는

16) e-나라지표, http://www.index.go.kr/main.do(검색일: 2017.12.21)

17) http://www.enewstoday.co.kr/news/articleView.html?idxno=398795

어렵다. 다만 각국 정부가 공동 추진하는 지역협력계획의 측면에서 볼 때, 대표적인 역내경제통합 플랫폼이자 국제협의체인 광역두만강개발계획(Greater Tumen Initiative, 이하 GTI)의 경우, 오래전부터 추진되었지만 몇몇 협동 연구 외에는 실질적인 성과를 거두지 못하고 있다. GTI 협력에 대한 한국, 중국, 러시아, 몽골의 공감대가 형성되어 있음에도 불구하고, 각국의 입장이 달라 실제 사업으로 연결되지 못함으로 인해 협력을 유지하기 어려운 점이 주요 원인으로 지적된다.[18] 동북을 포함한 접경 지역에서 정책소통을 통한 국제협력의 어려움을 잘 보여주는 사례이다.

다만 2016년에 동북3성을 중심으로 중국의 일대일로 구상과 한국의 유라시아 이니셔티브를 협력하자는 한중 경제장관들 사이의 협의가 있었다.[19] 한국은 지린성의 중국 훈춘 물류단지 개발을 시범사업으로 추진할 것을 제안하였고 중국도 이에 공감하여 동북을 중심으로 양국의 정책소통을 강화해 나갈 것을 제안하였다. 한국 신정부가 신북방정책을 통해서 어떻게 동북을 중심으로 중국과 협력을 이어나갈지 주목된다.

(4) 자금융통

자금융통은 지역간 금융협력과 금융환경 정도를 의미한다. 동북-한국의 자금융통 정도를 살펴보기 위해서는 우선 한국 금융기관의 동북 진출 상황을 파악해 보자. 1992년 외환은행이 동북에 최초 진출한 이후 2004년 하나은행 선양지점, 창춘 분행(2008년), 하얼빈 분행(2009년)이 차례

18) 임호열·이현태·김흥원·김준영·오윤미·최필수, 「중국 주도의 신금융질서 태동과 한국의 한국의 대응방향」, KIEP, 연구보고서, 2016, 107쪽.
19) 제14차 한중 경제장관회의 주요내용. http://www.mosf.go.kr/nw/nes/detailNesDtaView.do?searchBbsId1=MOSFBBS_000000000028&searchNttId1=MOSF_000000000003867&menuNo=4010100(검색일: 2017.11.9)

로 설립되었고 이후 KB국민은행(하얼빈), 기업은행(선양), 산업은행(선양), 우리은행(선양) 등이 진출하였다. 현재 KEB하나은행은 외환은행과 합병 후 동북의 거점도시인 다롄, 선양, 창춘, 하얼빈에 영업점을 보유하고 있다. 그러나 동북3성에 진출한 대부분의 한국계 은행들은 심양을 중심으로(KB국민은행은 하얼빈) 한 개의 영업점만을 운영하고 있다. 또한 동북지역 영업점의 예금, 대출 등 기반영업실적도 좋지 않다. 은행별 전체 실적에서 차지하는 비중도 대부분 예금 5%, 대출 6%를 넘지 못하면서 자체 생존을 위한 최소 규모도 확보하지 못하고 있다. 이런 영업성과는 한국의 은행들의 동북 투자를 주저하게 만들고 있다.[20] 한국 금융기관을 통한 한국-동북의 금융협력 강화가 요원한 상황이다.

국제협력 측면에서도 이전부터 한국 정부가 주창했던 동북아개발은행이나 동북아수출입은행 협의체 등 동북아 국제금융협력체들은 여전히 구체적인 수익성 있는(bankable) 프로젝트를 발굴, 추진할 수 있는 단계까지 발전하지 못했다. 또한 한국이 주요 회원국으로 참여하였고 일대일로 구상에 기여할 것으로 전망되는 AIIB도 아직 동북에 투자하려는 움직임을 보이지 않고 있다.[21] 또한 동북 정부가 적극 추진하고 있는 PPP사업들도 제도 등이 정비되지 않고 관련 리스크가 크기 때문에 아직 한국이 투자하기에 이르다. 따라서 현재 동북-한국의 자금융통은 당분간 발전이 어려운 상황으로 향후 정책적 돌파구 마련이 요구된다.

---

20) 동북지역 발전장애요인으로 1) 현지은행으로서 자리매김(positioning) 및 현지화의 한계, 2) 중국 시스템 리스크 수용의 어려움, 3) 엄격한 중국 감독기관의 규제 및 관리 정책, 4) 한국계 기업의 축소 및 진출 감소 등이 지적되고 있다. 자세한 내용은 이현태·이상훈·김준영·윤규섭, 「13·5 규획 시기 한국의 중국 동북지역 경제협력 과제와 전략」, KIEP, 연구보고서, 2017 참고.

21) 최장호·이보람·김준영·張慧智·朴英愛,·崔明旭, 「동북아 초국경 인프라 개발과 재원조달: 중국 동북지역을 중심으로」, KIEP, 연구보고서, 2016, 113쪽.

(5) 민심상통

일대일로의 민심상통은 인재·문화 교류 수준으로 측정한다. 동북지역에는 중국 동포 집단, 관광명소 백두산, 한중 역사문화 유적이 있어 한국과의 인적 교류가 많았다. 2017년 현재 중국 전체 대외동포 254만 명의 64.8%인 165만 명이 동북에 거주하고 있다(〈표 9〉 참고). 특히 외국국적 재외동포(중국동포)의 73.1%가 동북에 살고 있고, 일반체류자나 유학생 수도 동북의 경제 비중, 인구 비중보다 높은 12.4%를 기록하고 있다. 또한 2016년 현재 동북 출신이 대다수인 중국 동포가 65만 명 이상 한국에 들어와서 체류하고 있기에, 양 지역 간 활발한 인적교류를 위한 튼튼한 토대가 되고 있다(〈표 10〉 참고).

〈표 9〉 중국내 재외동포 현황(2017년)

(단위: 명)

유형	영주권자	일반체류자	유학생	계	외국국적	총계
동북	-	36,264	7,136	43,400	1,607,510	1,650,910
기타	6,602	239,074	54,920	306,004	591,114	897,120
중국 전체	6,602	275,338	62,056	349,404	2,198,624	2,548,030
동북비중	0%	13.2%	11.5%	12.4%	73.1%	64.8%

자료: 외교부(2017)을 이용하여 저자 정리.

〈표 10〉 한국내 중국동포 추이

(단위: 명)

	2010	2011	2012	2013	2014	2015	2016
중국동포수	415,004	477,163	447,877	512,120	606,964	647,717	652,028
증가율	9.9%	15.0%	-6.1%	14.3%	18.5%	6.7%	0.7%

자료: e-나라지표, http://www.index.go.kr/main.do(검색일: 2017.12.21)를 이용하여 저자 계산.

또한 민심상통 지표로 동북-한국 간 자매·우호 도시 체결 현황을 살펴보자. 1992년 수교 이후 한중 양국의 지방정부끼리 자매·우호 도시를 체결해 왔는데, 〈표 11〉에서 보듯이 동북의 비중이 상당히 높은 편이다. 동북은 전체 체결건수 268건 중에서 17.9%인 48건을 차지하고 있으며,

최근에도 연 4-6건씩 꾸준히 증가하고 있다.

〈표 11〉 동북 - 한국 자매·우호 도시 체결 현황

(단위: 건, %)

연도	2008	2009	2010	2011	2012	2013	2014	2015	2016	전체
중국	32	30	16	23	26	26	24	33	25	268
동북	7	5	4	6	2	4	4	6	4	48
비중	21.9	16.7	25.0	26.1	7.7	15·4	16.7	18.2	16.0	17.9

주. 전체는 1992년 수교 이후 체결 건수를 모두 합산한 것임.
자료: 대한민국시도지사협의회, 국제교류현황, http://www.gaok.or.kr(검색일: 2017.11.25) 자료 이용 저자 계산.

이처럼 수치상으로 볼 때 동북-한국의 민심상통 교류 수준은 비교적 높은 편이다. 다만 최근 중국의 동북공정, 사드 문제 등으로 양 지역민들 간에 적대 감정이 상당히 고조되기도 했다. 또한 한국 영화에서 동북 연변 및 중국 동포를 연이어 부정적인 모습으로 묘사해서 감정적 갈등이 고조되기도 했다.[22] 따라서 역내 인적 교류는 양적으로 많이 늘어났지만 일대일로 구상이 지향하는 진정한 '민심상통'을 위해서는 아직 가야할 길이 멀다고 볼 수 있다.

2. 협력의 제약요인

이상의 분석으로 보면, 일대일로 구상에서 동북-한국 국제협력은 분야별로 격차가 있으나 전체적으로는 높은 평가를 받기 어렵다. 특히 무역 창통, 정책소통, 자금융통 면에서는 일대일로 구상이 본격적으로 추진된 이후에도 그 수준이 후퇴하거나 여전히 지지부진하다. 이 절에서는 동북에서 일대일로 국제협력을 근본적으로 저해하는 제약요소들이 무엇인지 경제적, 정치외교적, 정책적 요인으로 나누어 분석한다.

---

22) http://news.joins.com/article/21898976(검색일: 2017.11.25)

(1) 경제적 요인

① 중국 동북지역 경제의 경기 악화

역내 무역, 투자 등 경제교류가 침체된 이유는 무엇보다 동북지역 경제 상황이 최악이고 한국이 이에 적절하게 대응하지 못하고 있기 때문이다. 동북지역은 2012년 중속성장 시작, 세계경제 침체, 원자재 가격 하락, 철강 · 석탄 등 설비 과다에 따른 구조조정 문제들로 타 지역에 비해 경기 침체가 심각한 상황이며 이를 돌파할 새로운 성장 동력을 찾지 못하고 있다(〈그림 6〉 참고)[23] 이런 상황은 〈그림 3, 4, 5〉에서 보았듯이 최근 한국의 대동북 무역 · 투자의 급감으로 이어지고 있다. 이는 동북의 경기 불황으로 인한 내수시장 축소, 생산 비용 상승으로 인한 생산기지로써의 이점 상실, 중국 로컬기업들의 부상으로 인한 경쟁 격화 등 복합적 요인

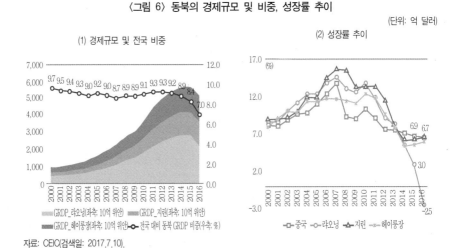

〈그림 6〉 동북의 경제규모 및 비중, 성장률 추이

(단위: 억 달러)

자료: CEIC(검색일: 2017.7.10).

---

23) 동북지역의 경제성장률은 2013년 이후 전국 평균을 크게 하회하면서 성장률 하위 5개 지역에 포함되었음.

이 작용한 것이다. 또한 이런 상황은 현지에 이미 진출한 동북아 기업들의 경영 악화로 이어지면서 사업 철수, 신규 투자 감소 등의 결과로 나타나고 있다.

② 불리한 경제협력 여건

동북지역은 중국의 타 지역에 비해 ① 자원(석유 · 석탄 · 철강) 중심, 중공업 위주의 국유기업을 중심으로 한 경제구조로 시장 변화에 대한 민감도 부족 및 기업 경영 환경이 열악하고, ② 경제 규모가 작고 서비스업이 미발달되어 있으며 대규모의 투자가 별로 없는 등 경제의 역동성이 부족하며, ④ 금융서비스의 수준이 낮고 민간 기업에 대한 금융 공급이 부족하고, ⑤ 각급 지방정부 정책의 임의성 · 가변성이 높아 정책 실행 단계의 간소화 · 표준화 · 투명화 정도가 낮으며 체계적 · 통일적 서비스 지원이 부족하며, ⑥ 대외 개방도가 낮으며 외자기업에 대한 지방정부의 제도적 · 체계적 정책 지원이 부족하다고 지적되고 있다.[24] 이런 요인들이 동북과 동북아 국가들 간의 활발한 경제교류를 막고 있고 이런 동북 현지 사정에 대한 이해가 부족한 외국기업들은 실제 경영 활동에서 많은 어려움을 겪고 있다. 중국의 연안 지역에 비해 현저히 불리한 이런 경제적 여건들이 동북의 무역, 투자처로서의 매력을 저해하고 있다.

(2) 정치외교적 요인

① 역내 외교안보적 긴장과 갈등의 고조

일대일로 구상 추진의 어려움은 사실 정치적인 측면에서 더 크다. 북

---

24) 역내 경제협력을 가로막는 동북의 경제적 제약 요인에 대한 자세한 논의는 이현태 · 김준영 · 오윤미, 「AIIB 발전 현황과 시사점: 제2차 한국 연차총회를 중심으로」, KIEP, 오늘의 세계경제, 2017 참고.

한 핵, 미사일 문제와 사드 배치로 인해 역내 긴장과 갈등이 지속되었다. 북한은 김정은 집권 이후 핵실험과 미사일 시험을 수차례 실행하면서 군사안보적 긴장을 높여 왔다. 이런 북한의 무력 행위에 대해 UN의 역대 최고 수위의 대북 제재가 시행 중이다. 이에 북한과 동북, 한국 간의 경제교류가 크게 줄어들면서 단둥 등지를 통해 북한과의 통상 교류를 이어가던 한국 기업들이 급격히 축소되었다. 또한 한국의 사드 배치가 중국의 제재로 이어지면서 동북－한국의 경제협력에 부정적인 영향을 미쳤다.[25] 한국 기업들에 대한 소방, 안전, 환경, 위생 점검이 엄격해지고 일반인들의 반한국 정서가 형성되면서 롯데마트 등 여러 한국기업들이 많은 어려움을 겪었다.[26]

② 한국의 정치 상황 변동

한국의 정치 상황 변화도 일관된 국제 협력 추진을 제약하는 요인이다. 예를 들어, 한국에서는 2016년 하반기, 2017년 상반기 국내 정치에 큰 변화가 발생하면서 일관된 대외 협력 추진이 쉽지 않았다. 일대일로 구상과 연계해서 이전 정부에서 추진하던 유라시아 이니셔티브가 정권교체로 지속 추진하기 어려워졌다.[27] 다행히 한국 문재인 정부에서 신북

---

25) 이현태·이상훈·김준영·윤규섭, 「13·5 규획 시기 한국의 중국 동북지역 경제협력 과제와 전략」, KIEP, 연구보고서, 2017, 101-105쪽.

26) 연합뉴스 선양 홍창진 특파원, 중국 선양 롯데백화점앞서 롯데 불매 플래카드 시위 열려, 2017.03.03(검색일: 2017.12.21).
http://www.yonhapnews.co.kr/bulletin/2017/03/03/0200000000AKR20170303165400097.HTML?input=1195m

27) 또한 원동욱, 「중국 일대일로 이니셔티브와 한국 동북아플러스책임공동체의 연계협력 방안」, 제22차 한중미래포럼(2017.12.13. 제주, 한국 국제교류재단－중국 인민우호협회 공동 세미나). 발표자료, 2017은 애초에 유라시아 이니셔티브가 북한의 협력을 이끄는 방안이 결여 혹은 배제되었다는 점에서 근본적으로 한계를 노정하고 있었고, '유라시아'가 유럽까지 포함하는 너무 광범위한 지역으로 설정되어 선택과 집중이

방정책을 통해 이전 유라시아 이니셔티브의 구상을 진일보한 방식으로
추진하고 있긴 하나, 이 역시 보다 구체적인 구현 방안을 제시하는 것을
시급한 과제로 하고 있는 상황이다.[28]

(3) 정책적 요인: 일대일로 구상의 지역 규정

중국 정부가 주도한 국가신식중심의 연구에서 보았듯이 중국은 동북아
를 러시아와 몽골 2개국으로만 규정해서 평가하고 있다. 중국 정부의 공
식 평가는 향후 정책 방향에 영향을 주기에 이런 협소한 동북아 범위 규
정은 문제가 될 가능성이 있다. 한국을 일대일로 구상에서 배제하고 있다
는 인상을 줄 수도 있다. 역사상 일대일로와 별로 관계없는 일부 동유럽,
중동 국가들까지 들어간 연선국가군에 오래전부터 밀접한 경제 관계를
유지했던 한국이 없는 것은 납득하기 어렵다.

동북도 한국과의 일대일로 협력 구현을 위해 정책적으로 고려해야 할
과제가 있다. 현재 동북의 일대일로 계획안은 북향(北向)으로 러시아, 몽
골과의 협력에 중점을 두고 있다. 그러나 한국과의 협력 활성화를 위해서
는 동남향(東南向) 노선에 대한 정책적 지원을 강화해야 한다. 다만 원
래 지린성의 창지투(長吉圖) 전략 등은 차항출해(借港出海)의 목적 하
에 러시아 극동 및 한반도 동해 등으로의 접근성을 높이는 동남향 정책이
었기에[29], 동북의 일대일로 구상에서 이 노선을 강화하는 것은 그리 어려
운 과제는 아닌 것으로 판단된다.

이루어지지 못해서 가시적 성과 도출에 한계가 있었다고 지적한다.

28) http://www.segye.com/newsView/20170907004138(최종검색일: 2017.12.20)

29) 일대일로 구상 이후 창지투 전략의 추진방향에 대한 자세한 논의는 임수호·김준
영·박종상·안국산·박일봉, 「한국과 중국 연변조선족자치주 경제협력과 향후 발
전방안」, KIEP, 연구보고서, 2017, 53-59쪽.

IV. 결론

중국의 일대일로 구상이 시작된 지 4년이 넘은 지금, 국내에서는 한국이 일대일로 구상에서 거둔 성과가 거의 없다는 평가가 많다. 이런 평가는 중국이 주도하는 일대일로 인프라 건설에 한국 기업, 금융기업 등이 참여한 사례가 별로 없다는 사실에 근거를 두고 있다. 그러나 중국은 특정국의 일대일로 참여 수준을 평가할 때 오통 실현 정도에 기준을 두고 평가한다. 일대일로 구상이 단순히 인프라 건설 협력이 아니라 광범위하고 전면적인 국제 협력을 지향하고 있기 때문이다. 그런데, 중국 정부는 일대일로 공식평가에서 한국을 동북아 일대일로 연선국가에 포함시키지 않았고 한국과의 협력 수준을 평가하지도 않았다.

이에 본고는 한국의 일대일로 참여도를 오통의 기준으로 평가해 보았다. 다만, 한국은 지리적으로 가까운 중국 동북과 일대일로 협력을 펼쳐 나갈 가능성이 크기에, 한국-동북의 현재 협력 수준에 중점을 두고 평가하였다. 오통의 주요 지표들을 살펴본 결과, 한국-동북 협력은 전반적으로 부진한 가운데 분야별로 격차가 큰 것으로 나타났다. 이는 일대일로 구상이 본격적으로 시작된 2014년 이후에도 별 변화가 없었다.

이어서 본고는 동북-한국의 일대일로 구상 실현을 방해하는 원인으로 경제적, 정치외교적, 정책적 요인을 제시하였다. 우선 경제적으로는 동북이 심각한 경기 침체에 빠져 있고 투자처로서 결함이 많아서 경제협력에 대한 유인이 낮았다. 정치적으로는 북한의 핵미사일 개발 및 한국의 사드 배치로 역내 긴장과 갈등이 고조되었고, 한국은 최근 국내 정치 변동으로 일관된 대외협력정책을 펴기 어려웠다. 정책적으로는, 동북의 일대일로 정책이 몽골, 러시아 협력 위주로 한국에 대한 고려가 부족했다.

결론적으로 일대일로 구상에서의 동북 - 한국 협력의 지지부진은 역내 각종 경제적, 정치외교적, 정책적 제약요인들이 종합적으로 작용한 결과다. 그런데 이런 제약요인들은 모두 해결이 쉽지 않다. 예를 들어 북한의 핵미사일 개발, 한국의 사드 배치는 미국, 중국, 일본, 러시아, 북한, 한국 등 여러 이해당사자가 부딪히는 복잡한 문제로서 당분간 해결하기 어렵다. 그렇다면 일대일로 구상에서의 동북－한국 협력이 앞으로도 당분간 성과를 거두지 못할 가능성이 높다. 아울러 이런 상황이 계속된다면 한국이 신북방정책과 중국 일대일로 구상의 연계를 중국 동북에서 실현하겠다는 구상 역시 쉽사리 추진되지 못할 가능성 역시 배제할 수 없다.

　따라서 한국의 신북방정책이 일대일로 구상의 연계를 동북에서 진정 실현하기 위해서는 보다 중국 동북의 상황을 정밀하게 분석하는 동시에 보다 창의적이고 입체적인 협력방안을 강구할 필요가 있다. 가령, 최근 동북이 신동북진흥전략을 통해 새로운 발전을 시도하고 있는 상황에서, 한국이 일대일로 구상과 신북방정책을 연계하면서 동북 경제발전에도 기여하는 방안을 마련하여 선제안할 수 있다. 예를 들어 일대일로의 중몽러 경제회랑을 한반도로 연결하여 확장하는 방안 등이다. 이처럼 교통물류, 산업통상, 농림수산, 에너지자원 협력 등 다양한 협력에 대한 폭넓은 토론과 연구가 필요하다.[30] 장기적으로는 신북방정책과 일대일로 구상 협력은 비단 동북 지역뿐만 아니라 유라시아 전체를 포함하는 다양한 지역과 분야에서의 포괄적 협력에 대한 논의와 실천으로 이어져야 할 것이다.

---

30) 일대일로 이니셔티브와 신북방정책의 연계 협력방안에 대해서는 원동욱, 「중국 일대일로 이니셔티브와 한국 동북아플러스책임공동체의 연계협력 방안」, 제22차 한중미래포럼(2017.12.13. 제주, 한국 국제교류재단－중국 인민우호협회 공동 세미나). 발표자료, 2017참고.

| 참고문헌 |

외교부, 『재외동포현황』, 2016.

배한진, 「한국 신북방정책과 중국 一帶一路의 연계방안」, 北京, KIEP-중국 사
회과학원 발표자료, 2017.11.30.

이승신·이현태·현상백·나수엽·김영선·조고운·오윤미, 「중국의 일대일
로 전략 평가와 한국의 대응방안」, 대외경제정책연구원(KIEP), 연구보
고서, 2017.

이정미·신세린, 「파키스탄·중국 경제회랑 사업 추진 현황과 과제」, 대외경제
정책연구원, 2017.

이현태·김준영, 「AIIB 추진 현황과 한국의 대응방향」, KIEP, 오늘의 세계경제,
2016.

이현태·김준영·오윤미, 「AIIB 발전 현황과 시사점: 제2차 한국 연차총회를
중심으로」, KIEP, 오늘의 세계경제, 2017.

이현태·이상훈·김준영·윤규섭, 「13·5 규획 시기 한국의 중국 동북지역 경
제협력 과제와 전략」, KIEP, 연구보고서, 2017.

임수호·김준영·박종상·안국산·박일봉, 「한국과 중국 연변조선족자치주 경
제협력과 향후 발전방안」, KIEP, 연구보고서, 2017.

임호열·이현태·김홍원·김준영·오윤미·최필수, 「중국 주도의 신금융질서
태동과 한국의 한국의 대응방향」, KIEP, 연구보고서, 2016.

원동욱, 「중국 일대일로 이니셔티브와 한국 동북아플러스책임공동체의 연계협
력 방안」, 제22차 한중미래포럼(2017.12.13. 제주, 한국 국제교류재단-
중국 인민우호협회 공동 세미나). 발표자료, 2017.

원동욱·강승호·이홍규·김창도, 「중국의 동북지역 개발과 신북방 경제협력의
여건」, KIEP, 연구보고서, 2013.

제성훈·최필수·나희승, 「중·몽·러 경제회랑의 발전 잠재력과 한국의 연계
방안」 KIEP, 연구보고서, 2016.

최장호 · 김준영 · 임소정 · 최유정, 「북 · 중 분업체계 분석과 대북 경제협력에 대한 시사점」, KIEP, 연구보고서, 2015.

최장호 · 이보람 · 김준영 · 張慧智 · 朴英愛 · 崔明旭, 「동북아 초국경 인프라 개발과 재원조달: 중국 동북지역을 중심으로」, KIEP, 연구보고서, 2016.

최필수, 「중국의 '일대일로'는 우리에게 그림의 떡인가」, 중앙일보, 2017.

KIEP 북경사무소, 「2017 '일대일로' 국제협력 고위급 포럼」의 주요 내용 및 평가, KIEP 북경사무소 브리핑, 2017.

國家信息中心"一帶一路"大數据中心, 「一帶一路"大數据報告」, 2016.

國家信息中心"一帶一路"大數据中心, 「一帶一路"大數据報告」, 2017.

國家發展改革委 外交部 商務部, 「推動共建絲綢之路經濟帶和21世紀海上絲綢之路的願景與行動」, 2016.

국가통계포털 http://kosis.kr/index/index.jsp(검색일: 2017.11.25).

기획재정부. 제14차 한중 경제장관회의 주요내용
http://www.mosf.go.kr/nw/nes/detailNesDtaView.do?searchBbsId1
=MOSFBBS_000000000028&searchNttId1=MOSF_000000000003867&
menuNo=4010100(검색일: 2017.11.9)

대한민국시도지사협의회, 국제교류현황
http://www.gaok.or.kr(검색일: 2017.11.25)

한국공항공사 http://www.airport.co.kr(검색일: 2017.11.25)

한국무역협회 http://stat.kita.net(검색일: 2017.7.10)

해양수산부 홈페이지 http://www.mof.go.kr(검색일: 2017.11.25)

e-나라지표 http://www.index.go.kr/main.do(검색일: 2017.12.21.)

http://news.xinhuanet.com/world/2015-03/28/c_1114793986.htm(검색일: 2017.11.9)

http://news.joins.com/article/21947817(검색일: 2017.11.9)

http://news.joins.com/article/21898976(검색일: 2017.11.25)

https://www.ceicdata.com/en(검색일 2017.7.10)

http://www.yonhapnews.co.kr/bulletin/2017/03/03/0200000000AKR
        20170303165400097.HTML?input=1195m(검색일: 2017.12.21)

http://www.segye.com/newsView/20170907004138(최종검색일: 2017.12.20)

중국 정치엘리트 분석모델의 새로운 탐색
: '제도제약 네트워크모델'을 통한 시진핑 1기 중국인민해방군 상장(上將) 네트워크 분석

● 서상민 ●

Ⅰ. 서론

시진핑 집권 후 중국은 국가목표이면서 국정이념으로 "중화민족의 위대한 부흥"이라는 '중국의 꿈'(中國夢)을 제시한 바 있다.[1] 시진핑 정권이 말하는 "중국의 꿈"은 간단히 말한다면 '부국강병'(富國強兵)이라고 할 수 있을 것이다. 경제적으로는 이른바 사회주의적 경제발전, '중국식의 경제발전모델'을 통한 경제강대국화이다. 전면적인 소강사회라고 하는 세계 선진국 수준의 부유한 국가건설이 "중국의 꿈"이며, 군사안보적으로는 1840년 아편전쟁(阿片戰爭) 이후 중국이 겪었던 치욕의 역사를 되풀이하지 않기 위한 강력한 군대를 보유한 군사강국을 실현하는 것이

이 글은 서상민, 「시진핑 1기 중국인민해방군 상장(上將) 네트워크: '제도제약 네트워크모델'의 탐색적 분석」, 『중소연구』 제42권 1호, 43-71쪽을 수정, 보완하였다.
** 국민대학교 중국인문사회연구소 HK연구교수.
1) "中國夢"은 2012년 11월 29일 시진핑이 중국 국가박물관『부흥의 길』(復興之路)을 참관하는 자리에서 한 연설을 통해 처음으로 세상에 나오게 되었다. 習近平, 「承前啟後 繼往開來 繼續朝著中華民族偉大復興目標奮勇前進」
http://www.xinhuanet.com/politics/2012-11/29/c_113852724.htm(검색일: 2018.2.8.)

다. 현대 국제정치에서 경제력과 군사력은 국력의 핵심요소이다. 다시 말하면 시진핑이 말하는 "중국의 꿈"은 경제력과 군사력을 갖춘 강국이 되겠다는 것을 의미한다. 이는 "중국의 꿈"은 강력한 군대를 보유하는 것이고 "강군의 꿈"(強軍夢)은 "중국의 꿈"을 지탱하는 근간이라 할 수 있다.[2]

중국의 "강군의 꿈"은 자국의 이익을 지키고자 하는 측면에서 본다면 지극히 자연스러운 목표이다. 그리고 이를 위한 자국 군사력 증강은 당연한 과정이라고 할 수 있을 것이다. 그렇지만 중국이 "강군의 꿈"을 강조하면서 할수록 동아시아지역 주도권을 장악하고 있는 미국은 중국의 목표를 기존 질서에 대한 도전이라고 인식하게 하고, 중국의 주변국들에게 자국의 안보를 위협하는 대상으로 받아들이도록 하도록 함으로써[3] 중국의 목표를 실현하는데 있어 장애요인이 될 수도 있는 역설이 생겨나게 된다. 최근 남중국해를 비롯한 대만해협 등지에서 전개되고 있는 중국의 해군과 공군의 훈련강화 그리고 군현대화 목표로 진행되고 있는 무기의 첨단화[4]는 미국으로 하여금 중국을 '전략적 경쟁자' 인식하고 군사적 긴장도를 높이도록 유도할 뿐만 아니라 주변국들에게는 중국이 군사력을 앞세운 공세적 정책과 압박을 가하고 있다고 받아들이기에 충분하다.[5]

---

2) 劉明福, 「"強軍夢"護航"中國夢": 學習習近平主席"強軍夢"戰略思想」, 『決策與信息』, 8, 2013, 18-35쪽; 任天佑, 趙周賢, 劉光明, 「"中國夢"引領"強軍夢""強軍夢"支撐"中國夢"」, 『求是』, 23, 2013, 50-52쪽; 張明睿, 「"強軍夢": 中國軍事現代化的進程與意涵」, 『臺灣國際研究季刊』, 13:2, 2017, 137-163쪽.

3) John J. Mearsheimer, "The Gathering Storm: China's Challenge to US Power in Asia" *The Chinese Journal of International Politics* Vol.3, No.4, 2010, pp.381-396; Liu Mingfu, *The China Dream: Great Power Thinking and Strategic Posture in the Post-American Era.*, New York: CN Times Books, 2015.

4) Defense Department, *Military and Security Developments Involving the People's Republic of China 2017*, Office of the Secretary of Defense, 2017.5.15, pp.65-74.

5) 애런 프리드버그, 안세민 역, 『패권경쟁: 중국과 미국, 누가 아시아를 지배할까』, 서울:

이와 같은 동아시아 지역 안보상황 하의 주변국들은 군사강대국화 과정에 있는 중국이 향후 이 지역에서의 영향력을 행사하려고 하고 있고, 이는 중단기적으로 또는 장기적으로 지역안보질서에 어떤 결과를 초래할 것인지에 대한 관심과 연구가 증가하고 있는 실정이다.[6] 그러나 이러한 많은 관심에도 불구하고 중국의 인민해방군(人民解放軍)을 지휘하고 운영하고 있는 중국의 군사엘리트에 대한 연구는 찾기 쉽지 않다.[7] 국내에서의 중국군에 대한 연구는 주로 중국군의 개혁이나 당군관계 또는 중국의 군사력 및 군현대화에 대한 연구가 많았다.[8] 중국과의 군사적 대치라는 특수한 상황 하에 있는 타이완에서 중국군에 대한 연구가 상당히 활발하게 이루어지고 있다. 대만에서의 비교적 최근 중국군 관련 연구로는 뤄춘추이(羅春秋), 천환썬(陳煥森), 판진장(潘進章) 등을 들 수 있는데, 이들은 시진핑 집권 후 군개혁을 평가하고 시진핑의 군권장악의 의미를 분석하고 있다.[9]

까치, 2012, 250-281쪽.

6) 박병광, 「중국의 안보전략과 군사적 부상-중국과 미국의 전략적 각축을 중심으로」, 『한일군사문화연구』, 16, 2013, 133-161쪽; 윤덕민, 「중국의 부상과 일본의 대중전략」, 『전략연구』, 2013, 65-94쪽; 김성철, 「남중국해 분쟁과 베트남의 대중국 헤징」, 『중소연구』, 41:4, 2018, 99-135쪽.

7) 김정계, 「후진타오 시대 중국인민해방군 지도체제」, 『사회과학연구』, 22:1, 2006, 279-308쪽; 전병곤 외, 『중국 권력엘리트와 한중교류 네트워크 분석 및 DB화』, 서울: 통일연구원, 2014, 1-201쪽.

8) 나영주, 「중국 인민해방군 연구의 동향과 쟁점」, 『통일문제연구』, 16:2, 2004, 107-135쪽; 나영주, 「개혁 개방 30년 중국의 군사안보 개혁과 발전」, 『아시아연구』, 12:2, 2009, 41-70쪽; 황재호, 「시진핑 시대 중국의 군사력 평가와 전망」, 『전략연구』, 62, 2014, 5-33쪽; 양정학, 「시진핑의 국방 및 군대건설 사상에 대한 소고」, 『전략연구』63, 2014, 107-140쪽; 임강희 · 양정학, 「중국의 인공지능 프로젝트, '중국대뇌(中國大腦)' 계획」, 『국방과 기술』, 437, 2015, 54-63쪽.

9) 羅春秋, 「"中國夢"下解放軍軍隊改革的探討」, 『國防雜誌』, 29:4, 2014, 81-96쪽; 陳煥森, 「空軍軍人武德的傳承與創新」, 『國防雜誌』, 30:4, 2015, 123-143쪽; 潘

반면 중국정치엘리트 연구의 대표적인 학자라고 할 수 있는 타이완정
치대학의 커우젠원(寇健文)은 앞선 학자들과 달리 중국군의 군사력이나
군제도 또는 조직을 연구대상으로 삼기 보다는 중국군의 인적 요소에 연
구의 초점을 맞추고 있다. 그는 1987년 이후 중국공산당 중앙군사위 위
원의 특징을 분석하고 있는데, 중국군엘리트 중 군사위에 진출할 수 있는
엘리트의 조건과 경력 등을 파악하기 위해 각 엘리트의 경력정보를 수집,
분석한다. 그리고 이를 기초로 시진핑 시기 중앙군사위원회 진입예상자
를 예측하려고 하고 있다.[10] 이와 같이 중국군엘리트를 대상으로 하는
연구는 미국 학자들의 연구로 이어진다.[11]

본 연구는 기존 중국엘리트 연구성과에 기초하여 새로운 각도에서 시
진핑 1기의 중국군엘리트 네트워크의 구조를 파악하는 것을 목표로 하고
있다. 앞에서 언급한 커우젠원을 비롯한 그동안의 중국정치엘리트에 대
한 연구는 '파벌이론'에 의지해 왔다. 정치적 자원으로서의 '파벌'은 권력
획득을 둘러싸고 상시적으로 발생하는 정치적 갈등을 제도적으로 관리할
수 없는 중국과 같은 정치체제 하에서 정치과정을 해석하고 추론할 수
있는 효과적은 분석모델이라고 할 수 있다.[12] 그러나 그동안 중국정치엘

進章, 「習近平"四個全面"戰略布局對國防和軍隊建設影響」, 『國防雜誌』, 30:5, 2015, 29-48쪽.

10) 寇健文, 「1987年以後解放軍領導人的政治流動: 專業化與制度化的影響」, 『中國大陸研究』, 54:2, 2011, 1-34쪽.

11) 최근의 대표적인 연구만을 언급하자면, Mulvenon, James. "Rearranging the Deck Chairs on the Liaoning? The PLA Once Again Considers Reorganization", *China Leadership Monitor* 43, 2014; James Mulvenon, "China's 'Goldwater-Nichols'? The Long-awaited PLA Reorganization Has Finally Arrived", *China Leadership Monitor* 49, 2016; Zhengxu Wang & Jinghan Zeng, "Xi Jinping: The Game Changer of Chinese Elite Politics?", *Contemporary Politics* 22:4, 2016, pp.469-486; You Ji, *China's Military Transformation,* Cambridge: Polity Press, 2016 등을 참고해 볼 수 있다.

12) 파벌을 통한 중국에서의 정치적 갈등을 분석한 고전적 연구인 Jürgen Domes, *The*

리트 분석의 주류모델인 파벌연구의 한계 또한 존재한다. 첫째, 파벌분석 모델은 파벌에 대한 객관적 기준과 과학적 근거를 명확히 제시하고 있지 못하고 연구자에 의해 자의적으로 획정된 파벌경계에 다라 파벌을 분류하고 이를 고정화한다. 그리고 그렇게 분류된 파벌에 '배치된' 특정 정치엘리트의 정체성을 규정하고 있다. 둘째, 대체로 정책이나 노선 등과 같은 단일 변수에 의한 특정 파벌 구분으로 인해 군엘리트를 포함한 파워엘리트의 어떤 정치적 성향과 태도의 변화, 더 나아가 자기 정체성의 변화의 원인을 파악하기 힘들다.[13] 셋째, 중국정치엘리트들의 관계맺음의 다양성과 복합성하기 때문에 파벌모델에서 규정하고 있던 '파벌' 구성원으로서의 정체성은 불분명해지고, 파벌의 포괄범위나 경계가 모호함에도 불구하고 주어진 파벌이나 그룹에 묶어 분석하거나 새롭게 분류함으로써 불분명하고 해석 불가능한 것들을 파악하려 하였다.[14] 이는 기존 파벌모

Internal Politics of China, 1949-1972, Praeger, 1973; Lucian W. Pye, The Dynamics of Chinese Politics, Cambridge, MA: Oelschlager, Gunn and Hain, 1981; Andrew J. Nathan, "A Factionalism Model For CCP Politics," China Quarterly 53, 1973, pp.34-66; Tang Tsou, "Prolegomenon to The Study of Informal Groups in CCP Politics", The China Quarterly 65, 1976, pp.98-114; Lowell Dittmer, "Chinese Informal Politics", The China Journal No.34, 1995, pp.1-34; Jing Huang, Factionalism in Chinese Communist Politics, Cambridge University Press, 2006 등을 참고할 수 있다.

13) 서상민, 「중국 당·정·군 권력엘리트의 사회네트워크 분석」, 전병곤 외, 『중국 권력엘리트와 한중교류 네트워크 분석 및 DB화』, 서울: 통일연구원, 2014, 15-21쪽.

14) 그 대표적인 예가 '기술관료론', 해귀파(海歸派), 칭화방(青華幇), 비서방(祕書幇) 등이라고 할 수 있다. 이들의 분석시도는 다음을 참고할 수 있다. Hongyong Lee, From Revolutionary Cadres to Party Technocrats in Socialist China, Berkeley: University of California Pres, 1992; James Mulvenon and Michael Chase, "The Role of Mishus in the Chinese Political System," David M. Finkelstein and Maryanne Kivlehan, eds., China's Leadership in the 21st Century: The Rise of the Fourth Generation, Armonk, N.Y.: M.E. Sharpe, 2003, pp.140-151; Cheng Li, "University Networks and the Rise of Qinghua Graduates in China's Leadership", The Australian Journal of Chinese Affairs No.32, 1994, pp.1-30; David Zweig, "To Return or not to Return? Politics vs.

델로는 변화하고 있는 파벌의 특성과 범위, 그리고 파벌의 경계 변화를 시의적절하게 포착하기 힘들 뿐만 아니라 변화의 원인과 변화를 추적해 내기가 어렵다는 점을 방증하는 것이라 할 수 있다.

본 연구는 파벌모델이 안고 있는 이러한 몇 가지의 분석상의 문제점을 보완하고자 한다. 이를 위해 먼저 다음과 같은 연구 질문에 대해 앞으로 답하고자 한다. 첫째, 중국군엘리트를 포함한 정치엘리트 간 상호작용의 결과로 형성된 정치체제(regime)의 성격은 무엇이 규정하며, 어떤 과정을 통해 형성되는가? 그동안 파벌 간 갈등의 최종적 결과로 레짐 성격을 규정해 왔던 것을 정치엘리트들로 구성된 '네트워크'로 분석 시각을 전환하고자 한다. 분석의 대상이 개인이나 특정한 성격을 지닌 그룹이 아닌 개인과 개인, 그룹과 그룹이 맺고 있는 관계망 즉 네트워크가 분석의 초점이 되며, 그 네트워크에 영향을 미치는 제도적 요소들을 분석하게 될 것이다.

둘째, 이러한 분석모델을 적용하여 2016년 초 시진핑이 대대적인 단행한 군개혁 과정에서 군엘리트 네트워크는 어떻게 변화하였으며, 변화를 추동한 힘과 변화를 가로막은 요소는 무엇이었고 그 결과는 어떤 네트워크가 형성되었는가? 시진핑은 대대적인 군개혁과 인사조정에 앞서 당정군의 '반부패운동'을 전개하였다. 그 중에서도 군 관련 반부패 운동은 '당의 군 통제 강화'라는 슬로건 하에서 어느 영역보다 깊고 넓게 전개되었다. 이러한 중국군에 대한 반부패운동은 시진핑의 군인사 조정을 용이하게 한 측면이 있으나, 여기에서 필자가 더 주목해야 하는 점은 그동안 형성되어 있었던 군내의 부패와 관련 군엘리트들의 네트워크이다. 부패 관련 네트워크를 파악한다는 것은 현재 중국군을 이끌고 있는 중국 군사엘리트가 과연 어떤 인적 네트워크로 구성되어 있는지를 밝혀내는 중요한 근거가 되기 때문이다. 이 이슈는 본 연구의 범위를 벗어나지만 과거 중국군 내 부패네트워크에 대한 파악은 중국군엘리트 네트워크의 전모를 드러내는데 대단히 유용한 시사점을 줄 것이라고 본다.

시진핑 1기 중국의 군사엘리트의 사회연결망을 분석하기 위해 필자는 3장에서 2012년 말 당선되었던 중국공산당 중앙위원 정위원 205명과 그 중 군 관련 중앙위원 41인에 간의 네트워크를 분석하였다. 중국공산당과 인민해방군 내 고위엘리트 간 관계를 분석함으로써 사회연결망으로써 당－군 관계를 파악할 수 있기 때문이다. 둘째, 현역 상장(上將) 40명의 상호간 관계를 분석하였다. 중국 최고 계급인 상장 간 네트워크는 현재 중국 군사엘리트 구성의 특징을 알 수 있기 때문이다. 그 중에서 시진핑 집권 후 임명된 상장들이 전체 40명과 어떻게 연결되어 있는지를 파악함으로써 시진핑의 "강군의 꿈"을 실현할 군엘리트의 네트워크 구조를 파악할 수 있기 때문이다.

중국 군사엘리트 네트워크 분석방법으로 사회연결망분석 방법을 활용하였다. 네트워크 구조를 파악하기 위해 6가지 공식적, 비공식적 지표를 활용했는데, 공식적 지표로는 당경력, 활동지역, 활동군부대 등 3가지, 비공식 지표로는 출신지, 대학, 당교경력 등 3가지를 활용하였다. 비공식 지표는 페이샤오퉁(費孝通)이 지적한 바 있는 중국의 관계문화 즉 '차서격국'(差序格局)의 질서를 파악하는데 유용한 지표라고 생각한다.[15] 그럼에도 불구하고 시진핑 1기 중국군 군사엘리트 네트워크 구조를 분석하면, 비공시적 네트워크 보다는 공식적 네트워크가 전체 네트워크의 중심축을 형성하고 있음을 발견할 수 있을 뿐만 아니라 공식적 네트워크를

15) 페이샤오퉁(費孝通), 장영석 역, 『중국사회문화 원형, 향토중국』, 서울: 비봉출판사, 2011, 50-61쪽.

구성하는 지표 중에서 과거 같이 활동했거나 소속된 군구를 통해 형성된 네트워크 시진핑 1기 군사엘리트 사회연결망의 형성의 핵심요인이 되고 있음을 발견할 수 있었다.

II. 중국 엘리트분석 새로운 모델 탐색
: "제도제약 네트워크론"

1. 사회자본인 정치적 네트워크

새로운 시각으로 중국군엘리트를 포함한 중국엘리트 분석하기 위해 사회연결망분석방법론의 개념인 '정치적 네트워크'를 주요 개념으로 제시하고자 한다. 즉 '네트워크'가 '파벌'을 대신하여 주요 분석대상이 된다. 파벌과 네트워크는 공히 사회자본(social capital)을 형성을 목적으로 한다.[16] 사회자본은 상호 간의 신뢰형성을 통해 정치적 사회적 거래비용을 줄이고자 하는 것이다. 그러나 파벌론에서 '파벌'은 네트워크와 달리 배타적인 특징을 갖는 것으로 분석되어지고 있다. 만일 한 파벌에 소속되어 있다면 다른 파벌과는 권력을 두고 경쟁하는 관계가 된다. 따라서 파벌의 이중멤버십은 논리적으로 인정되지 않을 뿐만 아니라 파벌론에서 분류하는 기준에 따를 경우, 중국정치엘리트 중 '태자당'이면서 '상하이방'이거나, '공청단'이라면서 태자당에 소속되어 있다고 분석할 수 있는 사례도

---

16) Ronald S. Burt, "The Network Structure of Social Capital", *Research in Organizational Behavior* No.22, 2000, pp.345-423; Ronald S. Burt, "The Social Capital of Structural Holes", *The New Economic Sociology: Developments in an Emerging Field* No.148, 2002, p.190.

많이 발생한다. 또한 상하이방이라고 분류되었던 엘리트가 얼마 후에는 비상하이방으로 분류되는 경우도 얼마든지 있다. 따라서 파벌로 중국엘리트 간 세력관계를 분석하는 것은 대단히 어렵고 때에 따라서는 중국의 현실정치를 반영하지 못하게 되는 위험스러운 측면까지 존재한다.

한편 네트워크이론으로 중국의 정치엘리트를 분석하게 될 경우 이러한 분석적 한계들을 해결할 수 있게 된다. 네트워크론에서는 특정 엘리트 간 관계를 고정화시키지 않을 뿐만 아니라 시기에 따라 유동적일 수 있다고 보며, 특정 엘리트의 '다중멤버십'을 가질 수 있다고 가정한다.[17] 즉 다수의 하부네트워크의 구성원이 될 수 있다. 이렇게 다중멤버십을 가졌을 경우 파벌론의 주요 분석 주제인 정치적 '권력투쟁'을 네트워크론에서는 어떻게 분석할 것인가라는 문제에 직면하게 되는데 이는 닫힌 네트워크인가 열린 네트워크인가라는 틀로써 권력투쟁의 강도와 범위를 획정할 수 있다. 즉 하부네트워크 간 정치적 경쟁 속에서 형성된 엘리트 전체 네트워크의 특징을 파악할 수 있는 것이다.

네트워크론에서는 거래비용을 줄이는데 있어 닫힌 네트워크가 효율적인가 아니면 열린 네트워크이 효율적인가을 두고 크게 두 가지 견해가 존재한다. 네트워크가 갖는 개방성을 기준으로 하여 닫힌 네트워크(Network Closure) 이론과 구조적 공백(Structral Hole) 이론이 그것이다.[18] 먼저 버트의 구조적 공백이론에서는 네트워크 내의 행위자(actor) 간 네트워크 상의 공백이 존재하며, 이러한 공백은 매개고리(bridging tie)에 의해 연결되기 때문에 행위자 간 거리비용을 줄이는데 있어 매개고리를 통해 보다 폭 넓은 네트워크에 접근할 수 있는 장점이 있다고 본다.

---

17) 송호근 · 김우식 · 이재열, 『한국사회의 연결망 연구』, 서울: 서울대학교 출판부, 2004, 6쪽.

18) Ronald S. Burt, "Structural Holes versus Network Closure as Social Capital," *Social Capital,* NY: Routledge, 2017, pp.31-56.

이는 그라노베터(Granovetter)의 "약한 고리 이론"(weak tie theory)과 유사하며 닫힌 네트워크와 구분하여 '열린 네트워크'라고도 할 수 있다.

구조적 공백이론의 핵심은 약한 연결이 강한 연결관계보다 네트워크 내에서 거래비용을 줄이는데 더 효율적이라고 간주한다는 점이다. 반면 닫힌 네트워크 이론은 네트워크가 닫혀 있을 때 구성원 간 규범이 형성되고 협력이 증진되어 강한 연결을 통해 거래비용을 줄일 수 있다고 간주한다.[19] 이는 콜만(Coleman)의 주장인데, 콜만에 따르면 닫힌 네트워크는 정보의 이동 통로가 되고 규범을 어겼을 경우 제재를 가함으로써 네트워크 내 위험요소를 제거해 서로 신뢰할 수 있도록 한다.[20] 닫힌 네트워크는 파벌론의 파벌과 그 성격이 '유사'하지만 고정적이지 않고 배타적이지 않는다는 점에서 파벌이라고 할 수는 없다. 따라서 파벌이라는 개념을 대신하여 네트워크론의 네트워크 개념은 정치적 권력관계를 분석을 가능하게 할 뿐만 아니라, 파벌론의 파벌 개념 속에 내재되어 있는 분석적 한계를 극복할 수 있다고 할 수 있다.

2. 중국정치체제 하의 제도제약(institutional constraints)

신제도주의에서의 제도는 과거 행위자들의 행위의 결과지만, 시간이 지나면 행위자의 행위를 지배하는 속성으로 정의한다. 행위자는 자신의 이해관계나 선호에 따라 아무런 제약 없이 의사결정할 수 없으며, 행위자의 행위는 (비)공식적 제도의 제약(institutional constraints) 하에서 정치적 행위, 즉 자신의 이해관계나 권력의 획득, 유지, 확대 등의 행위가 이

---

19) Mark Granovetter, "The Strength of Weak Ties: A Network Theory Revisited", *Sociological Theory* No.1:6, 1983, pp.201-233.

20) James S. Coleman "Social Capital in the Creation of Human Capital", *Knowledge and Social Capital* vol.94, 2000, pp.17-41.

루어진다고 본다. 따라서 제도는 행위자의 자원의 비교우위에 영향을 주거나, 제도가 정책 과정에서의 참여자의 접근성과 참여자 간의 권력배분에 영향을 주게 되는데,[21] 이는 후진타오 정권의 성립 시기와 시진핑 정권 성립 시기를 비교한다면 보다 분명해진다. 제도주의에서 정의하고 있는 바대로 제도를 "행위자에게 제약과 기회를 제공하는 장기간에 형성된 공식적·비공식적인 관계"라고 했을 때, 중국정치에서 정치행위자의 구속성을 가하는 제도로는 이념(理念), 권력관계(權力關係), 관행과 법규(慣行, 法規) 등을 들 수 있다. 이 세 가지 제도 지표로 하여 후진타오 시기와 시진핑 시기를 비교할 경우, 후진타오는 덩샤오핑 이론의 경계를 벗어나지 않은 범위 내에서 정책을 결정해야 했으며, 장쩌민을 중심으로 한 구정권의 하부네트워크와 자신이 중심이 된 하부네트워크 간 세력균형이 정치적 행위의 제약을 가했다고 할 수 있다. 그리고 집단지도체제(集團指導體制)와 후계자 지정이라는 정치적 관행과 내규가 후진타오 정권의 분절화와 권력분산화를 가져와 후진타오 자신의 리더십을 약화시킨 측면이 존재한다.

특히 집단지도체제로 인해 각 계통에 대한 후진타오 영향력이 제한되었었다. 그 결과 쉬차이허우에 의한 군장악과 부패가 시진핑의 군개혁으로까지 이어지게 된 원인이었다고 할 수 있다. 반면 시진핑은 덩샤오핑으로부터 후계자로 지정되지 않았을 뿐만 아니라 장쩌민과 정치적 후견관계가 형성되지 않았기 때문에 구정권의 이념적 제약으로부터 비교적 유연한 성책석 결성이 가능했을 뿐만 아니라, 이른바 '태자당' 네트워크와 '상하이' 네트워크 그리고 군부 내 친(親)시진핑 네트워크 등 하부네트워크를 연결함으로써 다수파를 형성할 수 있었다. 그리고 후진타오 시기 견

---

21) Giandomenico Majone, *Evidence, Argument, and Persuasion in the Policy Process*, New Haven: Yale University Press, 1989, pp.172-178.

고하게 유지되고 분절적으로 운영되었던 집단지도체제가 갖는 한계가 노정됨으로써 자신으로의 권한을 집중시킬 수 있다는 점에서 기존 제도에서 오는 제약으로부터 상대적으로 구속을 덜 받았다고 할 수 있다. 한편 외부요인으로 원로정치(gerontocracy)의 영향력을 빼놓을 수 없는데, 중국공산당 성립 이후 마오쩌둥, 덩샤오핑, 장쩌민, 후진타오 시기까지 가까이 이어져 내려오던 중국 공산당의 정치 관행 역시 정치행위를 제약하는 요소라고 할 수 있다.[22] 그런데 시진핑의 "15字方針"(尊重其貢獻, 警惕 其影響, 控制其待遇)를 통해 이를 차단했다.[23]

3. 모델 구성을 위한 연구가설

"제도제약 엘리트연결망 모델"에 따라 다음과 같은 가설이 가능하다. 이 가설은 비록 후진타오 시기와 시진핑 시기를 비교했을 경우 나타난 특징을 근거로 하여 도출된 것이지만, 적어도 개혁개방 이해 덩샤오핑, 장쩌민, 후진타오, 시진핑 체제 하의 정치엘리트를 분석하는데 있어 유요한 분석틀이 될 수 있을 것이다.

첫째 가설, 제도적 제약성이 약한 정치체제(regime)일수록 전체 정치엘리트 네트워크 구조는 닫힌 네트워크일 가능성이 높다.

둘째 가설, 제도적 제약성이 약한 체제일수록 외부요인의 영향을 덜 받을 것이다.

---

22) Lucian W. Pye, 1976; Tun-jen Cheng and Brantly Womack, "General Reflections on Informal Politics in East Asia", *Asian Survey* 36:3, 1996, pp.320-337; Yongnian Zheng, "China in 2012: Troubled Elite, Frustrated Society", *Asian Survey* 53:1, 2013, pp.162-175.

23) 何淸漣, 「習近平對"老領導"的"十五字方針」 https://www.voachinese.com/a/heqinglian-xi-jinping-20170817/3990710.html(검색일: 2018.2.6)

  셋째 가설, 특정 하부네트워크의 의존성과 외부요인의 영향정도가 전체 정치엘리트 네트워크조와 정권의 성격을 결정할 것이다.

  이렇듯 중국의 정치과정을 정치행위자 간 맺고 있는 인적인 네트워크의 특성 그리고 그렇게 형성된 전체 네트워크 구조로 파악함으로써 정치과정에서 네트워크가 갖는 함의를 발견해 낼 수 있게 된다. 즉 정치행위자 간 관계의 "깊은 구조"(deep structure)[24]인 행위자 간 관계 속에서 구성되고 구조화되어 있는 인적 네트워크 구조 하에서의 어떤 정치엘리트가 어떤 영향력을 가지고 있으며 어떤 역할을 할 것으로 파악하거나 예상할 수 있는 객관적인 근거를 제공해 줄 수 있을 것이다. 아래의 그래프와 표는 "제도제약 네트워크론"의 요소가 연관관계를 일목요연하게 표현한 것이다.

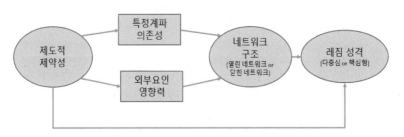

출처: 필자 직접 작성

---

24) Yair Wand and Ron Weber, "On the deep structure of information systems", *Information Systems Journal* 5:3, 1995, pp.203-223.

Ⅲ. 제도제약 네트워크모델 하의 시진핑 1기 중국군엘리트 네트워크 분석

1. 분석대상

시진핑은 집권 후 2017년 3월까지 다섯 차례 총 23명의 상장인사를 단행했다. 일반적으로 중국인민해방군에서 상장으로 진급하기 위해서는 중장(中將) 진급 후 4년이 경과하거나 과거 대군구(전구) 정직(正職) 2년을 경과하면 승진 심사대상에 포함된다.[25] 시진핑 시기 처음으로 상장으로 진급한 군엘리트는 2012년 11월의 웨이펑허(魏鳳和)이다.[26] 그리고 2013년 7월 우창더(吳昌德), 왕훙야오(王洪堯), 쏜스징(孫思敬), 류푸롄(劉福連), 차이잉팅(蔡英挺), 쉬펀린(徐粉林) 등 6명,[27] 그리고 2014년 7월, 치젠궈(戚建國), 왕자오청(王敎成) 추이민(褚益民), 웨이량(魏亮) 등 4명, 2015년 7월에는 왕관중(王冠中) 등 총 10명,[28] 그리고 2016년 7월에는 주푸시(朱福熙), 이샤오광(乙曉光) 등을 상장으로 진급시켰다.[29] 〈표 1〉에서 보는 바와 같이 후진타오가 진급시킨 17명의 상장보다 시진핑 시기 상장으로 승진한 숫자가 6명이 더 많다. 대체로 중국인민해

---

25) 서상민, 「시진핑 시기 중국군엘리트의 인적 연결망 분석」, 『중국연구의 동향과 쟁점』, 서울: 학고방, 2017, 235-239쪽.

26) 「中央軍委擧行晉升上將軍銜儀式, 習近平向晉升上將軍銜的魏鳳和頒發命令狀並表示祝賀」 http://www.xinhuanet.com/politics/2012-11/23/c_113783855.htm (검색일: 2017.12.08.)

27) 「中央軍委擧行晉升上將軍銜儀式 習近平頒發命令令狀」 http://cpc.people.com.cn /n/2013 /0731/c64094-22394583.html(검색일: 2017.12.8)

28) 「習近平頒發命令狀王冠中等10位軍官警官晉升上將軍銜」 http://military.people.com.cn /n/2015/0731/c1011-27394211.html(검색일: 2017.12.8)

29) 「中央軍委晉升上將軍銜儀式在京擧行」 http://www.81.cn/sydbt/201607/29/content 7181390.htm(검색일: 2017.12.8)

〈표 1〉 시진핑 1기 중국 상장(上將)

한글명	중문명	출생년도	출신지	군사위 직책	당시 직책	당 직책	진급일자
허치량	許其亮	1950	산동	부주석	군사위부주석	정치국 위원	2007-07-06
우성리	吳勝利	1945	허베이	위원	해군 사령원	중앙위원	2007-07-06
창완촨	常萬全	1949	허난	위원	국방부 부장	중앙위원	2007-11-02
판창롱	範長龍	1947	랴오닝	부주석	군사위부주석	정치국 위원	2008-07-15
마샤오톈	馬曉天	1949	허난	위원	공군 사령원	중앙위원	2009-07-20
류위안	劉源	1951	후난		전인대 재경위 부주임	중앙위원	2009-07-20
팡펑후이	房峰輝	1951	산시	위원	연합참모부 참모장	중앙위원	2010-07-19
장양	張陽	1951	허베이	위원	정치공작부 주임	중앙위원	2010-07-19
자오커스	趙克石	1947	허베이	위원	후근보장부 부장	중앙위원	2010-07-19
장요우샤	張又俠	1950	산시	위원	장비발전부 부장	중앙위원	2011-07-23
쑨젠궈	孫建國	1952	허베이		연합참모부 부참모장	중앙위원	2011-07-23
자팅안	賈廷安	1952	허난		정치공작부 부주임	중앙위원	2011-07-23
두진차이	杜金才	1952	허베이		군위기율위 서기	중앙위원	2012-07-30
류야저우	劉亞洲	1952	안후이		국방대학 정치위원	중앙위원	2012-07-30
두헝옌	杜恒岩	1951	랴오닝		정치공작부 부주임	중앙위원	2012-07-30
왕젠핑	王建平	1953	허베이		연합참모부 부참모장	중앙위원	2012-07-30
쉬야오위안	許耀元	1952	장쑤		군사과학원 정치위원	중앙위원	2012-07-30
웨이펑허	魏鳳和	1954	산동	위원	로켓군 사령원	중앙위원	2012-11-23
우창더	吳昌德	1952	장시		정치공작부 부주임	중앙위원	2013-07-31
왕훙야오	王洪堯	1951	산동		장비발전부 정치위원	중앙위원	2013-07-31
차이잉팅	蔡英挺	1954	푸젠		군사과학 원장	중앙위원	2013-07-31
쉬펀린	徐粉林	1953	장쑤		연합참모부 부참모장	중앙위원	2013-07-31
쑨쓰징	孫思敬	1951	산동		무장경찰 정치위원	중앙위원	2013-07-31
류푸롄	劉福連	1952	안후이		전략지원대 정치위원	중앙위원	2013-07-31
치젠궈	戚建國	1952	산동		연합참모부 부참모장	중앙위원	2014-07-11
웨이량	魏亮	1953	장쑤		남부전구 정치위원	중앙위원	2014-07-11
왕자오청	王教成	1952	안후이		남부전구 사령원	중앙위원	2014-07-11
추이민	褚益民	1953	장쑤		북부전구 정치위원	중앙위원	2014-07-11
왕관중	王冠中	1953	헤이룽장		연합참모부 부참모장	중앙위원	2015-07-31
인팡롱	殷方龍	1953	장쑤		중부전구 정치위원	중앙후보위원	2015-07-31
마오화	苗華	1955	장쑤		해군 정치위원	중앙기위 위원	2015-07-31
장스보	張仕波	1952	저장		국방대학 교장	중앙위원	2015-07-31
쑹푸쉬안	宋普選	1954	산둥		북부전구 사령원		2015-07-31
자오쭝치	趙宗岐	1955	헤이룽장		서부전구 사령원	중앙위원	2015-07-31
쩡웨이핑	鄭衛平	1955	싼시		동부전구 정치위원	중앙위원	2015-07-31
류위에쥔	劉粤軍	1954	산동		동부전구 사령원	중앙위원	2015-07-31
리쭤청	李作成	1953	후난		육군 사령원		2015-07-31
왕닝	王寧	1955	산동		무장경찰 사령원	중앙후보위원	2015-07-31
주푸시	朱福熙	1955	저장		서북전구 정치위원	중앙위원	2016-07-29
이샤오광	乙曉光	1958	장쑤		연합참모부 부참모장	중앙후보위원	2016-07-29

출처: 필자 직접 작성

방군 전체 상장 수가 38명 좌우로 유지되어 왔는데 총 40명으로 조사되었다. 따라서 확인되지 않았지만 후진타오 시기 상장으로 승진한 군사엘리트 중 2-3명은 이미 현역에서 은퇴했을 것으로 추정해 볼 수 있다. 본고에서는 이들 총 40명을 분석대상으로 하여 상장들 간의 인적 네트워크를 분석해 본다.

〈표 2〉 5대 전구(戰區) 초대 사령원과 정치위원 현황

전구	전략방향	현직	이름	생년	본적	계급
북부	러시아 한반도	사령원	宋普選	1954	山東	상장
		정치위원	褚益民	1953	江蘇	상장
중부	수도방위 전략예비대	사령원	韓衛國	1956	河北	중장
		정치위원	殷方龍	1953	江蘇	상장
동부	대만 동해	사령원	劉粵軍	1954	山東	상장
		정치위원	鄭衛平	1955	山西	상장
남부	동남아 남해	사령원	王教成	1952	安徽	상장
		정치위원	魏亮	1953	江蘇	상장
서부	중앙아시아 인도	사령원	趙宗岐	1955	黑龍江	상장
		정치위원	朱福熙	1955	浙江	상장

출처: 필자 직접 작성

2. 주요 분석결과

분석대상인 시진핑 1기 인민해방군 상장의 인적네트워크 분석하기 6가지 속성변수를 조사하였다. 각 인물들의 배경과 경력을 조사하여 서로 간 연결이 될 수 있는 변수를 고려하고 이 변수들을 공식적 네트워크 변수와 비공식적 네트워크 변수로 구분하였다. 먼저 공식적 네트워크 변수는 군 근무과정에서 발생하는 경력과 관련된 변수라고 할 수 있는데, 당교경력, 주요활동지역, 주요근무부대 등 세 가지이다. 먼저 당교 경력은 연구생반, 성부급 연수생반, 단기연수반 등으로 구분하였으며, 주요활동지역은

주로 경력을 쌓았던 지역을 기준으로 분류하였다. 이는 같은 지역에 근무했다면 상호 연결될 개연성이 있기 때문이다. 더욱이 고위직으로 갈수록 더 서로가 연결될 수 있는 개연성이 높아질 수 있다. 공식적 네트워크 마지막 변수로 주요 활동부대이다. 이는 매우 중요한 변수라고 할 수 있는데, 분석대상이 되는 40명의 상장이 경력과정에서 3년 이상 근무했던 부대를 군구별로 나누어 조사하였다. 대부분은 최고위 군사엘리트가 되기전까지 한 곳에서 지속적으로 근무하고 있는 것을 발견할 수 있었는데, 이는 비슷한 나이에 같은 군구에서 근무하고 있었다면 계급이 낮은 단계에서는 네트워크가 형성되지 않을 수 있으나, 고위직으로 오르면 오를수록 다양한 회의나 교육 등을 통해 서로가 인지할 수 있기 때문에 본 연구의 가장 중요한 변수가 되고 있다. 비공식적 네트워크 변수로는 출신대학, 출신지역, 세대 등을 변수로 삼았다. 먼저 출신대학은 비슷한 세대의 엘리트라면 서로가 연결될 개연성이 높을 것으로 봤고, 중국에서 '꽌시'를 형성하는 중요한 변수 중 하나인 '지연'에 따라 연결망이 형성될 개연성이 높기 때문에 변수로 삼았다.

그러나 공식적 네트워크 변수 또는 비공식적 네트워크 변수 중 하나의 변수가 일치한다고 해서 현실상에 있어 네트워크이 형성되지 않을 가능성이 높기 때문에 적어도 세 이상의 변수가 일치할 경우 네트워크가 형성된다고 간주하여 각 엘리트간 링크가 연결될 수 있도록 조정하였다. 즉 만일 두 엘리트가 '출신지' 변수 외 다른 변수가 일치하지 않을 경우 이 두 엘리트는 연결되지 않은 것으로 했으며, 어떤 변수이든 세 개 이상의 변수가 일치할 경우만 두 엘리트가 네트워크를 형성하고 있다고 간주하였다.[30]

---

30) 사회연결망분석방법 중 상관계수를 측정 모델인 "Jaccard Coefficient"=$S_{rs} = \dfrac{a}{a+b+c}$ 를 통해 추출하였다. T.F. Cox & M. A. Cox, *Multidimensional Scaling*, Chapman & Hall/CRC. 2001.

여섯 개의 변수를 처리하여 네트워크를 구성한 결과 〈그림 1〉과 같은 현역 상장 40명의 전체 네트워크이 구성되었다. 이 네트워크의 경우 크게 두 콤포넌트로 구분되어 있는 것으로 나타났는데, 매개 중심성 (Betweenness centrality)이 가장 큰 엘리트가 군사위 위원이면서 정치공작부 주임이었던 장양(張陽) 상장인 것으로 조사되었다. 매개중심성은 사회연결망분석에서는 "한 노드(엘리트)가 네트워크 내의 다른 노드(엘리트) 사이의 최다 경로 위에 위치할수록 노드의 매개중심성이 높아진다"라고 정의된다.[31] 즉 네트워크 상에 위치한 모든 엘리트들이 서로 간 연결될 수 있는 경로를 거쳐 갈 때 가장 많이 경유해야 하는 엘리트라고 할 수 있다. 장양 상장의 경우, 허베이 성 출신으로 광저우 군구에서 주로 근무한 바 있고 후진타오 시기에 상장으로 인명된 바 있는 경력을 가지고 있다.

따라서 네트워크 변수간 관계에서 장양 상장이 가장 매개성이 높았음을 보여주고 있다. 반면 〈그림 2〉는 후진타오 시기 진급한 상장을 제외하고 순전히 시진핑 집권 이후 상장이 된 이른바 '習家軍'의 전체 네트워크이다. 이는 현역 전체 상장 네트워크과 구조상 비교될 만큼 응집도가 상대적으로 크다고 할 수 있다. 총 23명의 상장 중 매개성이 가장 큰 엘리트는 먀오화(苗華) 상장으로 2015년 7월 진급했고 장쑤성 출신으로 1955년생이다. 중앙기율위 위원, 난징군구와 란저우 군구에서 군경력을 쌓은 바 있다. 두 번째로 높은 엘리트는 쉬펀린(徐紛林) 연합참모부 부참모장으로 조사되었다. 그는 1953년생이다.

---

31) Ulrik Brandes, "A Faster Algorithm for Betweenness Centrality", *Journal of Mathematical Sociology* 25:2, 2001, pp.163-177.

〈그림 1〉 현역상장 전체 네트워크

〈그림 2〉 시진핑 임명 상장 네트워크

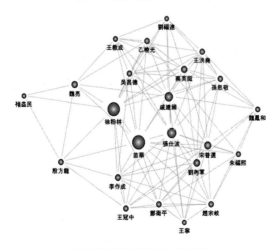

출처: 필자 직적 작성(Netminer4.0 활용)

〈그림 3〉은 전체 네트워크 상에서 출신지역별 상장의 분포를 구분하여 각 지역출신 엘리트들의 위치 그리고 전체구조상의 배치를 직관적으로 파악할 수 있게 한 그림이다. 40명 상장 중 세 지역 출신이 전체 절반이 넘는 53%을 차지하고 있다. 가장 많은 상장을 배출한 지역은 산동성으로 8명(20%)이었으며, 장쑤성 출신이 7명으로 18% 그리고 허베이성 출신이 6명으로 15%로 조사되었다.

〈그림 3〉의 가장 아래 쪽에는 허베이성 출신 엘리트들이 포진해 있으며, 가장 위쪽은 장쑤성 그리고 정 가운데에는 산동성 출신들이 포진되어 있음을 알 수 있다. 이는 장쑤성 출신 상장과 허베이성 출신 상장 간에는 "구조적 공백"(structural hole)이 발생하고 있음을 알 수 있고, 이러한 공백을 산동성 출신 엘리트들이 채워주고 있다고 해석할 수 있다. "구조적 공백" 이론은 "서로 직접적으로는 연결되지 않는 두 행위자 사이의 공백"을 의미한다.[32] 따라서 이 공백을 연결해 주지 않으면 정보와 지식의 흐름이 단절되게 되는데, 이를 다른 행위가 연결해 주는 기능을 함으로써 전체 네트워크 구조의 단절을 피하게 된다는 이론이다. 따라서 출신지 네트워크 상에서 본다면 허베이성 출신과 장쑤성 출신 간 구조적 공백이 발생하고 산동성 출신이 이를 매개해 주는 역할을 하고 있다고 해석할 수 있다. 전체 네트워크의 연결성을 산동성 출신이 유지하고 있다고 할 수 있다.

---

32) Ronald S. Burt, 2017, pp.33-42.

〈그림 3〉 출신지역별 네트워크

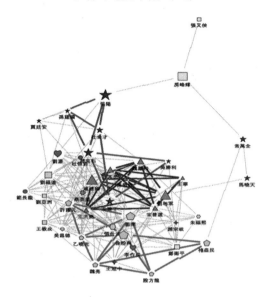

〈그림 4〉 난징군구 출신 네트워크

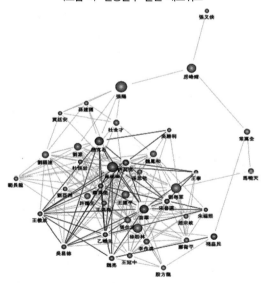

출처: 필자 직적 작성(Netminer4.0 활용)

다음으로 〈그림 4〉는 시진핑 시기 최대 그룹이라고 할 수 있는 난징군구 출신을 전체 네트워크 상에서 표현한 것인데, 전체 네트워크의 중앙에 위치하면서 전체 네트워크를 대표한다고 할 정도록 광범위하게 포진되어 있음을 알 수 있다. 시진핑의 최고위 군사엘리트 인사의 가장 큰 특징이라고 할 수 있다. 본고에서는 태자군과 시진핑의 군사엘리트 네트워크 간 관계는 조사되지 않았지만 시진핑 시기 난징군구 출신들과 태자당 출신으로 구성된 "시가군"(習家軍)을 군 요직에 배치했다는 것이다. 이는 시진핑이 중앙정치무대에 등장하기 전에 근무했던 지역인 푸젠, 저장, 상하이 모두 난징군구 내에 있는 지역이다. 시진핑의 경력을 보면 지방에서 당, 정, 군 업무를 모두 챙기고 있음을 알 수 있다. 예를 들어 푸젠성에서는 2000-2002년 당 직책은 공산당 성위원회 부서기, 정부 직책은 푸젠성 성장, 군 직책으로는 난징군구 국방동원위원회 부주임, 푸젠성 국방동원위원회 주임, 푸젠성 대공포예비역사단 제1정치위원 등을 동시에 맡았다. 2003-2007년 저장성에서는 저장성위서기, 저장성 인민대표대회 상임위원회 주임, 저장성 군구 당위 제1서기로 있었다. 그렇기 때문에 난징군구 군엘리트와 빈번히 교류하고 상호 친밀감이 생기지 않을 수 없었을 것이다. 시진핑이 집권한 후에는 자신의 군인맥이라고 할 수 있는 난징군구 군엘리트를 믿고 중용해 왔다고 할 수 있다.

시진핑 1기 소위 군제의 대대적 개편 이전, 이른바 "난징파"로 분류되는 상장들은 장비발전부 부장 장요우샤(張又俠)와 후근보장부 부장 자오커스(趙克石)를 비롯해 연합참모부 부참모장인 치젠궈(戚建國), 북부전구 사령원 쑹푸쉬안(宋普選), 군사과학원장 차이잉팅(蔡英挺), 남부전구 정치위원인 웨이량(魏亮), 해군 정치위원 먀오화(苗華), 무경부대 사령원 왕닝(王寧), 남부전구 사령원 왕자오청(王敎成), 북부전구 정치위원 추이민(褚益民), 서부전구 정치위원 주푸시(朱福熙), 연합참모부 부참모장 이샤오광(乙曉光) 공군상장 등 상장그룹을 포진시켰다. 그 밖에 중장(中將) 군사엘리트로는 정치공작부 부장보 천쉬(岑旭) 해군중장 등이 있다. 시진핑은 집권 후 후진타오 시기 군의 실질적인 실세였던 쉬차이허우의 본거지나 다름이 없던 과거 선양군구에 측근인 왕자오청과 추이민 상장을 앉힘으로써 정치적으로는 쉬차이허우 추출과 사망에 따른 군구 내 불안정 요소를 안정화시키고 군사적으로는 당시 한반도 위기상황에 대처함에 있어 선양군구의 역할이 얼마나 중요한 지를 반영하고자 한 것으로 해석된다.

IV. 결론에 대신하여

중국의 시진핑 주석은 2020년을 목표로 중국군의 현대화계획을 추진하고 있다 그리고 인민해방군 '강한 군대'(强軍)를 건설하겠다는 목표를 제시하였다. "중국 꿈"이 곧 "강군 꿈"인 것이다. 강대국화를 위해 매진하고 있는 중국은 군개혁을 통해 군사강대국의 길을 가려하고 있다. 시진핑은 군개혁과정에서 '혁명적인 변혁', '전면적인 군개혁'이라는 용어를 사용하였다. 변화하는 안보환경 맞춰 그리고 급속히 발전하는 신군사기술을 활용한 이른바 "G2시대"의 중국군으로 거듭나도록 하겠다는 의지로 읽힐 수도 있다. 이러한 결정이 가능했던 것은 '군부패의 몸통'이라고 하는 쉬차이허우(徐才厚)에 대한 처분이 완료되고 동시에 주요 지역의 군지휘관들을 자신의 사람들로 교체했기 때문에 가능했던 것이다. 시진핑은 2015년까지 21명의 상장을 새로 진급시켰고, 2016년 1월 군개혁의 청사진을 제시하였다. 시진핑의 군개혁은 그 성격이 '전면성'을 띄었다고 할 수 있을 만큼 광범위했고 심도 또한 깊었다. 향후 2020년까지 강대국 중국의 안보를 책임지고 강대국 중국의 국가이익을 수호할 수 있도록 군대를 바꾸고 싶다는 희망이 담겨 있는 개혁안이라고 할 수 있다.

그렇지만 시진핑 시기 상장그룹 네트워크를 분석해 보면, 시진핑의 인사의 특징이 잘 나타나 있다. 시진핑 군인사의 가장 중요한 기준은 '충성심'이기 때문이다. 자신이 활동해 왔던 지역인 푸젠과 상하이 등 과거 난징군구에 속해 있던 지역 출신의 군사엘리트들이 대거 군의 중심에 포진해 있기 때문이다. 최고위 군사엘리트 내의 하부 네트워크를 구성하고 있기 보다는 난징군구 출신이라는 단일 변수를 통해서 전체 상장그룹 네트워크를 대표하고 있다고 할 수 있을 정도로 광범위하고 전방위적인 연결망을 형성하였다. 魏亮, 苗華, 戚建國, 乙曉光, 許其亮, 王教成, 宋普選, 蔡英挺, 朱福熙 등과 같은 군사엘리트들은 시진핑의 인사배치로 인해 중앙과 5대전구 핵심 직책을 맡고 있다. 물론 "권력은 총구에서 나온다." 군권을 장악하는 것이야말로 시진핑 정권을 유지할 수 있는 가장 핵심적인 보장책이다. "당에 의한 군통제(以黨領軍)"을 상장그룹 네트워크 구축을 통해 실현하려 한 것이라 해석할 수 있다. 다른 한편으로는 시진핑 자신이 진급시키고 요직에 배치함으로써 자신이 제시한 군개혁을 적극적으로 추진할 수 있는 인적 자원을 확보했다.

이러한 인적 혁신은 2017년 11월, 제19차당대회 연설에서 시진핑은 군작전체계와 무기의 현대화와 함께 "군대 당건설" 강화를 주문하였다. 그리고 중앙위원회 내 군엘리트들의 포진을 완료함으로써 시진핑 정권의 특색을 강하게 드러냈다. 중앙위원회 정위원 중 군관련 엘리트는 총 42명이 선출되었다. 18기 중앙위원 중 군출신 41명이었던 것에 비해 한 명 늘었지만, 그 면면을 살펴보면 큰 폭의 변화가 있음을 알 수 있다. 시진핑 2기의 군엘리트에 분석은 본 연구의 범위를 벗어나지만, 간단하게나마 언급하자면 신임 중앙위원으로 선출된 군관련 중앙위원은 32명으로 76.2%가 교체되었다. 전체 중앙위원의 교체율이 대략 62%정도 되는데, 군엘리트의 중앙위원 교체율은 14.2%가 더 높았다. 유임된 군엘리트 중앙위원은 10명(許其亮, 張又俠, 宋丹, 李作成, 魏鳳和, 劉粤軍, 趙宗

岐, 鄭衛平, 王寧, 苗華, 乙曉光)에 지나지 않았다. 그리고 군엘리트 중앙위원의 소속이나 출신군구을 보면, 난징군구와 관련있는 위원이 11명으로 전체 군엘리트 중앙위원 중 26.2%로 1/4를 초과하였다. 선양군구 관련 엘리트는 4명에 지나지 않았다. 계급구성을 보면 상장이 16명, 중장이 23명, 소장 2명, 민간인출신 1명이었고, 진급년도를 놓고 보면 후진타오 시기 진급한 군엘리트는 2명, 나머지는 모두 시진핑이 진급시킨 장군들이다.[33]

결론적으로 19차 당대회를 기점으로 하여 시진핑은 난징군구 출신 군엘리트를 중심으로 한 군엘리트 네트워크를 구축하였다. 이는 시진핑의 군 장악 완료되었음이 군 관련 중앙위원 선출로 확인되었다. 난징군구 출신 쉬치량을 군사위 부주석에 임명하고, 시진핑의 신복이라고 알려져 있는 대표적인 이른바 "태자군"(太子軍)인 장요우샤를 군사위 위원에 임명함으로써 군사위를 장악하였다. 그리고 전문성을 갖춘 신진세력 등용함으로써 군조직을 분절적으로 운영하기 보다는 통합적이고 집중적으로 관리할 수 있는 네트워크를 구축하였다. 이러한 시진핑 2기의 군엘리트 네트워크는 과거 후진타오시기에 비해 폐쇄적이며 닫힌 네트워크 특성을 띠게 되었으나, 네트워크 속 구성원의 정체성은 밀접해지고, 네트워크 내의 내부 규율은 보다 엄격해질 가능성이 있다고 할 수 있다.

그러나 시진핑 시기 군엘리트 네트워크구조는 동시에 부정적 특성 또한 내재되어 있다. '동종교배'는 건강한 결과를 생산하지 못한다. 시진핑에 대한 충성심과 이를 통해 정지적 이익을 실현하려는 일체화되고 집중화된 상장그룹 네트워크는, 네트워크 연결고리 중심에서 전체 네트워크의 부정적 흐름을 차단하고 이를 정화할 수 있는 매개중심성 높은 엘리트

---

33) 「中國共產黨第十九屆中央委員會委員名單」 http://www.xinhuanet.com/politics/19cpcnc/ 2017-10/24/c_1121846551.htm(검색일: 2018.2.14)

들이 존재해야 한다. 만일 네트워크 내 이를 갖추지 못한다면 개혁의 효율적인 추진을 위해 구축되었던 네트워크가 곧 부패의 연결고리 곧 부패 네트워크화할 가능성이 높기 때문이다. 최고지도자의 군에 대한 통제강화가 곧 군의 부패문제를 해결해 주지 못한다. 제도적으로 어떻게 부패를 통제하고 예방할 것이냐 하는 것이 무엇보다 중요하다. 공식적 네트워크와 비공식적 네트워크가 사적 이익을 위해 작동될 가능성이 상존하기 때문에 상호견제와 감시의 제도화는 반드시 필요하다.

| 참고문헌 |

송호근 · 김우식 · 이재열, 『한국사회의 연결망 연구』, 서울: 서울대학교 출판부,
　　2004.

애런 프리드버그, 안세민 역, 『패권경쟁: 중국과 미국, 누가 아시아를 지배할까』,
　　서울: 까치, 2012.

김성철, 「남중국해 분쟁과 베트남의 대중국 헤징」, 『중소연구』, 41:4, 2018.

심정계, 「후진타오 시대 중국인민해방군 지도체제」, 『사회과학연구』, 22:1,
　　2006.

나영주, 「개혁 개방 30년 중국의 군사안보 개혁과 발전」, 『아시아연구』, 12:2,
　　2009.

나영주, 「중국 인민해방군 연구의 동향과 쟁점」, 『통일문제연구』, 16:2, 2004.

박병광, 「중국의 안보전략과 군사적 부상—중국과 미국의 전략적 각축을 중심으
　　로」, 『한일군사문화연구』, 16, 2013.

서상민, 「시진핑 시기 중국군엘리트의 인적 연결망 분석」, 『중국연구의 동향과
　　쟁점』 서울: 학고방, 2017.

서상민, 「중국 당 · 정 · 군 권력엘리트의 사회네트워크 분석」, 전병곤 외, 『중국
　　권력엘리트와 한중교류 네트워크 분석 및 DB화』, 서울: 통일연구원,
　　2014.

양정학, 「시진핑의 국방 및 군대건설 사상에 대한 소고」, 『전략연구』, 63, 2014.

윤덕민, 「중국의 부상과 일본의 대중전략」, 『전략연구』, 2013.

임강희 · 양정학, 「중국의 인공지능 프로젝트, '중국대뇌(中國大腦)' 계획」, 『국방
　　과 기술』, 437, 2015.

황재호, 「시진핑 시대 중국의 군사력 평가와 전망」, 『전략연구』, 62, 2014.

寇健文, 「1987年以後解放軍領導人的政治流動: 專業化與制度化的影響」,
　　『中國大陸硏究』, 54:2, 2011.

羅春秋, 「"中國夢"下解放軍軍隊改革的探討」, 『國防雜誌』, 29:4, 2014.

劉明福, 「"強軍夢"護航"中國夢":學習習近平主席"強軍夢"戰略思想」, 『決策與信息』, 第8期, 2013.

潘進章, 「習近平"四個全面"戰略布局對國防和軍隊建設影響」, 『國防雜誌』, 30:5, 2015.

任天佑·趙周賢·劉光明, 「中國夢引領強軍夢強軍夢支撐中國夢」, 『求是』, 23, 2013.

張明睿, 「強軍夢: 中國軍事現代化的進程與意涵」, 『臺灣國際研究季刊』, 13.2, 2017.

陳煥森, 「空軍軍人武德的傳承與創新」, 『國防雜誌』, 30:4, 2015.

Bo Zhiyue, *China's Elite Politics: Political Transition and Power Balancing,* Singapore: World Scientific, 2007.

Hongyong Lee, *From Revolutionary Cadres to Party Technocrats in Socialist China,* Berkeley: University of California Pres, 1992.

Jing Huang, *Factionalism in Chinese Communist Politics*, Cambridge University Press, 2006.

Jürgen Domes, *The Internal Politics of China, 1949-1972,* Westport: Praeger, 1973.

T.F. Cox & M. A. Cox, *Multidimensional Scaling,* Chapman & Hall/CRC, 2001.

William W. Whitson, *The Chinese High Command: A History of Communist Military Politics, 1927–71,* Springer, 1973.

You Ji, *China's Military Transformation,* Cambridge: Polity Press, 2016.

Andrew J. Nathan, "A Factionalism Model For CCP Politics", *China Quarterly* No.53, 1973.

Cheng Li, "University Networks and the Rise of Qinghua Graduates in China's Leadership", *The Australian Journal of Chinese Affairs* No.32, 1994.

James Mulvenon and Michael Chase, "The Role of Mishus in the Chinese Political System", David M. Finkelstein and Maryanne Kivlehan, eds., *China's Leadership in the 21st Century: The Rise of the Fourth Generation*, Armonk, N.Y.: M.E. Sharpe, 2003.

James Mulvenon, "China's 'Goldwater-Nichols'? The Long-awaited PLA Reorganization Has Finally Arrived", *China Leadership Monitor* 49, 2016.

James Mulvenon, "Rearranging the Deck Chairs on the Liaoning? The PLA Once Again Considers Reorganization", *China Leadership Monitor* 43, 2014.

James S. Coleman, "Social Capital in the Creation of Human Capital", *Knowledge and Social Capital* vol.94, 2000.

John J. Mearsheimer, "The Gathering Storm: China's Challenge to US Power in Asia", *The Chinese Journal of International Politics* Vol.3, No.4, 2010, pp.381-396.

Lowell Dittmer, "Chinese Informal Politics", *The China Journal* No.34, 1995.

Mark Granovetter, "The Strength of Weak Ties: A Network Theory Revisited," *Sociological Theory* No.1:6, 1983.

Ronald S. Burt, "Structural Holes versus Network Closure as Social Capital", *Social Capital*, NY: Routledge, 2017.

Tang Tsou, "Chinese Politics At The Top: Factionalism Or Informal Politics? Balance-Of-Power Politics Or A Game To Win All?", *The China Journal* No.34, 1995.

Ulrik Brandes, "A Faster Algorithm for Betweenness Centrality", *Journal of Mathematical Sociology* 25:2, 2001.

Yair Wand and Ron Weber, "On the deep structure of information systems", *Information Systems Journal* 5:3, 1995.

Zhengxu Wang & Jinghan Zeng, "Xi Jinping: The Game Changer of Chinese

Elite Politics?", *Contemporary Politics* 22:4, 2016.

習近平, 「承前啟後 繼往開來 繼續朝著中華民族偉大複興目標奮勇前進」, http://www.xinhuanet.com/politics/2012-11/29/c_113852724.htm (검색일: 2018.2.8)

「中國共產黨第十九屆中央委員會委員名單」, http://www.xinhuanet.com/politics/19cpcnc/2017-10 /24/c_1121846551.htm(검색일: 2018.2.14)

「中國共產黨第十九屆中央委員會委員名單」, http://www.xinhuanet.com/politics/19cpcnc/2017-10/24/c_1121846551.htm(검색일: 2018.2.14)

「中央軍委舉行晉升上將軍銜儀式 習近平頒發命令狀」, http://cpc.people.com.cn/n/2013/0731/c64094-22394583.html(검색일: 2017.12.8)

「中央軍委舉行晉升上將軍銜儀式,習近平向晉升上將軍銜的魏鳳和頒發命令狀並表示祝賀」 http:// www.xinhuanet.com/politics/2012-11/23/c_113783855.htm(검색일: 2017.12.8.)

Defense Department, *Military and Security Developments Involving the People's Republic of China 2017*, Office of the Secretary of Defense, 2017.5.15. https://www.defense.gov/Portals/1/Documents/pubs/2017_China_Military_Power_Report.PDF(검색일: 2017.11.26)

대만 양대 정당의 통일과 독립에 대한 태도

● 이광수 ●

I. 서론

보통 강대국의 힘(power)의 논리가 불균형적으로 작용하는 국제 사회에서 약소국은 영토보전과 주권보장을 인정받기 위해 다양한 방식으로 대응한다. 양안관계에서는 이러한 비대칭적 관계가 확연히 드러난다. 중국(中華人民共和國)은 대만(中華民國)의 주권을 인정하지 않고 '하나의 중국'이라는 입장을 통해, 양안(兩岸)을 중앙과 지방의 관계로 간주한다. 반면에 대만은 별개의 영토(대만, 팽호, 금문, 마조 4개 도서지역)를 독자 통치하는 즉 실제 주권을 행사하고 있는 현실을 강조하면서 양안은 대등(對等)하고 존중(尊重)하는 관계가 되어야 한다고 주장한다. 이는 유엔에서의 비자의적 탈퇴 이후 외교적 고립상태를 경험하고 있는 대만이 국가로서의 지위(status)를 인정(recognition)받기 위한 노력이다. 이러한 입장은 현재 대만의 정치지형을 양분하는 통일지향의 국민당(中國國民黨)과 독립지향의 민진당(民主進步黨)의 통독(통일과 독립)입장에

---

* 이 글은 「대만의 인정투쟁 연구: 정당의 통독 입장 변화를 중심으로」, 『한국동북아논총』, 제84호, 2017을 수정·보완한 것이다.
** 국민대 중국인문사회연구소 HK연구교수

서 동일하게 나타난다. 양대 정당 중 어느 당이 집권하더라도 대만정부는 양안교류와 통일논의를 요구하는 중국정부에 대하여, 대등, 존중, 호혜라는 국제사회의 보편적 관계 수립 기준을 바람직한 양안관계 형성의 기본 원칙으로 요구한다.

이러한 대만의 태도는 대국굴기를 통해 강대국으로 부상하는 13억 인구의 중국에 비교하여 상대적으로 왜소함을 느끼는 대만이 2,300만 대만인의 민의(民意)를 기초로 하여 국가로서의 존재를 인정받길 기대한다는 점에서 대만의 정당이 실천하는 인정투쟁(struggle for recognition)이다. 대만을 국가로서 인정하지 않고 정치, 경제, 외교, 군사적 분야에서 한편으로는 무시와 압박, 다른 한편으로는 부분적 인정과 회유로 대응하는 중국에 대한 대만의 인정투쟁은 대략 4가지 측면으로 나눌 수 있다. 첫째, 무시당하고 있는 주권(sovereignty)에 대한 인정 요구, 둘째, 영토와 국민등 조건을 갖춘 국가로서의 지위(state status) 인정 요구, 셋째, 국제기구 참여 등 외교적 활동(diplomatic activity) 보장 요구, 넷째, 대만해협의 평화적 분위기 조성(peace building) 요구 등이다. 대만의 인정투쟁은 대륙과 무관하게 독자적으로 경제발전을 달성하고, 대륙의 권위주의적 정치체제와 달리 자유민주주의 발전을 성취했다는 점에서 대만의 현재 체제에 대한 도덕적 우월감을 배경으로 한다. 민주적 체제에 대한 대만의 자부심과 상대적 우월감은 중국이 내세우는 하나의 중국 원칙이나 일국양제(一國兩制) 형태의 통일방안에 대해 다른 해석을 제기하거나 거부하는 요인이 되고, 현재의 상태를 유지하려는 인정투쟁에 나서는 주요한 배경으로 작용한다.

대만의 인정투쟁은 대내외 정세의 변화, 특히 중국의 대응자세, 대만민중의 인식, 미국의 입장, 그리고 정당 및 정책결정자의 입장과 성향에 따라 규정되어 왔고, 또한 변화가 나타나고 있다. 전체적으로 대만의 인정투쟁이 처음에는 이상(理想) 실현을 위한 원칙의 추구에 강조점을 두었다면, 점차 정세 변화와 변수 요인에 의해 현실(現實)을 반영하는 형태로 변화하고 있다. 다시 말해서 국민당과 민진당에 의해 번갈아 실천되어 온 대만의 인정투쟁 방식이 중국의 반대와 억제, 미국의 견제와 압력, 내부 민중의 반발과 지지를 배경으로, 과거에는 중국통일 혹은 대만독립이라는 이상을 명확히 제시하면서, 본래의 입장을 직접적, 선명성, 강경 대응 방식으로 추진했다면, 점차 이상을 실현하기 힘든 현실적 한계 즉 중국의 강경 억제 정책, 미국의 평화모드 지향, 대만민중의 현상유지(status quo)'[1]에 대한 선호입장을 반영하면서, 간접적, 모호성, 온건 대응 방식으로 인정투쟁 방식이 변화하고 있다. 전자가 국민당 리덩후이(李登輝)와 민진당 천수이볜(陳水扁) 시기의 접근방식이라면, 후자는 국민당 마잉주(馬英九)와 민진당 차이잉원(蔡英文)의 접근방식이다.

마잉주와 차이잉원은 정당은 다르지만 모두 현상유지 입장을 통해 대만의 현 체제를 유지하면서, 대만의 평화와 안정을 보장받음과 동시에, 경제, 사회, 교육 등 비정치적인 영역에서 중국과의 교류협력을 통해 대만의 이익을 유지·확대하려는 목적이다. 이러한 방식은 양안의 비대칭적 국력의 차이를 전제하면서, 통독문제와 같은 근본적인 거대 주제는 뒤로 미루는 '최소주의' 행동방식과 비정치적 분야의 교류는 적절한 타협을 통해 문제를 해결하려는 '중간주의' 행동방식을 채택하여 대만의 평화와 지위를 인정받으려는 실용주의적 접근법이다.

이 글은 1987년 양안교류가 회복된 이후 최근까지 30년간의 양안관계 과정에서 나타난 대만의 인정투쟁 방식의 특징과 변화는 양대 정당의 입

---

1) 현실주의 국제정치이론가인 한스 모겐소(Hans Morgenthau)는 현상유지 정책은 "국가가 자신의 이익을 추구하는 과정에서 현재 유지되고 있는 세력균형을 유지하고자 하는 정책"이라고 정의한다. 그리고 국가는 각각의 상황에 맞춰 적절하게 힘을 사용하고 필요에 따라서는 타협할 수도 있어야 한다고 보고 있다. 하영선·남궁곤, 『변환의 세계정치』, 서울: 을유문화사, 2007, 170쪽.

장 분석을 통해 상호 수렴되는 요소가 존재하는 것으로 파악한다. 또한 분단국으로서 유사한 상황에 처해있는 우리의 통일 준비에도 시사점을 찾을 것으로 기대된다. 글의 구성순서는 먼저 서론에서 문제제기를 하였으며, Ⅱ장은 이론적 배경을 다루고, Ⅲ장과 Ⅳ장에서 대만의 양대 정당인 국민당과 민진당의 통일독립 입장을 분석했다. 마지막으로 요약과 평가를 통해 결론을 서술했다.

Ⅱ. 이론적 배경

중국에 대항하는 대만의 행동을 설명하는 이론적 근거는 악셀 호네트(Axel Honneth)의 인정투쟁(Recognition Struggle)이론에서 찾고자 했고, 인정투쟁의 구체적인 방식이 직접성, 선명성을 내세우던 강경 기조에서 간접성, 모호성을 갖추면서 온건 기조로 변화하는 과정에 대한 분석틀은 캐스 선스타인(Cass R. Sunstein)이 소개한 최소주의(Minimalism)와 중간주의(Trimmer)[2] 이론을 이용했다.

본래 인간사회의 모든 갈등은 인정받고자 하는 욕망에서 비롯되었다고 하면서, 인정받고자 하는 욕망이 투쟁의 원천이라고 제기했던 이는 헤겔이다.(한겨레신문, 2007.5.25) 호네트(2011)는 인정투쟁을 사회적 갈등을 해결하는 사회과학적 이론으로 정리했다. 그는 헤겔의 '인정' 이론에서 출발하여 인정을 인간이 자기 삶을 성공하도록 만드는 사회적 조건이자 자

---

2) trimmer는 다듬다. 정리하다는 의미의 trim에서 유래하는데, 다듬는 혹은 정리하는 사람을 의미하며, 그리고 '정치적 주관이 없는 사람'을 의미한다. 선스타인은 1682년 출판된 『The Character of a Trimmer, Neither Whig nor Tory』에서 trimmer를 휘그당과 토리당도 아닌, 중간파라는 의미로 사용한 것에 착안하여, 책에서 중간주의자로 해석했다. Cass R. Sunstein, 『누가 진실을 말하는가』, 파주: 21세기 북스, 2015, 287쪽.

기 자신을 긍정하도록 하는 심리적 조건으로 보았다.[3] 즉 인정투쟁은 무시(ignorance)되고, 부정당한 자신의 존재, 가치, 존엄을 되찾기 위한 과정이다. 이러한 인정투쟁은 개인적 혹은 사회적 측면에서는 타인이나 다른 집단으로부터 인정받기를 원하는 항의, 반대의사를 표시하는 집회나 시위 등의 행동을 통해 표현된다. 또한 국가적 수준에서 무시당하거나 존중받지 못한다고 생각할 경우에도 저항 운동을 통해 인정투쟁에 나선다.

리덩후이, 천수이볜 시기에 진행되었던 대만주체의식과 대만역사교육 강조, 대만 본토화(本土化) 운동, 정명(正名) 운동, 대만(또는 중화민국) 명의의 유엔가입시도 등이나 마잉주, 차이잉원 시기의 중화민국 헌법 혹은 헌정질서 강조, 2300만 대만 민의의 존중 요구 등은 모두 대만의 지위를 무시하는 중국에 대한 저항 성격을 지닌 인정투쟁이다.[4]

다음으로 이 글은 대만의 인정투쟁이 리덩후이와 천수이볜 시기에 보이던 직접적이고 선명한 입장을 강경한 기조로 표시하는 형태에서, 마잉주와 차이잉원 시기에는 상대적으로 간접적인 방식, 모호한 태도, 온건한 기조를 통해 중국에 대응하는 방식으로 변화하는 이유를 선스타인이 제기한 '최소주의'와 '중간주의' 개념을 채택하여 분석했다.

선스타인(2015)은 타협이 불가능해 보이는 심각한 갈등 문제를 해결하

---

3) 인정투쟁에 대한 간략한 소개는 고명섭, 「호네트의 대표이론 - 인정투쟁은 긍정적 삶의 조건」, 『한겨레신문』, 2007.5.25; 노명우, 「뒤틀린 한국, 무시당한 자들의 분노로 교정한다」, 『프레시안』, 2011.9.16을 참조하고, 호네트이 인정투쟁이론은 Axel Honneth, 『인징투생』, 고양: 사월의 책, 2011을 참조.

4) 2016년 1월 대만 총통선거 기간, 한국에서 발생한 '저우쯔위(周子瑜) 국기 사건'은 한국의 TV프로그램에서 대만연예인이 중화민국 국기를 들었다는 이유로 중국인 네티즌들에 의해 비난받고, 공개 사과했던 사건이다. 민간 영역에서 발생했지만 중국에 의해 국가로서의 지위를 인정받지 못하는 대만의 현실을 인식하도록 함으로써 정파에 상관없이 대만인의 분노가 하나로 표출되었고, 당시 선거에서 민진당의 주요 승리 요인으로 작용했다.

기 위한 사회 또는 정부의 지도자의 가장 이상적인 행동방식은 최소주의
와 중간주의 입장에 따른 결정이라고 보았다. 그는 최소주의를 "근본적이
거나 이론적인 문제는 뒤로 미루고, 우선 오늘 할 일을 결정하는 입장"이
라고 정의하고, 중간주의는 "문제를 미루지 않고 타협을 통해 (적절하게)
문제를 해결하는 입장"이라고 설명했다. 즉 최소주의자는 의견일치가 쉽
게 되지 않을 거대하고 이론적인 문제는 나중으로 미루고, 당면한 특정
사안만을 우선 해결하고자 노력한다. 마잉주나 차이잉원이 양안관계에서
"우선 쉬운 것, 나중에 어려운 것(先易後難)"을 주장하고, "경제 우선, 정
치 나중(先經後政)" 입장을 강조하는 것은 최소주의 입장과 상통한다.[5]
따라서 최소주의자의 정책결정은 깊고 넓게 접근하는 방식보다는 얕고
좁게 접근하는 방식을 선호한다. 얕고 좁은 범위가 비교적 합의에 도달하
기 쉽기 때문이다. 합의하기 어려운 문제는 논의를 미루는 것이 현실적인
대안이고, 대신에 가능한 합의를 통해서 일정한 진전을 도모한다.

　최소주의자가 결론을 나중으로 미루는 방식으로 문제 해결에 임한다고
본다면, 중간주의자는 미결 상태로 방치하지 않고, 중간 수준이더라도 문
제를 해결하자는 입장이다.[6] 따라서 중간주의자는 관련 당사자의 정당한
주장을 경청하고 배려하는 방식, 즉 얕고 좁은 수준의 타협을 통해 문제
해결에 나선다. 선스타인(2015)은 중간주의는 문제해결에 나서는 정부

---

5) 마잉주는 2기 취임일인 2012년 5월 20일 외신기자회견에서 양안관계의 추진 3 원칙을
"先急後緩, 先易後難, 先經後政"로 하고, 차이잉원도 2016년 취임사에서 "有溝通,
不挑釁, 沒意外" 즉 "소통 필요, 긴장 배제, 예측 가능"이라는 양안관계 3원칙을
제시했다. 두 사람 모두 양안관계를 과거의 강경 기조와는 다른 온건 기조를 하고
있음을 보여주었다. 中華民國大陸委員會, 『兩岸大事記』 참고.
6) 어려운 문제는 미룬다는 최소주의와 문제를 미루지 않고 타협으로 해결한다는 중간주
의는 서로 상충하는 개념이 아니다. 현실적 조건을 고려하여 가급적 구체적인 행동(정
책결정)을 함으로써 문제 해결을 위한 최소한의 진전을 목표로 한다는 점에서 상호
보완적 개념으로 생각한다.

관료의 필수 행동방식이라고 주장한다.

양안 사이에는 '하나의 중국' 입장에 있어서 타협하기 힘든 커다란 시각차가 존재하는 가운데, 대만 정당도 통일과 독립 입장이 현격하게 대립되어 있었다. 그러나 최근 대만의 정당 내부 논의를 보면, 양안관계 접근법에 있어서 '최소주의'와 '중간주의'에 따른 현실주의적 정책결정이라는 특징이 공통적으로 보인다. 통일과 독립이라는 쉽게 타협하기 힘든 거대주제는 나중으로 미루고, 양안의 평화환경 조성과 교류의 지속을 위해 중화민국 헌정체제 유지와 현상유지를 국민당과 민진당 모두 표방하고 있다. 이러한 입장변화의 기저에는 각각 대만화 경향과 대국화 추세에 적응함으로써 정당의 활로와 정책리더로서 미래를 개척하고자 하는 국민당과 민진당의 변화의지가 반영되어 있다.

III. 대만화와 국민당의 인정투쟁

장제스의 국공내전의 패배로 인해 대만으로 이주한 이후 국민당은 중국에 대해서는 자유, 민주, 균등 부유의 중화민국으로의 통일 달성이라는 목표를 세우고 있지만 대만에서는 민주화 이후 급증한 대만화(台灣化) 추세에 적응하면서 정당으로서 생존능력을 키워야 되는 도전에 직면해 있다.[7]

이는 대만독립을 지향하는 민진당과 일국양제 방식의 통일을 추진하는 공산당 사이에 위치하여, 중간자적 위상으로 양안의 충돌을 억제하고 교

---

7) '대만화'는 대만주체의식이 고양되면서 탈중국화 하는 추세를 의미한다. 대만화 추세는 중국과의 관계 개선을 강화하려는 국민당에게 불리하게 작용했다. 국민당은 2000년, 2004년, 2016년 세 번에 걸쳐 총통선거에서 패배했고, 2016년 입법원 선거에서는 처음으로 과반수 의석을 상실하기까지 했다.

류 확대를 통해 대만의 평화보장과 경제발전을 추진할 수 있게 함으로써 대만 민중의 지지를 획득하도록 작용한다는 점에서 국민당에게는 위기와 함께 기회를 제공하는 요소로 작용한다.

1. 삼민주의 중국통일과 92공식

삼민주의(三民主義)에 의한 중국통일 주장은 손문(孫中山)이 민족, 민생, 민권의 가치를 내걸고 건국한 중화민국으로의 통일을 지향한다는 의미로서 국민당의 창당정신을 반영한 통일 원칙이다. 사회주의 정치체제를 기본으로 하는 중화인민공화국이 자유민주주의로의 체제전환을 하지 않는다면 통일하지 않겠다는 의미를 내포한다는 점에서 일국양제 방식에 대한 대만 국민당의 인정투쟁의 기본 입장이다.

1949년 국공(國共)내전에서 패배한 국민당은 대만으로 이주하여 중화민국의 법통을 유지하였고, 대륙에는 공산당에 의해 중화인민공화국 정부가 수립되었다. 1971년 유엔에서 퇴출되기 전까지는 중화민국이 국제사회로부터 중국을 대표하는 유일한 정부로 인정받으면서, 대만의 국가주권과 국가지위의 문제는 발생하지 않았다. 장제스(蔣介石)와 장징궈(蔣經國) 시기의 국민당 정부는 대륙을 수복해야할 대상으로 간주했기에 중국과의 관계는 전혀 염두에 두지 않았다.[8] 하지만 1971년 미중 데탕트(긴장완화)에 따라 중국이 유엔에 가입하고 중화민국은 퇴출되면서 미국의 지원에 의한 '반공수복' 통일방안은 실현 불가능하게 되었다. 양안

---

8) 실제 국민당은 장제스가 사망한 1975년까지 도적(공산당)과는 상대하지 않고, 무력으로 실지(失地)를 수복하겠다는 입장으로 공산당 치하의 중국을 인정하지 않았다. 후계자 장징궈도 거의 대부분의 집권기간 동안 무력통일이라는 이상을 유지하면서 중국과 대화, 협상, 담판을 일체 하지 않는다는 3불 정책을 통해 양안관계는 완전 단절 상태에 머물렀다.

의 단절과 외교적 고립 상태도 지속되었다. 그러나 역사, 혈통, 문화, 정체성의 뿌리를 대륙에 둔 국민당은 중국대륙과 완전히 단절할 수 없었다.

1980년대 이후 개혁개방정책의 성공을 위해 중국공산당이 일국양제 방식의 평화통일방안을 제기하면서 양안교류 성사 분위기가 조성되었다. 또한 가족 상봉을 원하는 중국출신 국민당 제대군인들의 청원과 교류의 필요성을 제기하는 기업인들을 의식한 국민당은 분단 30여년이 되어가던 장징궈 집권 말기에 이르자 양안 접촉을 위한 노선 수정을 하면서 제한적 교류가 이루어지게 되었다.

국민당의 장징궈는 중국이 제기한 일국양제 통일방안에 맞서 1981년 무력통일방안을 포기하고 '삼민주의에 의한 중국통일' 방안을 역으로 제안했다. 이는 대만 국민당이 중화민국을 건국한 손문의 이념적 승계자라는 명분을 유지하고, 중국으로의 흡수통일을 거부하려는 목적이었다. 또한 미국과 중국의 수교에 따라 미국 등 주요국과의 외교관계가 비공식적 관계를 유지하는 차원으로 격하되면서, 중국의 평화공세에 대한 보다 합리적이고 대만의 안전을 보장받을 수 있는 최소한의 통일조건을 제시할 필요가 있었기 때문이다. 이후 미국은 의회에서 대만관계법을 제정하고, 무기 수출 관련한 여섯 가지 보장 조치를 발표하여, 대만의 안전을 지켜주는 보호자의 역할을 계속할 것을 천명했다. 그리고 1987년에는 대륙 출신 주민 즉 국민당 관료와 군인의 가족상봉을 위한 중국방문을 허용하고 양안교류를 제한적으로나마 시작했다.

1990년 국민대회에서의 간접선거를 통해 정시 출범한 리딩후이 성부는 초기인 1991년 '민주, 자유, 균부'의 중화민국 수립을 목표로 하는 '국가통일강령'을 제정하고, 국가통일위원회를 설치했다. 이는 1983년 덩샤오핑에 의해 양안의 평화통일방안으로 제안된 '일국양제'에 대응하기 위한 성격이다. 1992년에는 '대만지구와 대륙지구 인민관계조례(兩岸人民關係條例)'를 제정하여 본격적인 인적교류의 토대를 갖추고, 대만의 해협교류기금회와 중국의 해협양안관계협회의 대표가 양안의 반관영 기구 대표로는 분단이후 처음으로 만나면서 양안관계의 제도화가 시작되었다.

제도화의 결과물로 현재까지 합의 여부의 불확실성으로 인한 논쟁이 지속되고 있는 92공식(consensus)으로 표현되는 양안 합의는 국민당이 여당의 지위에서 최소주의와 중간주의 원칙을 반영한 가운데 중국공산당과 맺은 합의라고 할 수 있다. 하지만 양안 교류와 관련한 대화와 담판이 있던 초기에 있었던 1992년의 합의는 서면이 아닌 '구두합의(oral agreement)'라는 한계로 인해 중국과 대만의 국민당, 민진당은 각각의 입장에서 주장과 해석을 하고 있다.[9]

국민당은 1992년 양안이 합의한 내용은 양안이 '하나의 중국'이라는 점에 인식을 같이 했으며, 다만 '중국'이 무엇을 의미하는가는 각자 표현한다."는 이른바 일중각표(一中各表)라고 주장하고 있다. 또한 국민당의 정치지도자들은 선거를 앞두거나, 92공식을 언급하는 기회가 있을 경우에는 중국은 중화민국을 의미한다고 주장하는데 이는 점차 대만을 중심으로 생각하는 대만화 추세에서 유권자인 대만 민중의 의식을 고려한 것이다. 어쨌든 대만이 중국이라고 표현하는 것은 중국의 입장에서는 대만의 분리독립 입장과는 거리가 있는 내용이기 때문에 반발의 정도가 약하다. 92공식을 존중한다는 국민당의 입장은 2008년부터 2016년까지 집권한 마잉주 정부 시기에 "양안은 하나의 중국이라는 원칙에 동의한다"라고

---

9) 92공식(九二共識, 92consensus)는 1992년 양안 반관영 대화통로인 중국 해협회와 대만 해기회가 만나, 양안은 하나의 중국이라는 점을 구두로 합의했다는 것을 가리키는 내용이다. 그러나 양안의 세 주요 행위자(공산당, 국민당, 민진당)별로 해석상 차이가 나타나면서 양안갈등의 쟁점이 되고 있다. 공산당 즉 중국은 '하나의 중국'이라는 것에 양안이 합의했다는 사실만 존재할 뿐, 각자 표현한다는 것은 없었다는 입장(各表一中)이며, 민진당은 92년에 양안 사이의 (서면)합의는 없었고, 단지 양안의 만남이 있었다는 역사적 사실은 인정한다는 입장이다. 中共中央台辦, 國務院台辦, 「九二共識'的由來」, 2016.07.12.

인식하는 배경으로 작용하면서 중국은 적극적으로 대만과의 경제, 문화, 교육 교류를 확대하고, 국공논단과 같은 정치교류도 정기적으로 진행하는 배경으로 작용했다.

현재까지 중단 없이 진행되고 있는 양안교류는 교류 초기에 '하나의 중국'과 같은 합의가 어려운 크고 근본적인 문제에 대해서는 중국과 대만의 국민당이 최소주의 방식으로 대응한 점이 효과적으로 작용했음을 짐작할 수 있다.

한편 국민당 소속이나 대만인 출신 첫 번째 총통이기도 한 리덩후이는 1999년 양안은 특수한 국가대 국가 관계라는 주장을 통해 대만은 국가로서의 성격을 지니며, 양안은 대등한 국가 관계라는 입장을 보다 선명하게 밝혔다. 리덩후이 총통이 대만독립노선으로 경도되자, 국민당 내부에 통독입장과 관련하여 노선투쟁과 그에 따른 분화가 발생했다.[10] 분화과정을 거쳐 국민당의 통일방안은 '삼민주의 중국통일' 방안을 유지하면서, 실질적으로 현재의 중화민국 헌정체제를 유지하려는 기조로 이어지고 있다.

국민당의 중간자적 역할로의 변화는 2005년 3월 중국이 대만독립시도에 대해 군사력을 통해 저지 가능하도록 한 '반분열국가법'을 제정하면서 대만해협의 위기상황이 고조되자 국민당의 렌잔 주석이 '평화의 여행(和平之旅)'이라는 이름으로 중국을 방문하여, 베이징에서 후진타오 공산당

---

10) 국민당은 대륙에 뿌리를 두고 있지만, 분단이 장기화되면서 대만출신 즉 '본토파' 인사들이 증가하고, 대만중심의 인식도 확산되었다. 리덩후이 총통의 대만주체의식 강화 정책은 국민당 주류파와 본토파의 당내투쟁이 발생하는 요인으로 작용했다. 국민당의 1차 분열은 1988년 장징궈 총통의 사후 리덩후이가 총통 직위를 승계하자, 위마오밍, 자오샤오캉 등이 탈당하여 신당(新黨)을 창당했다. 두 번째 분열은 2000년 선거에 앞두고 렌잔에 반대한 송추위가 입후보를 위해 탈당했다. 그리고 패배 이후 친민당(親民黨)을 창당했다. 세 번째 분열은 2000년 총통선거에서 국민당이 패배하자, 리덩후이에 대한 내부반발이 격심해지면서, 리덩후이 세력이 탈당하여 '대만단결연맹(台灣團結聯盟)'을 창당했다.

주석과 회견을 가지면서 본격적으로 나타났다. 분단 56년 만에 이루어진 국공 양당 지도자의 만남은 양안의 군사적 충돌을 우려하는 양안 특히 대만민중에게 평화적 분위기로 전환시켰다는 긍정적인 평가를 받았다.[11]

렌잔은 2005년의 후진타오와의 만남(連胡會)에서[12] 1992년에 있었던 '92공식'을 강조했다. "1992년 국민당 집권 시기 양안은 구왕회담(辜汪會談)을 통해 '일중각표(一中各表)'라는 양호한 계기를 만들었다."라는 것이다. 양안이 서로 공통분모로 하는 92공식을 언급함으로써 긴장해소를 의도하는 한편 중화민국의 존재를 인식시키고자 했다.

이처럼 국민당의 인정투쟁은 거대 논쟁은 나중으로 미루고, 현실적으로 가능한 작은 한 걸음, 즉 좁고 얕은 합의를 통해 문제해결을 한다는 최소주의 방식과 타협 가능한 부분은 협상을 통해 해결한다는 중간주의 방식을 통해 통일을 점진적, 단계적으로 지향해 가자는 입장이다.

2. 현상유지와 중화민국 헌정체제

국민당의 인정투쟁은 중국의 국력이 강대해지면서 군사력 등의 격차가 심해지자 대만의 안전을 확보하기 위해 '현상유지' 입장을 전제로 하고 있다. 대만해협을 비롯한 동아시아의 평화유지는 대만의 핵심 보호자인

---

11) 하지만 국민당의 온건한 방식의 인정투쟁에 대한 대만민중의 평가는 긍정적이었다. 핑궈일보(蘋果日報)가 실시한 여론조사에서 60% 응답자가 렌후회가 양안교류 회복과 양안평화 추진을 논의한 것은 대만에 유리하다는 인식을 밝혔다.「連胡公布五大願景, 扁政府指控 有違法之嫌」,『蘋果日報』, 2005.4.30.

12) 렌후회를 통해 국공양당은 양안의 평화발전 목표를 달성하기 위한 5개항의 합의안을 발표했는데, ① 양안은 92공식의 기초하에 평등한 양안협상 신속히 복구한다. ② 양안의 적대상태 중단과 평화협정 체결을 추진하여, 군사충돌 방지한다. ③ 양안의 전면적 경제 교류를 진행하고, 양안경제협력기제를 구축한다, ④ 대만의 국제 활동 참여 문제에 대한 협상을 전개한다. ⑤ 정기적인 정당교류 플랫폼을 건립한다. 등 5가지이다.「連胡公布五大願景, 扁政府指控 有違法之嫌」,『蘋果日報』, 2005.4.30.

미국의 주된 관심사이면서 동시에 미중 수교 이후 대만의 안전을 보장한 기본적 전제조건이다. 따라서 국민당의 현상유지 입장은 대만해협의 긴장완화를 유도하기 때문에 미국 등 주변국의 지지를 얻어내고, 중국으로부터는 '하나의 중국' 원칙을 해치지 않는다는 것으로 인식되기 때문에 양안관계를 평화적으로 유지할 수 있는 대만의 지위와 관련한 중요한 선택지가 되고 있다. 또한 국민당의 입장에서는 현상을 유지하는 것은 곧 중화민국의 존재를 인정받을 수 있는 형태로 인식되고 있기도 한다. 따라서 국민당의 지도자들은 다양한 명칭으로 현상유지와 중화민국의 헌정체제의 유지를 강조하고 있다.[13]

마잉주 정부 시기 국민당의 인정투쟁은 1기 임기와 2기 임기로 나눌 수 있다. 2008년 첫 번째 선거에서 국민당은 마잉주 후보를 내세웠는데, 당시 천수이볜 총통 가족의 부패사건이 발생하기도 했지만, 유엔가입을 위한 공민투표 시도 등 독립지향 정책의 추진으로 인한 미국의 의도적 배제와 대만민중의 불안감이 작용하여 300만 표 이상의 큰 표차로 민진당 후보에게 승리했다. 즉 마잉주가 내세운 현상유지 정책은 전임 천수이볜 정부의 공세적 방식의 인정투쟁에 대한 비판에 기인한 것이다.[14]

---

13) 이를 주요 지도자별로 정리하면 마잉주의 하나의 중국, 각자표술(一個中國 各自表述)과 한 국가 2지구(一國兩區, 중국, 대만지구와 대륙지구를 의미) 주장, 훙수쥬(洪秀柱)의 일중동표(一中同表, 하나의 중국으로 똑같이 표현하자는 의미) 발언, 그리고 주리룬(朱立倫)의 양안은 하나의 중국에 속한다(兩岸同屬一中, 양안은 공히 하나의 중국에 속한다.) 발언이 있다. 세 사람이 말하는 중국은 당연히 중화인민공화국이 아닌 '중화민국'을 의미한다.

14) 천수이볜 정부의 공세적 외교정책은 재정지원을 통한 '금전(金錢)'외교라는 비판과 중국과의 외교전쟁을 불사하는 '봉화(烽火)'외교라는 비판을 받았다. 이는 2001년 9·11사태 이후 이슬람 테러리즘에 대응하기 위해 중국의 협력을 필요로 했던 미국의 부시 정부에게 있어서, 천수이볜 정부는 미국의 이익을 해치는 '문제야기자(trouble maker)'로 인식되고, 민진당의 대만독립노선에 대한 미국의 우려와 부정적인 반응이 외부로 표출되기도 했다.

마잉주의 현상유지와 중화민국 헌정체제를 강조하는 형태의 인정투쟁
은 대만인의 민의를 반영한 결과이다. 2008년 선거 직전에 행한 여론조
사는 양안관계의 경색국면을 해소하기 위해서 응답자의 90%가 현상유지
를 지지하고, 그러나 중국이 주장하는 일국양제 방식의 통일은 80%가 반
대한다는 결과가 나왔다.

이에 따라 2008년 5월 20일 마잉주 총통은 "인민이 분기하여, 새로운
대만을 만들자(人民奮起, 台灣新生)"라고 대만화 추세를 반영한 듯한
제목의 취임사를 통해 소위 '신삼불(新三不: 불독립, 불통일, 무력불사
용) 정책'을 발표하면서, 양안은 중국 즉 중화민국에 속하며, 현상유지를
견지해 나가겠다는 정책노선을 천명했다. 5월 21일에는 현상유지 입장에
대해서 전임 천수이볜 정부의 유엔가입을 위한 공민투표를 하는 등의 법
리대독(法理台獨)을 반대하고, 자신이 말하는 현상유지는 중화민국의
헌법 구조하의 현상유지이자, 대만의 지위를 보장받는 현상유지라고 설
명함으로써 국민당의 92공식의 인정이 중화민국 헌정체제를 부인하지 않
은 것임을 분명히 했다.

마잉주는 대만의 실체를 인정받기 위해 자신이 타이베이 시장 시절 제
기했던 주권과 통치권을 구분하는 '일국양구'를 제기했다. 즉 중국이라는
국가에 주권이 있음을 전제하고, 대만지구와 대륙지구에 각각 통치권을
행사하는 정부가 있음을 양안이 인정해야 한다는 내용이다. 그러나 주권
과 통치권을 구분한다는 논리는 국제사회에서 주권을 어떻게 행사할 수
있는가의 문제제기와 대만의 실체를 인정하는 것이 대만독립과 어떻게
다를 수 있느냐는 문제제기와 실제 대만독립의 논리라고 인식되는 한계
로 인해, 민진당과 중국 모두의 비판을 받았다.

그러나 마잉주 정부는 92공식의 인정을 통해 양안의 정당 및 정부 교
류뿐만 아니라 경제와 민간 영역의 교류를 지속적으로 확대하였다.[15] 마
잉주 정부 시기 국민당은 양안사이 합의 가능한 부분은 실용주의적 접근

법을 채택하면서, 대만화하고 있는 현실을 반영하여 중화민국 헌정체제의 유지를 강조하는 중간주의 행동방식을 통한 인정투쟁을 진행했다.

그러나 중간주의 행동방식이 이해당사자의 이해를 골고루 수렴하지 못한다면 결국 문제가 발생하거나 파국에 이른다는 비판은 마잉주 정부 2기에 실제화 되었다. 1기와 2기 임기동안 양안의 교류가 확대·심화되면서 중국경제로 종속을 우려하는 분위기가 확산되었다. 1990년대 이래 점차 중국인 정체성보다는 대만인 정체성이 더욱 강화되고, 통일 기대보다는 독립 기대가 높아지면서 실제적 독립을 의미하는 현상유지를 원하는 비율이 다수를 차지하는 등 대만화 추세는 마잉주 정부의 중국 정책에 대한 반대 운동으로 고조되었다.[16]

삼민주의 중국통일 노선과 일중각표를 내용으로 하는 92공식 존중에서 현상유지와 중화민국 헌정체제의 유지까지 인정투쟁 관점에서 분석한 국민당의 입장은 결국 원칙을 준수하고 이상을 추구하면서도 현실을 반영하는 형태로 변화하고 있다. 이는 중국이 대국화에 따른 대만해협의 정세 변화와 대만화 경향이 강화되는 대만내부의 변화에 적응하기 위한 결과이다.

---

15) 우선 정당별 교류에서 우보슝(吳伯雄) 국민당 주석은 2008년과 2013년 방중하여 후진타오와 시진핑 두 공산당 총서기와의 국공회담을 진행했다. 또한 정부간 회담을 상호 교환방문형식으로 번갈아 개최했는데, 2014년에는 분단 65년 만에 첫 장관급 회담을 진행하기도 했다. 그리고 양안의 확대된 교류협력은 통항(通航), 통신(通信), 통상(通商) 분야의 '대삼통(大三通)'을 전면실시하고, 경제협력기본협정(ECFA)을 체결하며, 대학생의 유학 개방정책도 확대하는 등 양안관계는 양질 모든 변에서 많은 발전이 이루어졌다.
16) 국민당의 친중국 경향에 대한 대만인의 반발은 2014년 3월에 발생한 '양안서비스무역협정체결반대'시위(해바라기 학생운동)와, 2014년 11월의 지방선거에서의 참패로 나타났다. 이후 야당인 민진당이 정세를 주도하는 요인으로 작용하였고, 민진당 주석 차이잉원은 2015년 5월 3일 국민당 주리룬 주석의 방중에 앞서 "대만의 국가이익을 최대한 고려해야 한다"고 비판했다. 林瑋豊. 「沒有民共關係?蔡英文 : 兩岸關係就是兩岸關係」, 『風傳媒』, 2015.5.3.

IV. 대국화와 민진당의 인정투쟁

국민당의 권위주의적 통치를 비판하던 대만 출신 민주인사들이 창당한 민진당은 국민당과 달리 전반적으로 대만 중심적 시각을 갖고 있다. 따라서 초기부터 대만중심적 인식과 대만독립이라는 목표를 추구할 것임을 표명했다.[17] 하지만 강대국으로 발전하고 있는 중국의 적극적인 통일정책 추진으로 인해 대만독립 추진이 더욱 어려워지면서 동시에 대만의 안전보장과 경제발전을 추진해야 하는 도전에 직면해 있다.

이는 대만인의 다수가 본성인이고, 대만화 증가 추세가 민진당의 성장에 긍정적인 요소로 작용하기도 하지만 동시에 증가하는 중국의 압력으로 인해 경제와 안보환경이 위협받는 경우 결국 그 책임이 전가될 수 있다는 점에서 민진당에게는 기회와 동시에 위기로 작용한다.

1. 대만독립강령과 정상국가결의문

대만주권에 대한 민진당의 입장은 다음 세 가지 주요 강령에서 대표적으로 나타난다. 우선 리덩후이 정부 시기인 1991년 제정된 대만독립강령이 있으며, 다음으로 천수이볜 정부가 들어서기 직전 집권가능성이 상대적으로 높던 1999년과 천 정부 후반 들어 대만독립을 지향하여 공세적 조치를 하던 2007년 통과된 대만전도결의문(台灣前途決議文)과 정상국

---

17) 1987년 계엄 해제로 언론 및 정당의 활동에 대한 자유가 보장되자, 민진당은 국공 양당에 대해 공식적으로 비판적인 입장을 밝혔다. 1988년 4월 17일 당원대표대회에서 '4개의 만약(四個如果)' 결의문을 통과시켰는데, "만일 국공(國共)이 일방적으로 협상하거나, 국민당이 대만인민의 이익을 팔아치우거나, 중국이 대만을 통일하려고 한다거나, 국민당이 진정한 민주헌정을 실시하지 않는다면, 민진당은 대만독립을 주장할 것이다."라는 내용이다.

가결의문(正常國家決議文) 등이다.

첫 번째로 냉전체제의 해체 분위기와 종신제로 비판받던 국민대회 폐
지 등 민주화가 진행되는 과정에서 제정된 민진당의 당강(黨綱) 제1조는
"주권독립자주의 대만공화국을 수립한다."라고 대만독립 목표를 선명하
게 내세웠다. 구체적인 내용은 "대만주권이 있는 현실에 근거하여 독립건
국하고, 새로운 헌법을 제정하여, 대만의 사회현실에 부합한 법과 정치체
계를 완비하고, 국제법의 원칙에 의거하여 국제사회로 돌아간다."라고 함
으로써 대만의 국가지위 확보를 인정투쟁의 내용으로 삼았다. 그러나
1999년에 발표한 대만의 미래에 관한 민진당원의 각오의 성격을 지닌 대
만전도결의문은 2000년 총통선거를 준비하면서 다수의 지지를 획득하기
위하여, 대만독립을 직접적으로 강조하지 않았다. 즉 대만전도결의문에
서 중화민국의 행정지위를 정식으로 인정하면서, 대만은 이미 주권독립
국가이며, 현행 헌법에 의거하여 중화민국(台灣依目前憲法稱為中華
民國)이라고 호칭하며, 중화인민공화국에 속하지 않는다고 명시했다. 이
는 대만독립강령에서 중화민국 체제를 부정하고, 대만독립의 목표로 대
만공화국을 제기하던 입장에서 조금 완화된 것이다. 즉 민진당이 타파의
대상으로 여기던 중화민국 체제를 인정하는 출발점이 되었다.[18] 민진당
의 이념이 최대로 드러난 것은 총통 선거를 앞두고 중국의 대만 압박이
고조된 천수이볜 집정 말기에 발표된 정상국가결의문에서다. 당시 중국
의 경제 압박과 외교적 고립화 시도가 심화되고, 미국도 민진당 정권의
공세적 독립 시도를 주변정세의 안정과 평화를 위협하는 원인으로 간주
하면서 대만에 대한 견제가 높아지던 시기였다. 민진당은 주권지위를 확

---

18) 2000년 선거에서 승리한 천수이볜은 총통취임식에서 중화민국 국기에 대해 세 번
　　절하는 등 중화민국을 인정하는 행동을 보였다. 林晨柏·張瑞昌, 「阿扁入主總統
　　府扁嫂喜洋洋」, 『中時電子報』, 2000.5.21.

보하기 위해 현재의 비정상 상태를 극복하고 정상국가로 가기 위한 기준을 명확히 했다. 즉 정상국가결의문은 국제관계, 헌정체제, 국가정체성, 사회정의, 정당경쟁 등 다섯 가지 측면에서 대만이 처한 비정상 상태를 해소하겠다는 의견을 공식적으로 밝힌 것이다. 이를 위해 대만정명, 제헌, 유엔가입, 전형정의 실현, 대만주체성 수립을 구체적인 행동방식으로 설정했다.

세 가지 강령은 민진당의 인정투쟁이 초기의 직접성, 선명성을 표방하다가 중간에 현실정치에 적응하기 위한 과정에서 독립강령보다는 중화민국의 존재를 존중하는 형태로 변화하다가 마지막에는 외부의 압박에 대응하면서 오히려 더욱 직접적으로 선명성을 강조하는 형태로 바뀌어가는 특징을 보여주고 있다.

실제로 민진당이 처음 집권한 천수이벤 정부의 2000년부터 2008년까지의 인정투쟁을 보면, 1기에는 4불 1몰유[19]를 통한 대국 중국을 고려하는 조심스러운 접근과 타협을 모색하는 한편 1변1국론[20]의 제기를 통해 독립지향성을 포기하지는 않은 것을 보여주었다. 그러나 대립과 충돌을 일정부분 회피하려는 정책적 움직임을 보여주었다. 이는 민진당의 인정

---

19) 천수이벤 총통은 양안관계와 관련하여 '4불1몰유(四不一沒有)' 즉 "중국이 무력으로 위협하거나 침범하지 않는다면, 대만은 독립선언, 국호변경, 헌법개정, 통일독립 국민투표 등 4가지를 하지 않고, 국가통일강령과 국가통일위원회를 폐지하지 않겠다."(只要中共無意對台動武, 本人保證在任期之內, 不會宣布獨立, 不會更改國號, 不會推動兩國論入憲, 不會推動改變現狀的統獨公投, 也沒有廢除國統綱領與國統會的問題)고 밝혔다. 중국의 하나의 중국 원칙과 통일 지향 입장을 자극하지 않으면서 양안관계를 현재의 상태로 유지하려는 의도가 담겨진 정책이다.

20) 2002년 천수이벤은 대만과 중국은 하나의 국가에 속하지 않은 각각의 국가라는 의미로 일변일국론(一邊一國論)을 제기했다. 리덩후이가 1999년 제기한 양안은 특수한 국가대 국가라는 주장과 비슷한 입장으로 두 입장 모두 대만은 중국에 속하지 않은 독립적인 국가라는 의미를 내포하고 있다. 중국은 이를 일중일대(一中一台), 양국론(兩國論)으로 표현하면서 대만독립시도라고 비판한다.

투쟁 또한 최소주의와 중간주의 행동방식으로 설명할 수 있는 요인이 되었다. 그러나 중국의 압력과 미국의 견제로 인해 고립화된 천수이볜 정부는 내부의 부패문제 등으로 인해 더욱 강경한 정책을 채택하는 형태를 취했다. 즉 2기에는 국가통일강령을 폐지하여, 중국으로부터 분리하려는 의사표시를 암묵적으로 내비치고21) 4단계론22)과 통합론23)과 같은 독립 지향적 주장, 유엔가입 공민투표와 4요1몰유24) 와 같은 구체적인 독립 추진 조치 등을 직접적으로 하면서 강경한 형태의 인정투쟁 방식을 취했다.25)

21) 2006년 2월 27일 천수이볜 총통이 국가안전회의에서 '국가통일회의' 해체와 '통일강령' 삭제 발표하면서 실질적으로 불가능한 통일에 대한 정책적 추진을 중단하겠다는 의사를 분명히 하였다. 천수이볜은 중국이 2005년 반분열국가법을 제정했기 때문에 국통강령 폐지한 것은 문제가 없다고 하였지만 이러한 입장은 중국에게는 더욱 대만독립을 지향하는 것으로 인식하도록 하였다.

22) 2005년 천수이볜은 '중화민국 4단계론'을 제기하여 '중화민국은 대만이다'를 민진당과 정부의 정식 입장으로 삼았다. 즉 8월 2일 대만의 국가정체성, 국가지위, 대만주권귀속은 2300만 대만인민에 있다면서 중화민국의 지위와 대만 역사 발전 단계와의 관계를 설명했는데, "대륙에 있었던 중화민국, 대만에 이주한 이후의 중화민국, 대만에서의 중화민국, 중화민국이 대만(中華民國在大陸, 中華民國到台灣, 中華民國在台灣, 中華民國是台灣)"이라는 4단계의 중화민국대만의 변천을 주장했다. 이는 대만공화국 수립의 불가능성과 중화민국의 현실적 존재와 활용 가능성을 고려한 것으로 보인다. 蘇永耀·王寓中, 「扁：中華民國就是台灣」, 『自由時報』, 2005.8.3.

23) 천수이볜은 2004년 취임연설에서 양안통일을 유럽연합모델을 제기하고, 2005년 5월에는 프랑스 전임 총리 부부를 만난 자리에서 유럽연합이 '민주, 평화, 대등'의 원칙으로 성공리에 통합했다면서, 주권을 인정하는 방식의 통합모델이 민진당이 추진하는 인정투쟁의 핵심요소임을 강조한 것으로 볼 수 있다. 즉 천수이볜의 유토 모델은 전제가 '주권국가'에 있으며, 성격은 '지역통합'이다. 華夏經緯網, 「與'統合論'如出一轍 陳水扁大力鼓吹歐盟模式」, 『環球時報』, 2005.12.26.

24) 천수이볜은 2007년 3월 4일 대만의 정상국가화를 위한 강경한 입장을 '4요1몰유(四要一沒有)' 라는 5가지로 천명했다. 즉 대만은 독립, 정명, 제헌, (독자)발전 등 네 가지를 유지하고, 대만에는 좌우대립은 없고, 오직 통독 문제만 있다고 밝혔다.(臺灣要獨立, 臺灣要正名, 臺灣要新憲, 臺灣要發展；臺灣沒有左右路線, 只有統獨的問題). 博訊, 「李登輝稱不和扁斗嘴鼓：四要一沒有」, 2007.3.7.

그러나 가장 강경하게 중국에 대응하던 민진당 천수이볜 정부 시기에도 관계단절이라는 극단적인 선택은 피하고자 했다. 민진당의 인정투쟁도 상황을 회복하기 힘들 정도로 악화시키지 않는 범위에서 진행하고자 했다.

즉 천수이볜 시기에도 기본적인 양안교류는 유지되면서 조금씩 확대되었다. 2001년 1월 대만의 진먼다오(金門島)와 마쭈다오(馬祖島)와 중국 푸젠(福建)성의 우편, 교역, 통항을 정식 허용하는 '소삼통'(小三通)을 전격적으로 실시했고, 중국인의 대만 관광 방문도 허용했다.

그러나 대만 주권독립을 강조하는 민진당의 인정투쟁은 중국으로부터 대만독립을 위한 분열주의라고 공격받고, 대만의 안보와 평화를 위협하는 요인으로 부각되면서 대만민중의 지지 철회현상이 나타났다. 이는 2008년과 2012년 선거에서 국민당의 마잉주 후보가 민진당의 셰창팅과 차이잉원 후보에 모두 승리하는 주요 원인으로 평가되면서, 민진당 내부에서는 기존 독립지향적 정책에 대한 반성과 검토하자는 움직임이 나타났다. 소위 차이잉원이 2016년 선거를 준비하면서 주요하게 내건 현상유지 입장과 대만독립강령 폐기 논의이다.

2. 현상유지와 대만독립 강령 폐지 논쟁

민진당의 중간주의로의 변화는 대만독립이라는 이상의 포기보다는 대만독립시도에 대한 중국의 강경한 반발, 안보위기의 초래, 민중의 피로감, 선거에서의 역풍 가능성 등이 복합적 요인으로 작용한 것이다. 민진

---

25) 양국론 입장에 대해 마잉주 대북시장은 2005년 8월 5일 양안은 일변일국, 즉 두 개 국가가 아니라는 입장을 표명하면서, 일국양구(한 국가 2개 지역) 주장을 펼쳤다. 천수이볜 정부가 시도하는 법리대독, 정명제헌, 대만공화국 추진에 대한 반대 입장을 명확히 표명했다.

당의 변화는 주권논의를 나중으로 미루자는 논의에서 대만독립 목표를 강령에서 삭제하는 방안까지 다양한 스펙트럼으로 나오고 있다. 차이잉원은 이중에서도 중간자적 입장인 현상유지와 중화민국 헌정체제에 대한 인정을 하면서 공교롭게도 전임 총통인 국민당의 마잉주 정부 시기의 주장과 유사한 점을 보인다.

2012년 선거에서 차이잉원 후보가 패배한 이후 민진당의 원론적이고 공식적인 중국정책에 대한 민중의 불만이 제기되고,[26] 민진당 내부에서도 대만독립 강령을 보류 혹은 폐지하자는 주장이 다시 등장했다. 2013년 12월 26일 민진당의 입법원 총소집인 커젠밍(柯建銘)이 대독당강 보류의제를 제안하면서 시작된 당강 변경 요구는 당시에는 당내 반대에 부딪치면서 곧 잠복하였지만, 국민당과 중국공산당으로부터 의미 있는 변화의 시작이라는 평가를 받는 등 많은 관심을 받았다. 그리고 2014년 민진당 전국대표대회에서 전 입법위원 천자오난(陳昭南)[27]등 40여명의 당(黨)대표들은 연대서명을 통해 대독당강 보류를 정식의제로 제안하였다. 이들은 양안의제가 민진당 재집권의 장애가 되는 것을 막고, 대독강령 보류가 민진당 재집권을 위한 마지막 한 걸음이라고 주장했다.[28]

---

26) 2012년 대선 패배 이후 민진당의 무조건적 반중정책(逢中必反)에 대하여, 40% 이상의 대만민중이 반대한다는 여론조사가 발표되었다. 中央社,「綠民調：4成不滿綠逢中必反」,『中時電子報』, 2014.3.14 ; 吳雅樂,「綠營自家民調4成民眾不滿 '逢中必反'」,『僑報』, 2014.3.14.

27) 천자오난은 2000년에 이미 대독당강 폐지안을 제기한 적이 있다. 대만은 이미 주권독립국가이며, 국호는 중화민국이고, 주권은 2300만 인민에 귀속되어 있다는 것이 현재 대만 내부의 최대의 공식(공통된 인식)이라는 것이다. 대독당강은 이미 역사단계에서의 임무를 완성했고, 대독당강이 실제 존재할 필요성이 없으며, 민진당 재집권의 장애가 된다는 것이다. 그러기 때문에 대독강령은 냉장고에 넣어야 한다고 주장했다. 中央社,「陳昭南：凍獨案送中執會有智慧」,『中時電子報』, 2014.7.21.

28) 천자오난이 대독당강 보류가 차이잉원의 선거 승리를 위한 '마지막 한 걸음'이라고 말한 이유는 차이잉원이 2012년 마잉주에게 불과 3만여표의 차이로 근소하게 지면서,

2016년 선거에서 민진당과 차이잉원은 현상유지입장을 양안관계의 공식정책으로 강조하고, 92공식을 승인하는 대신 92 역사적 사실과 양안교류의 성과를 긍정적으로 인정하고, 중화민국 헌정체제의 유지를 강조하는 등 일련의 정책전환을 하였다. 이는 2012년 당시 차이잉원이 보인 중화민국은 망명정부라는 인식이나, 대만이 주권독립국가라는 인식이 대만인의 공통된 인식이라는 이른바 대만공식을 주장한 것에 비해서는 한층 더 완화되고, 유연한 접근방식으로 변화한 것임을 알 수 있다.[29] 차이잉원은 2011년 대만공식을 통하여, 중화민국을 긍정하는 입장으로 변화하였다. "중화민국이 곧 대만이며, 대만이 곧 중화민국이다. 현재의 중화민국정부는 더 이상 외래정부가 아니다."라고 처음으로 중화민국이 대만이라는 입장을 공개적으로 피력했다.

선거결과 민진당은 의회인 입법원 선거에서 최초로 과반수 의석을 확보하고, 총통선거에서도 국민당의 주리룬 후보를 물리치고 차이잉원이 새로운 총통이 되었다. 차이잉원은 천수이볜 정부에서 양안관계 책임부서인 대륙위원회의 책임자로 천수이볜 정부 시기의 양안정책의 결정과정에 깊이 관여한 인물이다. 천수이볜 정부의 초기 유연한 양안정책으로 내놓은 4불 1몰유와 1변1국론의 이론적 틀을 작성했다고 평가받고 있다. 이념적으로 대만독립지향이 뚜렷한 차이잉원이지만, 직접 선거에 참여하면서 대만 내부 갈등과 양안의 첨예한 대치를 해결하기 위해 현실주의적 접근으로 변화해가는 양상을 보이고 있다. 이에 따라 민진당의 인정투쟁은 좀더 최소주의, 중간주의 행동방식으로 변화했다.[30]

"다음에 우리들이 마지막 한 걸음(最後一哩路)을 간다면 (승리할 것이다)라고 했기 때문이다. 中央社, 「陳昭南 : 凍獨案送中執會有智慧」, 『中時電子報』, 2014.7.21.

29) 당시 국민당은 차이잉원의 망명정부 주장에 대해 중화민국 제10, 11대 총통이었던 천수이볜 정부는 어떤 정부냐고 반문하면서, 차이잉원의 비현실적 주장을 비판했다. 「蔡英文 : 中華民國是流亡政府」, 『自由時報』, 2010.5.26.

차이잉원은 2012년 선거 패배 이후 양안관계를 고려하여 현상유지와 중화민국 헌정체제를 강조하는 기조로 변화했으나, 천수이볜 정부 시기처럼 대만독립을 위한 국민투표나, 대만정명운동을 강화하는 형태의 직접, 선명, 공세적 정책은 펼치지 않고 있으며, 동시에 대만독립입장을 폐지하는 주장에 동의하지 않고 있다.[31]

차이잉원의 현상유지와 중화민국 헌정체제 인정 입장에 대해, 국민당의 마잉주는 자신이 주장했던 현상유지 입장을 차이잉원이 받아들인 것에 대해 흥미롭다고 말했다.[32] 그러나 차이잉원은 자신과 국민당 마잉주의 현상유지입장과 동일하지 않다고 밝힌다. 2015년 2월 15일 차이잉원은 민진당과 국민당의 최대 차이점이 '국가주권의 공고함'에 있다고 언급했다.[33] 즉 국민당은 중화민국 헌정체제를 말하지만 실제로는 중국에 경도된 입장이라고 차별성을 강조한다.

이념적 측면에서 민진당의 인정투쟁은 대만독립을 지향하면서도 생존과 발전을 위해서는 양안교류가 필요하다는 점에서 어려운 점이 있다. 특

---

30) 2016년 현상유지를 앞세운 차이잉원 정부가 출범한 이후에는 민진당 내부에서 아예 현상유지를 당강으로 채택하자는 제안이 나왔다. 楊舒媚,「凍獨案太敏感小英拍板冷凍」,『TVBS』, 2016.7.17.

31) 2014년 온라인 대화에서, 선거 승리를 위해 '대만독립당강'을 수정 혹은 삭제할 수 있느냐는 네티즌의 질문에 대해, "대만독립당강은 창당시기 제시된 목표이자, 민진당원과 대만인민이 추구하는 이상이다."라고 응답하고, 또한 대만의 민주화에 따라 깊은 '대만외식'을 구축했으며, 대민정체싱과 독립사주라는 가치의 선지는 이미 젊은 세대의 '자연성분(태어날 때부터 갖게 되었다는 의미)'이 되었다. 이를 어떻게 수정하고 폐지할 수 있겠는가?'라면서 대만독립입장의 유지를 그대로 유지할 것이라고 대답했다. 顏振凱「蔡英文：台獨黨綱是台灣人的追求與理想」, 2014.7.19.

32) 馮靖惠, "馬英九：被罵八年 但繼任者還是維持現狀",『聯合報』, 2016.11.26. 마잉주는 퇴임 이후 "8년 동안 '친중국 매국(親中賣台)'입장이라고 비판받아왔는데, 내 후임자도 여전히 현상유지를 내세우는 것을 보니 정말 재미있다"라는 입장을 밝혔다.

33)「與國民黨最大不同？蔡英文：鞏固國家主權」,『自由電子報』, 2015.2.15.

히 대국화 되어가는 중국의 성장 추세를 볼 때, 대만 스스로는 더욱 자주적 생존과 발전이 힘들어질 위험성이 있다. 그러나 변화하는 국제관계에서 정해진 결론만이 나오는 경우는 드물다. 더욱이 대만의 안보를 보장하는 역할을 하고 있는 미국이 여전히 존재하고 있는 점에서 민진당의 인정투쟁은 전혀 의미가 없지는 않다.

V. 결론

대만의 인정투쟁은 대만의 주권과 국가로서의 지위를 중국으로부터 인정받고자 하는 것이다. 그러나 중국은 현재 하나의 중국 원칙을 제시하면서 대만의 요구를 무시하고 있다. 대만의 인정투쟁은 통일지향의 국민당과 독립지향의 민진당이라는 두 정당의 태생적 차이에 따라 각각 인정투쟁 방식도 차이가 있지만 현실적 조건의 제한에 따라 유사한 양상을 보이고 있다. 국공내전 이후 대만으로 이주한 국민당 세력을 지지기반으로 두고, 중화주의 전통이 강한 국민당은 초기에는 비타협적 무시전략으로 일관했으나, 양안교류가 시작된 이후에는 대륙에 뿌리를 두고 있는 특성으로 인해 타협적 자세를 보이고 있다. 한편 명청(明淸)시기 이주민에 뿌리를 둔 내성인(內省人)을 지지기반으로 두고, 대만주체의식이 강한 민진당은 초기에는 중국에 대한 인정투쟁은 비타협적 요소가 강력했으나, 최근 차이잉원 정부가 들어선 이후에는 현실적 제한으로 인해 역시 타협적 자세를 보이고 있다.

이러한 국민당과 민진당의 인정투쟁은 현상유지와 중화민국 헌정체제의 강조에 초점을 두는 식으로 서로 유사한 결론에 이르고 있다. 이러한 결론은 대국화를 향해가고 있는 중국의 강경한 대만독립 억제 대책과 일국양제 통일방안을 실현시키려는 의도, 그리고 동아시아질서의 안정과 평화유지를 희망하는 미국의 외교정책에 영향을 받은 결과이며, 대만화 정서가 강해지고 있는 대만 민중의 의식 변화도 작용한 것이다. 즉 대만 독립의 추진에 따른 안보위기의 증대와 불안감이 확산되고, 동시에 독립 가능성이 점차 낮아짐에 따라 대중의 양안관계의 긴장에 대한 피로감이 민중들로 하여금 통일이나 독립보다는 현상유지를 더 원하도록 작용하는 요인이 반영되어 있다. 또한 분단이후 장기간 단절된 상태에서, 대만에서 출생, 성장해 온 젊은 세대들은 상대적으로 중국정체성보다는 대만정체 성을 강하게 인식하고, 중국민족주의에 대항하는 성격의 대만민족주의 의식의 생성과 고양에 따라, 현재 실제적으로 분할통치하고 있는 현실을 적극적으로 활용하려는 의도에서 국민당과 민진당 모두 '중화민국 헌정 체제의 유지'를 강조하는 것은 대만의 인정투쟁에서 국민당과 민진당이 현실적 선택을 하게 됨에 따라 수렴된 결과로 보인다.

또한 1987년 양안의 가족 상봉과 상호방문의 개방 이래 현재까지 중단 없이 유지되고 있는 양안교류는 최소주의와 중간주의를 기반으로 인정투 쟁을 하는 대만 정당의 선택이기도 하지만, 동시에 일국양제 통일방안을 기본 모델로 대만문제를 해결하려는 중국의 선택이기도 하다. 즉 양안 사 이에 쉽게 해결될 수 없는 첨예한 이슈는 나중에 천천히 해결한다는 원칙 을 세우고 우선은 쉽고 덜 민감한 이슈를 해결하면서 상호 이익을 추구한 다는 국민당과 민진당 그리고 공산당의 인정투쟁 방식 중의 하나이다.

대만의 인정투쟁에 대해 중국은 양안은 별개가 아닌 '하나의 중국'이라 는 관점을 인정해야 한다는 입장을 견지하면서 92공식에 대한 입장을 기 준으로 국민당과 민진당을 분리 대응하고 있으며, 향후에도 이러한 기조 를 유지할 것으로 보인다. 차이잉원 정부가 전임 마잉주와 달리 92공식에 대해 모호한 입장으로 일관하자, 한편으로는 양안 양회(해협회와 해기회) 의 정부간 대화를 중단하고, WHO(세계보건기구), ICAO(국제민항기구) 참여를 거부하고, 대만 관광 감소나 농수산물 수입 제한 등의 정치외교 및 경제적 압박을 하고 있다. 반면에 국민당 출신 지방자치단체장과 퇴역 장성들을 대륙으로 초청하여 경제교류와 민간교류는 지속하는 등 이중적 분열 전술을 채택하고 있다. 소위 통일전선전술에 입각하여 국민당에게 는 당근을, 민진당에는 채찍을 가하는 방식이다. 하지만 중국 역시 전쟁 과 같은 극단적 방식을 채택하여 양안관계를 파탄시키려 하지는 않는 다.[34] 인정투쟁 관점에서 보자면 대만의 인정투쟁에 대해 중국공산당 역 시 최소주의와 중간주의 행동방식에 입각하여 일국양제 방식의 통일을 위해 인정투쟁을 하고 있는 것이다.

마지막으로 대만의 인정투쟁에 있어서 중요한 변수는 미국이다. 미국 은 1979년 중국과의 수교 이후 하나의 중국 원칙을 인정하면서 대만과 단교하고 중화인민공화국을 중국의 유일한 대표라고 인정해 오고 있다. 그러나 곧바로 의회에서 '대만관계법'을 제정하여, 대만에 대한 무기판매 와 대만 안전에 대한 보장을 약속했다. 양안에 대한 미국의 이중적 자세 는 대만의 인정투쟁이 효과를 발휘할 수 있는 조건이 되기도 하는 것과 동시에 인정투쟁이 한계를 갖도록 하는 조건이 되기도 한다. 중국을 견제 할 수 있는 대만의 지정학적인 중요성으로 인해 미국의 개입과 보호를 받을 수 있기 때문에 항상적으로 중국의 위협을 받는 긴장 상황에서도 대만의 인정투쟁이 지속적이고도 다양한 형태로 나타나는 배경이 된다. 반면에 미국은 강대해가는 중국과의 관계를 고려하여 양안의 대립충돌에 따른 대만해협의 긴장고조를 원하지 않는다. 1998년 6월 30일 당시 미국 의 빌 클린턴 대통령이 대만에 대한 세 가지 불가(不可) 입장을 미국의 양안정책의 공식입장으로 천명했다. 즉 미국은 대만독립 지지 불가, 2개 중국 혹 일중일대(一中一臺) 지지 불가, 대만의 국가자격으로 국제기구

---

34) 2016년 대만선거가 민진당의 승리로 끝나자, 일부 학계와 군 출신 인사들은 평화통일 가능성이 없다면서, 무력통일 밖에 없다고 주장하기도 했다.

가입 지지 불가를 천명하면서 양안문제의 평화적 해결을 강조하고 있다. 대만의 인정투쟁에 있어서 현상유지 입장이 현단계 최대 공약수로 인식 되는 요인으로 작용하고 있다.

| 참고문헌 |

김진호, 『약소국 적응정치론』, 한국학술정보, 2006.
하영선 · 남궁곤, 『변환의 세계정치』, 서울: 을유문화사, 2007.
Axel Honneth, 『인정투쟁』, 고양: 사월의 책, 2011.
Cass R. Sunstein, 『누가 진실을 말하는가』, 서울: 21세기북스, 2015.
고명섭, 「호네트의 대표이론−인정투쟁은 긍정적 삶의 조건」, 『한겨레신문』,
    2007.5.25.
안창현, 「최소주의와 중간주의라는 방법론」, 『한겨레신문』, 2015.2.12.
이재준, 시진핑, 「차이잉원 차기총통 겨냥 '대만독립에는 단호히 반대」, 『뉴시
    스』, 2016.3.6.
홍순도, 「대만 차이 총통 박 대통령 데자뷰 같은 경악 지지율」, 『아시아투데이』,
    2016.11.28.

蔡英文, 「中華民國是流亡政府」, 『自由時報』,
    http://news.ltn.com.tw/news/politics/paper/398509
    (검색일: 2016.10.11)
_____, 「中華民國就是台灣」, 『中央社』,
    http://www.cna.com.tw/topic/Popular/2456-2/201110080060-1.aspx
    (검색일: 2016.10.11)
陳昭南, 「凍. 獨案送中執會有智慧」, 『中時電子報』,

http://www.chinatimes.com/cn/realtimenews/20140721002133260407
(검색일: 2016.3.14)

陳筑君, 「回藍調 洪秀柱不再談一中同表」, 『中時電子報』,
　　　http://www.chinatimes.com/cn/newspapers/20150710000892-260302
　　　(검색일: 2016.5.25)

華夏經緯網, 「與'統合論'如出一轍 陳水扁大力鼓吹'歐盟模式'」, 『環球時報』,
　　　http://hk.huaxia.com/tw/sdbd/zq/2005/00404604.html
　　　(검색일: 2016.05.25)

林晨柏·張瑞昌, 「阿扁入主總統府扁嫂喜洋洋」, 『中時電子報』,
　　　http://forums.chinatimes.com/report/abian2000/transfer/89521p30.htm
　　　(검색일: 2016.5.25)

林瑋豐, 「沒有民共關係? 蔡英文:兩岸關係就是兩岸關係」, 『風傳媒』,
　　　http://www.storm.mg/article/48249(검색일: 2016.5.25)

明永昌, 「兩岸同屬一中, 但內涵定義有所不同」, 『聯合早報』,
　　　http://www.zaobao.com.sg/realtime/china/story20150504-475837
　　　(검색일: 2016.5.25)

馮靖惠, 「馬英九:被罵八年 但繼任者還是維持現狀」, 『聯合報』,
　　　https://udn.com/news/story/6656/2130383(검색일: 2017.4.11)

喬俠青, 「解謎 '九二共識'」, 『想象民共交流』,
　　　https://theinitium.com/article/20151113-taiwan-dpp-and-cpc
　　　(검색일: 2016.5.25)

蘇永耀·王寓中, 「扁:中華民國就是台灣」, 『自由時報』,
　　　http://news.ltn.com.tw/news/focus/paper/28011(검색일: 2016.5.25)

吳雅樂, 「綠營自家民調4成民眾不滿'逢中必反'」, 『僑報』,
　　　http://opinion.uschinapress.com/2014/0314/971747.shtml(검색일: 2016.3.14)

楊舒媚, 「凍獨案太敏感小英拍板冷凍」,

『TVBS』, http://news.tvbs.com.tw/fun/664391(검색일: 2016.10.11)

顏振凱, 「蔡英文：台獨黨綱是台灣人的追求與理想」,

http://www.storm.mg/article/33593(검색일: 2016.10.11)

張麗娜・顏振凱, 「扁「四不一沒有」民進黨：最差政策」, 『蘋果日報』,

http://www.appledaily.com.tw/appledaily/article/headline/20130824/
35244856(검색일: 2016.10.11)

鄭仲嵐, 「台灣八位縣市長應邀訪問大陸'增進交流'」, 『BBC中文網』,

http://www.bbc.com/zhongwen/simp/china/2016/09/160918_tai-
wan_china_visit(검색일: 2017.2.5)

「李登輝稱不和扁斗嘴鼓：四要一沒有」, 『博訊』,

http://news.boxun.com/news/gb/taiwan/2007/03/200703071614.shtml
(검색일: 2016.3.14)

「連胡公布五大願景, 扁政府指控 有違法之嫌」, 『蘋果日報』,

http://www.appledaily.com.tw/appledaily/article/headline/ 20050430/
1747587/(검색일: 2016.7.4)

「綠民調：4成不滿綠逢中必反」, 『中時電子報』,

http://www.chinatimes.com/cn/realtimenews/20140313006386-
260407(검색일: 2016.3.14)

「九二共識的由來」, 『中共中央台辦, 國務院台辦』,

http://www.gwytb.gov.cn/wyly/201607/t20160712_11506678.htm
(검색일: 2017.4.11)

「正常國家決議文Q&A」, 『民進黨』,

http://www.dpp.org.tw/news_content.php?sn=334(검색일: 2017.4.11)

「兩岸大事記」, 『中華民國大陸委員會』,

http://www.mac.gov.tw/lp.asp?CtNode=6501&CtUnit=4536&BaseDSD=7&m
p=1&nowPage=2&pagesize=15(검색일: 2017.3.2)

저자소개

김준영

서울대학교 사회복지학과에서 학사, 중국 칭화대학교 국제관계학과에서 석사 학위를 받았다. 대외경제정책연구원 통일국제협력팀에서 북·중관계, 중국 동북지역, 아시아인프라투자은행(AIIB) 등을 연구하였고, 지린대학교, 연변대학교에서 파견되어 근무하였다. 현재 중국 관련 연구서비스 기업인 (주)탄탄글로벌네트워크를 운영하며, 중국 런민대학교 재정금융학원 박사과정(세부전공: 중국 국제금융－위안화국제화, AIIB 등) 중에 있다. 저서로는 「중국을 움직이는 기업들: 제1편 동북3성편」(공저, 2018)가 있고, 「13·5 규획 시기 한국의 중국 동북지역 경제협력 과제와 전략」(공저, 2017), 「중국 주도의 신금융질서의 태동과 한국의 대응방향」(공저, 2016), 「북·중 분업체계 분석과 대북 경제협력에 대한 시사점」(공저, 2015) 등이 있고, 논문으로는 「일대일로 구상에서의 중국 동북－한국의 협력평가와 시사점」(공저, 현대중국연구, 2017), 「아시아인프라투자은행(AIIB)은 어떠한 협력을 추구해야 하는가?」(공저, 한중관계연구, 2018) 등이 있다.

박영순

국민대 중어중문학과를 졸업하고 중국 푸단(復旦)대학 중국어문학연구소에서 석사·박사 학위를 받았다. 현재 국민대학교 중국인문사회연구소 HK교수로 재직하고 있다. 주로 중국의 사회현상과 다큐멘터리, 문학창작공간과 문학사이트, 신매체와 인터넷문학, 중국영화의 문화정체성 등에 대해 연구해왔다. 현재 주로 문인집단과 지식의 정치화, 문학지리와 지식생산, 중국문학의 한국 수용사 등 문학과 지식교류사에 관심을 두고 있다. 주요 논문으로 「현대화 과정에 나타난 저층담론과 지식생산: 다큐멘터리 『鐵西區』를 중심으로」, 「화인 디아스포라문학지형과 네트워크: 가오싱젠을 중심으로」「청초 강남지역의 유민결사: 驚隱詩社를 중심으로」 등이 있다. 역서로는 『현대중국의 학술운동사』, 『호상학파와 악록서원』 등이 있다.

박철현

서울대학교 동양사학과를 졸업하고, 서울대학교 국제대학원에서 중국지역연구로 문학석사학위를 받고, 중국 선양(瀋陽) 테시구(鐵西區) 공간변화와 노동자 계급의식의 관계에 대한 연구로 중국 런민(人民)대학 사회학과에서 박사학위를 받았다. 현재 국민대학교 중국인문사회연구소 HK연구교수로 재직중이다. 관심분야는 중국 동베이(東北) 지역의 공간생산과 지방정부의 역할, 국유기업 노동자, 도시, 동베이 지역의 "역사적 사회주의", 만주국, 동아시아 근대국가 등이다. 논문으로는 「關於改革期階級意識與空間－文化研究: 瀋陽

市鐵西區國有企業勞動者的事例」(박사학위 논문, 2012), 「중국 개혁기 공간생산 지식의 내용과 지형: 선양시(瀋陽市) 톄시구(鐵西區) 노후공업기지의 개조를 중심으로」(중소연구, 2013), 「중국 사구모델의 비교분석: 상하이와 선양의 사례−사회정치적 조건과 국가기획을 중심으로」(중국학연구, 2014), 「중국 개혁기 공장체제 연구를 위한 시론(試論): 동북 선양(瀋陽)과 동남 선전(深圳)의 역사적 비교」(한국학연구, 2015) 등이 있고, 역서로는 『중국 정책변화와 전문가 참여(공역)』(학고방, 2014), 공저로 『다롄연구: 초국적 이동과 지배, 교류의 유산을 찾아서』(진인진, 2016), 『특구: 국가의 영토성과 동아시아의 예외공간』(알트, 2017), 편저서로 『도시로 읽는 현대중국 1, 2』(역사비평사, 2017)이 있다.

서상민

고려대학교 정치외교학과를 졸업하고 고려대학교 대학원에서 중국정치로 석·박사학위를 취득하였다. 동아시아연구원(EAI) 중국연구센타 부소장을 거쳐 현재 국민대학교 중국인문사회연구소 HK연구교수로 재직 중이다. 주요 관심 연구영역은 중국정치과정 중 권력관계, 정치엘리트, 관료제와 관료정치 그리고 외교안보 분야 정책결정과정 분석 등과 관련된 주제들이며, 최근에는 사회연결망분석(SNA) 방법을 활용한 중국의 정책지식과 정책행위자 네트워크 분석하고 관련 데이터를 구축하여 중국의 정치사회 구조와 행위자 간 다양한 다이나믹스를 추적하고 분석하고 있다. 주요 논문으로는 「중국 외교엘리트 네트워크 분석: 후진타오와 시진핑 시기 비교」(2017), 「'발전국가' 성립과정에서 중국의 산업정책결정과정 분석」(2016), 「시진핑 시기 중앙영도소조의 연결망분석과 집단지도체제」(2015), 「상하이지역 경제엘리트 연결망분석」(2014) 등이 있으며, 저서로는 『얘들아 이젠 중국이야』(2016, 공저), 『동아시아공동체 논의 현황과 전망』(2009, 공저) 등이 있다

이광수

중국인민대학에서 중국정치 전공으로 박사학위를 취득한 이후, 숭실대, 국민대에서 동아시아 관계와 중국정치에 대해서 강의해오고 있다. 국민대학교 중국인문사회연구소에서 HK연구교수로 재직하면서 중국과 대만의 지식네트워크와 정치체제에 대해서 연구하고 있으며, 근래에는 양안관계와 통일모델에 대해 주로 관심을 갖고 있다. 연구 성과로 「중국 정치학자의 지식네트워크 분석」(2013), 「중국 공공지식인의 활동과 영향력」(2013), 「중국 공산당의 정치선전과 홍색문화열」(2013), 「대만 사회운동에 관한 연구」(2015), 「대만의 '중국유학생 유치정책'의 특징과 영향」(2016), 「2016년 대만 선거와 양안관계」(2016), 「대만의 탈중국화 배경과 특징」(2016), 「한·중 신문 보도 프레임 연구」(2016), 「양안의 민족주의 정서 고양과 양안관계」(2017), 「대만의 인정투쟁 연구: 정당의 통독 입장 변화를 중심으로」(2017) 등이 있으며, 역서로는 『중국 정책결정과정과 전문가 참여』(2013)가 있다.

이현태

서울대학교 동양사학과에서 학사, 경제학부에서 석사, 박사 학위를 받았다. 연구 분야는 중국경제론, 국제경제학, 발전경제학이다. 현재 대외경제정책연구원 중국팀에서 부연구위원으로 재직 중으로 중국의 일대일로 구상, 아시아인프라투자은행(AIIB), 중국 동북3성, 시진핑 2기 경제 전망, 중국의 산업고도화와 4차 산업혁명 등을 연구하고 있다. 주요 논문으로는 「Institutions Matter Differently, Depending on the Ownership Types of Firms: Interacting Effects on Firm Productivity in China (with Keun Lee)」 (The Singapore Economic Review, 2018), 「아시아인프라투자은행(AIIB)는 어떠한 협력을 추구해야 하는가?」(공저, 한중관계연구, 2018), 「일대일로 구상에서의 중국 동북－한국의 협력 평가와 시사점」(공저, 현대중국연구, 2017), 「중국 전기자동차 산업발전과 전망」(공저, 현대중국연구, 2017), 「Causes of the Changing Performance of Firms with Diverse Types of Ownership in China」(Seoul Journal of Economics, 2016) 등이 있으며, 대외경제정책연구원 연구보고서로는 「중국 시진핑 집권 2기 경제운영 전망: 2018년 양회 분석」(공저, 2018), 「중국의 제조업 발전 현황과 한국의 대응방안」(공저, 2017), 「13·5 규획 시기 한국의 중국 동북지역 경제협력 과제와 전략」(공저, 2017), 「AIIB 발전 현황과 시사점: 제2차 한국 연차총회를 중심으로」(공저, 2017), 「중국 주도의 신금융질서 태동과 한국의 대응방향」(공저, 2016), 「중국경제의 구조변화와 한국경제에 대한 시사점」(공저, 2016) 등이 있다.

조경란

성균관대에서 '진화론의 중국적 수용과 역사의식의 전환'으로 철학박사 학위를 받았으며, 성공회대와 성균관대 연구교수를 역임했고 홍콩 중문대, 중국 사회과학원 방문학자를 지냈다. 현재 연세대 국학연구원 HK 연구교수로 재직 중이다. 주로 중국의 현대 사상과 지식인 문제, 동아시아 근대 이행기에 대해 연구해왔다. 최근에는 동아시아 다시보기 공부를 하고 있다. 저서로 『현대중국 지식인 지도』(2014년도 세종우수도서 선정), 『20세기중국 지식의 탄생』(2016년도 세종우수도서 선정), 『국가, 유학, 지식인』(2017년도 대한민국학술원 우수도서 선정, 열암철학상 수상) 등이 있으며, 『보수주의와 보수의 정치철학』(2013), 『우리 안의 보편성』(2006) 등 다수가 있다. 최근 발표한 주요 논문으로는 「냉전시기 일본 지식인의 중국 인식－다케우치 요시미의 중국관 : 사상적 아포리아와 '좌파－오리엔탈리즘'」(2014), 「중국은 '제국의 원리'를 제공할 수 있는가－가라타니 고진 『제국의 구조』에 대한 비판적 분석」 등이 있다.

최은진

이화여대에서 역사학으로 박사학위를 받았으며, 현재 국민대학교 중국인문사회연구소 HK 교수로 재직하고 있다. 전공분야는 중국현대사이며 현재는 중국의 대학교육, 지식인의 사상지형, 담론 및 네트워크를 연구하고 있다. 주요 논문으로는 「중국국립중앙연구원 역사어언연구소(1928~49)와 근대역사학의 제도화」(2010), 「讀書」잡지와 중국지식인의 담론지형」(2012), 「중국 역사지리학 지적구조와 연구자 네트워크」(2012), 「2012년 '韓寒-方舟子 論爭'을 통해 본 중국 매체의 네트워크 작용과 함의」(2013), 「上海 여행공간 형성 네트워크의 문화적 함의」(2014), 「언론매체를 통해 형성된 공자학원(Confucius Institutes) 이미지와 중국의 소프트 파워 확산」(2015), 「중국의 '중국학'연구의 지적구조와 네트워크: 텍스트 마이닝 기법을 활용한 새로운 분석방법의 모색」(2016), 「중국 푸쓰녠(傅斯年)연구'의 지적 네트워크와 그 함의」(2017), 「中國 勞動敎養制度의 歷史的 變遷과 社會的 含意」(2018)등과 『중국 학술의 사승(師承)과 가파(家派)』(왕샤오칭(王曉淸) 저, 최은진·유현정 옮김, 학고방, 2015), 『현대 중국의 8종 사회사조』(마리청(馬立誠) 지음, 박영순·최은진 옮김, 학고방, 2015)등 역서가 있다.

최재용

서울대학교 중어중문학과에서 학부와 석사를, 북경대학교 중문과에서 중국 인터넷 문학을 주제로 박사학위를 받았다. 현재는 명지대학교 중어중문학과에 재직 중이다. 중국의 대중문화, 특히 인터넷, 게임 등 21세기 이후의 여러 문학적, 문화적 현상에 주로 관심을 두고 있다. 논문으로는 「한한이 촉발한 문학논쟁과 그 문학사적 의미」(2012), 「의/협의 변천사 -최근 중국 인터넷 '선협소설'에서의 의/협 개념」(2014), 「인터넷 스타(網紅) 3.0 시대 중국 사이버 페미니즘 담론-Papi醬의 경우를 중심으로」(2017), 「소설의 재매개와 포스트휴먼의 형성-소설 〈天龍八部〉에서 게임 〈天龍八部3D〉까지」(2017)등이 있으며 토마스 맥러플린의 이론서 『거리의 지혜와 비판이론』(비즈앤비즈, 2012), 한한의 블로그 글 모음집 『나의 이상한 나라, 중국』(문학동네, 2014) 등을 번역하였다.

국민대학교 중국인문사회연구소 총서 • 8권

중국 지식 · 지역연구로의 전환과 모색

초판 인쇄 2018년 6월 20일
초판 발행 2018년 6월 29일

공 저 자 | 김준영 · 박영순 · 박철현 · 서상민 · 이광수
　　　　　 이현태 · 조경란 · 최은진 · 최재용
펴 낸 이 | 하운근
펴 낸 곳 | 學古房

주　　소 | 경기도 고양시 덕양구 통일로 140 삼송테크노밸리 A동 B224
전　 화　 | (02)353-9908 편집부(02)356-9903
팩　　스 | (02)6959-8234
홈페이지 | http://hakgobang.co.kr
전자우편 | hakgobang@naver.com, hakgobang@chol.com
등록번호 | 제311-1994-000001호

ISBN　　 978-89-6071-757-2 94300
　　　　　 978-89-6071-406-9 (세트)

값 : 25,000원

이 도서의 국립중앙도서관 출판예정도서목록(CIP)은 서지정보유통지원시스템 홈페이지
(http://seoji.nl.go.kr)와 국가자료공동목록시스템(http://www.nl.go.kr/kolisnet)에서 이용하
실 수 있습니다. (CIP제어번호 : CIP2018019558)